빛나는 인생 2막을 위하여

Bravo Your Life
빛나는 인생 2막을 위하여

지은이 | 오평선
펴낸이 | 김성은
편집기획 | 조성우 · 손성실
마케팅 | 이동준 · 이준경 · 강지연 · 이유진
편집디자인 | 하람 커뮤니케이션(02-322-5405)
인쇄 | 중앙 P&L(주)
제본 | 대흥제책
펴낸곳 | 타임스퀘어
출판등록 | 제313-2008-000030호(2008. 2. 13)

초판 1쇄 인쇄 | 2008년 4월 15일
초판 1쇄 발행 | 2008년 4월 25일

주소 | 121-816 서울시 마포구 동교동 113-81 (1층)
전화 | 편집부 (02) 3143-3724, 영업부 (02) 335-6121
팩스 | (02) 325-5607

ISBN 978-89-960828-2-8 (03320)
값 12,800원

ⓒ 오평선, 2008, Printed in Korea.

• 잘못된 책은 바꾸어 드립니다.

빛나는 인생 2막을 위하여

오평선 지음

타임스퀘어

머리말

단 한 번뿐인 인생,
경주마로 살 것인가?

경마장의 말에게 눈가리개를 씌우면 시야가 좁아져 오로지 앞만 보고 달리게 된다. 햇살 가득 내리쬐는 푸른 들판도, 빛깔 고운 들꽃도, 싱그러운 풀냄새도 경주마에겐 속도와 효율을 떨어뜨리는 사치에 불과하다. 40대를 생각하면 나는 경주마가 떠올라 목이 멘다. 눈가리개를 씌운 경마장의 말처럼 앞만 보고 무섭게 달려온 사람들, 성과·업적·승진 같은 단어와 씨름하며 조직 속에서 언제 한번 이렇다하게 자기를 내세우지도 못하고 가족과 시간을 보내는 것조차 뒤로 미룬 채 직장에서 청춘과 열정을 다 바친 우리들. 오직 눈앞의 것만을 진실로 여기고 달려왔다는 점에서 40대는 잔등 위에 올라탄 기수의 채찍 세례를 받으며 오로지 결승선을 향해 앞만 보고 달리는 경주마와도 같다.

Bravo Your Life!

　이처럼 열심히 살아왔건만 주위를 살펴보니 내가 절벽 위에 서 있는 것은 아닌가, 이런 생각에 혼란스러울 때가 부쩍 는다. 아무리 잘 달리던 경주마라도 쓸모가 없어지면 한순간에 폐기처분되는 세상 아닌가. 벼랑 끝에 선 나의 선택, 절벽 저편으로 찬란하게 도약해 새로운 꿈을 펼칠 초원으로 힘차게 달리고 싶다는 욕망이 나를 고통스럽게 한다. 절벽을 건너려면 무엇보다 용기가 필요하다. 그러나 나는 아직 불안에 떨고 있는 초라한 경주마에 불과하다. 불안이 커지면, 척박한 환경이나마 감사하며 자신의 꿈을 접은 채 주인에게 의지하고 살자는 생각이 강해지고, 용기가 조금 생기면 절벽을 뛰어넘어 새로운 초원의 주인이 되어 마음껏 질주하고 싶다는 욕망에 다시 몸을 떤다. 그 초원은 내가 살며 꿈꿔온 비옥함이 있고 푸름이 가득한 곳이다. 무엇보다도 온전한 나의 터전, 나의 세계다. 하지만 먹고 살아야 한다는 숙명 앞에서 용기는 순식간에 사그라지고 나는 다시 눈가리개를 쓴다.

　사람의 인생에서 과연 40대가 갖는 의미는 무엇일까? 나는 40대를 화두삼아 지나온 직장생활 18년을 돌아보고 지금 처한 현실과 미래를 고민하며 40대가 사회에서, 또 가정에서 처해 있는 상황과 특성을 정리하기 시작했다. 답답한 마음에 선배들과 전문가를 찾아 조언을 듣고 관련서적을 뒤적이며 깨달음을 얻으려 노력했다. 40대로서 같은 고민을 하는 이들과 흉금을 털어놓고 대화를 나누며 불혹不惑이 주는 중압감과 고민, 기대를 공유했고 또 그들로부터 배웠다. 30대의 생각과 기대도 들었다. 다른 이들은 어떤 생각을 하는지, 어떻게 살려 하는지, 무엇이 현명하고 아름답게 살 수 있는 방법인지 알고 싶었기 때문이었다. 마침내 어렴풋이 가닥을 잡을 수 있었고, 그 느낌과 생각을 정리해 책으로 엮었다. 글을 써나가며 가장 중요하게 생각한 것은 학문적·이론적 접근이 아니라 실용적이고 실제적인 접근방법이었다.

나는 시중에 유통되고 있는 많은 자기계발서의 저자들과 같은 유명인은 아니다. 사회적으로 큰 업적을 이뤄 존경받는다거나 한 분야에서 독보적 권위를 인정받은 지식인도 아니다. 그렇다고 가난과 역경을 이기고 자수성가해 성공신화를 창조한 입지전적 인물도 아니다. 나는 지금 이 글을 읽고 있는 당신과 조금도 다르지 않은 평범한 40대 직장인이며, 그래서 또래가 안고 있는 고민을 똑같이 떠안은 채 하루하루 살아가는 소시민에 지나지 않는다. 그러나 평범하기 이를 데 없다는 바로 그 점 덕분에, 40대 직장인들이 자기계발서를 읽으며 지금까지 적잖이 느꼈을 모종의 불편함 없이, 이 책을 끝까지 읽어나갈 수 있으리라 믿는다. 다시 말해 이 책은, 선택받은 소수가 아니라 평범한 다수의 입장에서 이해와 공감을 바탕으로, 우리의 인생 후반기를 어떻게 살 것인가 진솔하게 대화를 청하고 고민을 나누고 싶다는 마음에서 출발했다.

이 책은 누구보다도 40대 직장인을 위한 선물이다. 살얼음판 같은 직장생활과 가족, 건강, 돈, 노후 등 숱한 고민을 안고 살면서도 정작 자신은 챙기지 못한 우리 시대의 40대에게 이 책을 선물한다. 미리 40대의 자화상을 엿보고 싶은 30대가 있다면, 물론 그들에게도 적잖은 도움이 될 것이다. 앞날을 미리 본다는 것은

Bravo Your Life!

적어도 그만큼 대비할 가능성이 높아진다는 뜻이니까. 다가올 10년을 앞서 준비한 사람, 40대를 준비한 30대는 분명 그렇지 않은 이들과는 다른 40대를 살게 될 것이다.

현실이라는 장벽을 넘어서는 자만이 저편, 꿈의 초원을 질주할 수 있다. 지금 이 자리에 안주하지 않고 자기 혁신의 담금질을 지속함으로써 스스로 가치를 높이고 터닝 포인트를 만들어낼 때, 우리는 잃었던 삶의 주도권을 되찾아 자기 삶의 주인이 될 수 있다. 단 한 번뿐인 인생! 경주마로 살 것인가, 아니면 새로운 도약을 모색할 것인가?

무하마드 알리는 "챔피언은 경기장에서 만들어지는 것이 아니라, 자기 내면 깊숙이 자리한 소망·꿈·이상에 의해 만들어진다"고 했다. 우리가 알리를 단순한 왕년의 헤비급 챔피언이 아니라 불굴의 도전정신을 지닌 인생 챔피언으로 기억하는 까닭은 그가 가진 남다른 꿈과 열정 때문이 아닐까. 이제 당신 차례다. 십여 년 이상 직장생활을 하며 쌓아온 지혜와 용기를 발판삼아 다시 태어난다는 각오로 아름다운 인생 후반을 향해 새롭게 도전하라. 터닝 포인트를 만들라. 지금이야말로 "나비처럼 날아 벌처럼 쏘아야" 할 때가 아니겠는가?

프롤로그

당신은 어떤 꽃으로
　　　살다갈 것인가

　목련은 등불을 켜듯이 피어난다. 꽃잎을 아직 오므리고 있을 때가 목련의 절정이다. 목련은 자의식에 가득 차 있다. 그 꽃은 존재의 중량감을 과시하면서 한사코 하늘을 향해 봉우리를 치켜 올린다. 꽃이 질 때, 목련은 세상의 꽃 중에서 가장 남루하고 가장 참혹하다. 누렇게 말라비틀어진 꽃잎은 누더기가 되어 나뭇가지에서 너덜거리다가 바람에 날려 땅바닥에 떨어진다. 목련꽃은 냉큼 죽지 않고 한꺼번에 통째로 툭 떨어지지도 않는다. 나뭇가지에 매달린 채, 꽃잎 조각들은 저마다의 생로병사를 끝까지 치러낸다. 목련의 죽음은 느리고도 무겁다. 천천히 진행되는 말기암환자처럼, 그 꽃은 죽음이 요구하는 모든 고통을 다 바치고 나서야 비로소 떨어진다. 펄썩 소리를 내면서 무겁게 마감한다. 그 무거운 소리로

Bravo Your Life!

목련은 살아 있는 동안의 중량감을 마감한다.
봄의 꽃들은 바람이 데려가거나 흙이 데려간다. 가벼운 꽃은 가볍게 죽고 무거운 꽃은 무겁게 죽는데, 목련이 지고 나면 봄은 다 간 것이다.

김훈, 《자전거 여행》 중에서

나는 40대 중간에 서 있다. 40년 넘는 기다림 끝에 이제야 꽃봉오리를 터트릴 시기에 와 있다. 꽃마다 서로 다른 자기만의 방식으로 꽃봉오리를 터트리듯 나 역시 나만의 방식으로 지금 여기까지 왔다. 찬란한 햇살과 세찬 비바람, 온기와 한기를 느끼며 예까지 왔다. 지금의 나는 과거의 내가 빚은 모습이다. 지금 맺힌 봉오리는 내 과거의 산물이고, 어찌해도 바꿀 수 없는 현실이다. 그러므로 과거에 수많은 후회가 있다 해도 그냥 덮어야 한다. 어차피 과거는 흘러가버린 나의 역사로만 존재할 가치가 있기에.

40대의 나머지 반이 정말로 궁금하고, 한편으론 걱정되어 두렵다 설레기를 반복한다. 내가 맺은 봉오리를 어떻게 터트리고, 어떤 모습으로 세상과 소통하다 어떻게 질 것인지 수없이 생각한다. 아무리 아름다운 꽃이라도 생명이 다하면 진다. 그렇기에 나는 가장 아름답게 피어 아름답게 지고 싶다.

아직 살아 보지 못한 40대 후반은, 과거와는 달리 내가 통제할 수 있는 영역 속에 있다. 어떻게 살 것인지 결단하고 실천할 수 있는 기회가 남아 있기 때문이다. 지금 내 모습은 과거의 유산이지만, 남아 있는 시간의 의미를 찾아 고민하는 것은 미래의 나를 가장 아름답게 가꾸고 싶다는 욕망에서 비롯되는 자연스런 행동이다.

　불혹不惑은 세상일에 정신을 빼앗겨 갈팡질팡하거나 판단을 흐리는 일이 없게 되었음을 뜻한다. 공자가 40세에 이르러 겪은 것을 나 또한 경험할 것이다. 그저 고민만 하고 있기에는 남은 인생을 색칠할 시간이 부족하다. 가슴이 쿵쾅거리고 정수리의 실핏줄이 넘실넘실 요동한다. 남은 인생에 아름답고 찬란한 자신만의 꽃을 피워 보자, 그리고 가장 아름답게 떠나자!

꿈은 항상 그것을 실현시킬 힘과 함께 주어진다.
하지만 그 꿈을 이루기 위해서는 많은 노력이 필요하다.

You are never given a dream with
out also being given the power to make it true.
You may have to work for it, however.

• 리처드 바크 •

CONTENTS

Bravo Your Life

머리말 _ 단 한 번뿐인 인생, 경주마로 살 것인가? 4

프롤로그 _ 당신은 어떤 꽃으로 살다갈 것인가? 8

PART 01
가치 있는 인생 후반 계획
늦었다고 생각될 때가 가장 빠른 때이다

1. **행복을 준비하는 직장생활** | 23
   당신은 지금 인정받고 있는가 24 | 내일도 여전히 일할 수 있을까 26 | 떠날 기회가 과연 오긴 올까 27 | 새로운 도약을 준비하자 28

2. **떠나야 할 때, 남아야 할 때** | 30
   '업(業)'을 중심으로 급변하는 직장관 30 | 꼭 떠나야 할 이유가 무엇인지 따져보라 31 | 인간관계 갈등은 어디든 있다 32 | 나는 얼마나 준비되었나 33 | 인정받고 있다면 현 직장에 머물러라 35 | 창업, 막연한 기대는 금물이다 37 | 떠나야 할 때, 남아야 할 때… 그 판단기준은 40 | 이직이유를 객관화하고 준비상태를 점검하라 40 | 결론을 내렸으면 자신을 믿어라 42

   Tip 자기진단 체크리스트 44

3. 유연한 열정을 가져라 | 50

존재가치가 명확해야 한다 50 | 변화를 통해 신선함을 유지하라 52 | 꿈을 지니고 끊임없는 자기계발을 하라 53 | 인간관계는 소중한 자산이다 54 | 적극적이며 긍정적인 사람이 되라 56 | 처세술, 인간관계의 윤활유 57 | 승진이 능사는 아니다 59

Tip 열정증후군과 환경적응력 61

4. 이직을 고려하기 전 점검사항 | 64

1) 나의 시장가치 제대로 알기 | 67

개인의 시장가치란 무엇인가 67 | 시장가치를 끊임없이 높이는 '지식근로자' 68 | 시장가치 평가요소 71 | 전문성 : 제너럴 스페셜리스트 71 | 현장성 : 탁월한 성과와 고객지향성 74 | 창의성 : 변화·혁신의 주도성과 민감성 75 | 관계성 : 강력한 인적네트워크 77 | 프로 근성 : 몰입과 열정 78

2) 이직할 회사 제대로 알기 | 81

옮기려는 회사의 기업문화를 파악하라 82 | 장기적으로 일할 수 있는 곳인가 85 | 즐겁게 주체적으로 일할 수 있는 곳인가 88 | 떠날 때는 깨끗한 뒷모습을 보여라 89

5. 제2의 인생을 꽃피우는 변화의 계기 | 90

1) 변화의 계기는 누구에게나 찾아온다 | 92

사례1. 심미안성형외과 정동학 원장 92 | 사례2. 니시무라 아키라 93 | 사례3. 일상에서 찾은 변화 94

2) 제2의 인생계획 | 96

인생 후반을 이끌 마스터플랜을 수립하라 96 | 평생직업, 어떻게 찾을 것인가 98 | 목표가 없으면 자기계발도 방향을 잃는다 99 | 끝까지 가려면 중간 기착점이 필수적이다 100 | 성공은 매일매일 조금씩 성취해가는 과정이다 101 | 비전을 구체화하는 방법 102

Tip 모의 장례식 연설문, 10년 후 나의 10대 풍광, 사명 선언문 103

PART 02
인생 2막의 버팀목, 자기계발
내일이면 늦다

1. 지금 당장 시작하라 | 112
자기계발을 가로막는 습관과 단절하라 112 | 경력관리와 자기계발을 위한 투자 113

2. 나는 특별하다 | 114
비교는 열등콤플렉스를 낳는다 114 | 자기를 모르면 자기계발도 없다 116 | 자기 이해에 도움을 주는 심리검사 기법 116

> **Tip** 마이어브릭스 유형지표(MBTI), 에니어그램(Enneagram), 스트렝스파인더(StrengthsFinder) 118

3. 숨겨진 재능을 찾아라 | 122
약점을 보완해야 경쟁력이 높아질까 122 | 자신의 강점에 역량을 집중하라 123 | 재능과 기질을 살리는 자기계발 124 | 자신에게 맞는 최적의 방법을 찾아라 126

4. 자기계발에도 길이 있다 | 127

1) 가치 있는 직무경험을 쌓아라 | 129
경력관리에 성공하는 법 130 | 경력개발의 핵심은 일관성과 성과다 131 | 자신의 직무에서 최고의 전문가가 되어라 133 | 이력서와 경력설명서, 업그레이드가 필요하다 135

2) 학위에 도전하라 | 136
한국사회에서 학벌은 여전히 권력이다 136 | 학위가 보증수표는 아니다 138 | 경력에 도움이 될 학위에 도전하라 140 | 학위 외에도 길은 있다 141

3) 전문성을 인정받는 자격증을 취득하라 | 142
이직과 창업을 염두에 둔 도전이어야 한다 142 | 직무경험을 바탕으로 희소성 있는 자격증에 도전하라 143

Bravo Your Life!

4) 책 쓰기를 통한 전문성 인정받기 | 144

한 권의 책이 인생의 전기를 마련해줄 수도 있다 144 | 삶 속에서 발견한 진주를 엮으면 글이 된다 146 | 글쓰기를 생활화하라 149

5) 소중한 자산, 인적 네트워크 | 151

우물 안에서 벗어나라 151 | 인맥관리는 습관이다 152 | 핵심 인물을 찾아 정성을 다하라 154 | 진실성 없는 인간관계는 사상누각이다 157 | 인간관계에는 정성이 필요하다 158

Tip 나의 정보창고 만들기 160

PART 03 건강하고 행복한 가정생활
유일한 안식처, 가정을 지켜라

1. 답은 내 안에 있다 | 165

일과 삶의 균형이 무너지면 행복도 무너진다 166 | 직장과 가정생활이 부딪치면 생산성이 떨어진다 168 | 일중독인 당신, 늦기 전에 가치관을 바꿔라 169 | 불필요한 시간낭비를 없애는 것부터 시작하라 170 | 가족을 하나로 묶어줄 공통관심사를 찾아라 172

2. 행복을 여는 풍요의 심리 | 173

자신과 가족에 눈을 돌려야 하는 이유 173 | 이미 누리고 있는 소중한 것에 주목하라 174 | 마음이 풍요로우면 행복은 저절로 찾아든다 176 | 나와 우리 가족이 누리는 소소한 행복 177

3. 준비된 축복, 배우자 | 182

성역할 고정관념으로 이중고에 시달리는 여성 182 | 당신이라면 슈퍼맨이 될 수 있겠는가 184 | 상호 존중하는 부부상을 정립하기 위하여 185 | 권태기와 대화부족, 그래도 방법은 있다 186 | 배우자에게 두 번째 프러포즈를 하라 187

4. 자녀와 바람직한 관계 설정하기 | 189

자식에게 올인하는 것만큼 어리석은 일은 없다 189 | 아이에게 돈 대신 꿈을 줘라 190 | 아이를 피터팬으로 키울 것인가 192 | 자녀는 부모의 뒷모습을 보고 자란다 194 | 아이의 독립을 후원하는 멘토가 되자 195

5. 행복으로 이끄는 소통의 기술 | 196

원활한 의사소통이 행복한 가정을 만든다 196 | 대화가 실종된 가정 197 | 대화를 가로막는 TV를 꺼라 198 | 주말과 휴일에 정기적으로 가족회합을 하라 200 | 가정을 공통 관심사를 가진 동호회로 만들어라 202

PART 04
경제적인 건강관리
건강은 가장 값진 자산이다

1. 건강해야 하는 이유 | 207

건강을 잃으면 모든 것을 잃는다 207 | 그릇된 생활습관이 야기하는 중년의 건강이상 209 | 정신 건강과 육체 건강의 조화를 위하여 211

2. 인생을 바꾸는 마음의 힘 | 212

1) 부정적 사고의 폐해 | 212

부정적인 생각이 생사를 가른다 212 | 부정적인 사람은 주변까지 황폐하게 만든다 214

2) 긍정적 사고와 언행이 주는 효과 | 215

긍정적인 감정은 수명을 연장시킨다 215 | '그럼에도 불구하고'의 힘 216 | 시각을 바꾸면 인생이 달라진다 220

3) 일상의 마음가짐과 스트레스 관리법 | 221

건강을 위협하고 생산성을 저하시키는 스트레스 221 | 스트레스, 해소법보다 사전관리가 중요하다 223 | 부정적인 사람은 스트레스 방어력도 떨어진다 225 | 마음의 상

처를 치료할 최고의 명의는 자신이다 227

4) 정신의 영양제, 독서 | 228

인간이 만든 가장 위대한 작품, 책 228 | 책 읽기를 방해하는 현대문명 228 | 어떻게 해야 책 읽는 습관이 몸에 밸까 230

> **Tip** 효과적인 독서방법 232

3. 미래를 바꾸는 건강습관 | 234

운동과 담쌓은 직장인 234 | 가장의 건강이 가정의 행복을 좌우한다 235

1) 방어적 관리와 공격적 관리의 조화 | 236

건강을 해치는 나쁜 생활습관과 결별하라 236 | 질병예방을 위한 건강관리 237

2) 운동의 필요성과 효과 | 238

운동은 생활전반에 활력과 변화를 가져온다 238

3) 즐겁게 할 수 있는 운동 갖기 | 240

내 몸에 맞는 운동, 어떻게 선택할까 240 | 나의 건강 비결 241 | 흥미 있는 운동을 지속하라 247

4) 몸에 활력을 주는 건강식사 | 248

아침을 거르면 비만해지기 쉽다 248 | 건강에 해로운 염분 섭취를 줄여라 249 | 건강의 적, 인스턴트식품과 청량음료 250 | 빨리 먹거나 편식하는 습관을 바로잡아라 250

5) 큰돈 아끼는 정기 건강검진 | 251

돈이 없을수록 건강검진은 꼭 받아라 251 | 건강검진의 효과는 질병예방과 조기치료 252 | 40대 부부, 연1회 건강검진은 필수다 253

> **Tip** 30·40대가 꼭 챙겨야 할 건강검진 항목 255

6) 정기적으로 자진해서 찾아야 할 병원 | 256

치과는 큰돈 들이기 전에 먼저 가라 256 | 여성에게 필수적인 산부인과 정기검진 257 | 건강을 과신하는 것만큼 어리석은 일은 없다 258

> **Tip** 건강나이 측정법 259

PART 05
편안하고 활력 넘치는 노후준비
제3의 연령을 대비하자

1. 준비 안 된 장수는 재앙이다 | 265
급속한 고령화와 평균수명 증가 265 | 열악한 사회보장제도와 노老테크의 시급성 266 | 꿈꾸는 노후생활의 밑그림을 그려라 268

2. 당당한 노후를 위한 자산관리 | 270
1) 자산 및 자금운영 현황관리와 공유 | 271
자산현황은 가족과 공유해야 한다 271 | 자산현황, 어떻게 정리하는 게 효과적일까 272

2) 노후자금 예측과 대비 | 276
노후자금, 얼마나 있어야 할까 276 | 시작이 늦을수록 부담은 가중된다 279 | 역모기지론 활용도 고려하라 281 | 위험분산 원칙에 따라 포트폴리오를 조정하라 283 | 보험가입으로 각종 리스크에 대비하라 284 | 노후 주거지와 생활방식을 염두에 둬라 286

3) 목적통장 만들기 | 287

3. 일하면서 즐기는 인생의 황혼기 | 289
노년에도 일할 수 있는 것, 그것이 가장 큰 재테크다 289 | 은퇴 후 생을 즐기며 할 수 있는 일을 찾아라 290 | 재취업과 창업을 염두에 둔 노후대비 292

4. 내 인생의 주인공은 그대 | 294
1) 인식의 전환 | 294
평생을 함께할 사람은 배우자뿐이다 294 | 더 늦기 전에 배우자에게 손을 내밀어라 297

2) 부부가 함께할 취미나 운동 갖기 | 298
공동 학습이 노후에 새로운 인생을 꽃피운다 298 | 돈이 없다고 여가를 즐기지 못하

Bravo Your Life!

는 것은 아니다 299 | 노후 7만 시간, 어떻게 경영할 것인가 301

5. 행복을 부르는 인간관계 | 303
노후까지 함께할 마음의 벗을 만들라 303 | 다양한 인적 네트워크를 구축하라 304

6. 베푸는 즐거움 | 305
나누고 베푸는 삶의 아름다움 305 | '무재칠시無財七施'에서 배워라 307 | 작은 일부터 지금 시작하라 308

에필로그 _ 나이 40이 주는 의미의 재발견 311

빛나는 인생 2막을 위하여

PART 01
가치 있는 인생 후반 계획

1. 행복을 준비하는 직장생활
2. 떠나야 할 때, 남아야 할 때
3. 유연한 열정을 가져라
4. 이직을 고려하기 전 점검사항
5. 제2의 인생을 꽃피우는 변화의 계기

"그대가 할 수 있는 것, 아니면 할 수 있다고 생각이 드는 것이라도 상관없다. 그런 일이 있다면 바로 시작하라. 용기 속에는 그 일을 능히 할 수 있도록 하는 천재성과 힘, 마법이 모두 들어 있다."

— 괴테

> **늦었다고 생각될 때가 가장 빠른 때이다**
>
> 늦었다고 생각하는가? 나이 마흔은, 무언가를 새로 시작하기에는 진정 너무 늦은 나이라고 생각하는가?
>
> 미국인 화가 애너 메리 로버트슨, 일명 그랜드마 모지스는 70세가 넘어서야 그림을 시작해 80세에 개인전을 처음 열었다. 정규 미술교육을 받은 적이 없고 농사일을 하면서 틈틈이 취미로 그린 그림을 친지들에게 선물하는 걸 즐겼던 그녀는, 101세가 될 때까지 작품생활을 지속해 나이브 아트naive art의 대모가 되었다. 전업주부 박완서가 첫 장편 〈나목〉으로 데뷔한 것이 나이 마흔 때였고, 오르간 연주자이자 신학자였던 슈바이처가 의사가 되어 아프리카로 떠났을 때 그의 나이는 서른일곱이었다. 아직도 늦었다고 생각하는가?

1. 행복을 준비하는 직장생활

현재 속한 직장에서 자신의 위치, 회사의 비전과 개인적인 비전. 이 문제는 30·40대 직장인이라면 대부분 하고 있을 고민이다. 직장생활을 시작한 지 10년 이상 20년 가까이 된 이들이라면, 그동안 달려온 뒤안길을 살필 겨를도 없이 다가올 미래의 가능성과 불확실성을 점치며 인생 후반기를 어떻게 준비 해야 할지 고민하게 된다. 지금 나는 직장에서 인정받고 있는 존재인가, 내 미래의 비전은 과연 있는 것일까?

당신은 지금 인정받고 있는가 | 사마천의 《사기史記》에 "선비는 자기를 알아주는 이를 위해 죽는다士爲知己者死"는 말이 있다. 자신을 유일하게 인정해준 주인을 위해 목숨을 바쳐 복수를 하려 했던 진晋나라 예양豫讓의 이야기에서 유래된 말이다. 이처럼 인간의 행동을 자발적으로 이끌어내는 가장 큰 동력은 바로 '인정'이다. 인간은 누구나 본능적으로 타인에게 인정받기를 원하는 욕구를 가지고 있다. 예나 지금이나 인간은 주변에서 인정받았을 때 무섭게 반응한다. 학창 시절, 교사의 칭찬 한 마디가 방황하는 10대를 제자리로 이끌고, 부모가 무심코 내뱉은 비난은 성인이 되어서도 아물지 않는 상처로 남아 자녀를 괴롭히기도 한다. 당신은 지금 직장에서 상사나 동료, 부하직원들에게 인정받고 있는가?

한 대기업에서 직원들을 대상으로 '언제 가장 신바람 나게 일하는가'를 조사한 결과, '업무성과를 인정받을 때'라는 응답이 가장 많았다고 한다. 금전적 보상이 주어질 때 가장 신바람 나게 일할 것이라는 일반적인 예상을 뒤엎고 '인정과 칭찬'이 금전적 보상을 앞지른 것이다.

이처럼 인간은 생리적 욕구를 해결하는 것만으로는 만족스러운 삶을 살 수 없다. 인간은 누구나 다른 사람으로부터 인정받음으로써 자신감과 긍지를 느끼며 살기를 원한다. 직장에서 얼마나 인정받고 있느냐에 따라 개인이 느끼는 자신의 가치는 크게 달라진다. 회사에서 인정받는 사람에게는 과도한 업무도, 그로 인해 연일 계속되는 야근도 큰 불만 대상이 되지 않는다. 자신이 받고 있는 인정에 비하면 그 정도는 희생할 각오가 되어 있는 것이다.

반대 경우는 상황이 많이 다르다. 갈수록 좁아지는 자기 입지에 대한 불안감은 부정적 사고를 키우는 씨앗이다. 회사의 모든 처사가 부당하게 보이고 날이 갈수록 불만이 는다. 급기야 '남 탓'이 시작된다. 돌이켜 생각해보면 모든 게 서운할 뿐이다. '내가 예전에 얼마나 회사를 위해 열심히 일했는데, 어떻게 이럴 수 있어. 나를 마치 폐물 취급한단 말이야.' '에이, 더러워서……. 내가 여기 아니면 갈 데가 없는 줄 알아.' 이런저런 불만이 가슴 속 깊이 쌓인다. 마음속으로만 생각하면 그나마 다행이지만 동네방네 떠벌리다 입장이 더 곤란해지는 상황이 벌어지기도 한다.

인생의 목표를 향해 끝없이 전진하던 이들은 어느 날 더 이상 올라갈 데가 없다고 느끼면 왠지 허무하고 공허해진다. 특히 갑자기 한직閑職으로 발령을 받거나 자기 업무와 무관한 계열사로 자리를 옮기게 될 때, 더 이상 승진할 수 없다고 느낄 때, 물러나야 한다고 생각될 때 느끼는 허무하고 공허한 심리적 현상을 '상승정지 증후군rising stop syndrome'이라 일컫는다.

내 동료 중 한 명은 뛰어난 역량에도 불구하고 얼마 전까지 경영진의 인정에서 벗어나 있었다. 입사 이래로 요직을 돌며 측근에서 경영진을 보좌해왔기에 고통은 더욱 컸다. 그와 이야기를 나누다보면 회사에 대한 서운함이 불만으로 폭발해 분출되기 일쑤였다. 하지만 어느 계기로 다시 인정받는 위치에 서게 되자, 그 친구는 태어나서 회사와 상사에 대한 불만을 단 한 번도 토로해본 적 없는 사람처럼 행동과 말투가 완전히 달라졌다. 참으로 놀랍지 않은가. 이것이 바로 '인정의 힘'이다.

내일도 여전히 일할 수 있을까 | 직장인들은 지금 몸담고 있는 직장이 미래에도 지속 가능할지, 그 확실성에 대해 고민한다. 과연 자신이 몸담고 있는 직장이 향후에도 성장할 가능성이 높은지 그렇지 않은지, 그 속에 있는 자신이 비전을 갖고 자발적으로 열정을 불사를 수 있는지 아니면 희망의 불씨가 사그라지고 있는지 고민하는 것이다.

온라인 리크루팅업체 잡코리아와 지식포털 비즈몬이 2007년 6월 직장인 1278명을 대상으로 실시한 〈직장인 인식조사〉 결과, 응답자 가운데 46.2퍼센트(591명)가 '현재 일하고 있는 직장은 비전이 보이지 않는다'고 답했다. 여성 직장인은 61.9퍼센트, 남성 직장인은 42.5퍼센트가 부정적인 반응을 보였다. 직급별로는 대리(58.8%), 과장(44.7%), 차장(43.1%), 부장(38.9%), 이사(17.0%) 등의 순으로 부정적 답변이 많았다.

여성의 경우 아직까지 남성에 비해 평생토록 일할 수 있느냐는 점에서 직업 안정성이 떨어지기 때문에 소속회사의 비전에 대한 불안감이 컸다. 또 예상 근무기간에 비례해 회사의 비전을 인식하는 경향은 간부급과 비교해볼 때, 실무자급 젊은 인력들이 조직의 비전과 관련해 더 높은 불안감을 느끼는 것으로 분석되었다. 어떻든 직장의 비전에 대한 부정적 인식은 미래에 대한 불안감을 야기한다. 다시 말해 '내가 이곳에서 언제까지 일할 수 있을까'라는 질문을 던지게 된다는 뜻이다.

2007년 1월 남성잡지 《루엘LUEL》이 30대 남성 직장인 500명을 대상으로 '무엇이 자신을 가장 짓누르는가'라는 질문을 던진 결과, 응답자 중에 39퍼센트가 '비전 없는 직장'이라고 답했다. 다음은 가족부양 의무(23.6%), 돈을 적게 번다는 것(16.2%), 조직 내 인간관계의 괴로움(8.4%) 순으로 나타났다. 이렇듯 대다수 직장인에게 '비전 없는 직장'만큼 마음을 짓누르는 고통은 없는 것 같다.

떠날 기회가 과연 오긴 올까 | 우리나라에서는 아이엠에프IMF 경제위기를 겪으며 기업과 직장인의 관계가 확연히 달라졌다. 과거에는 한 기업체에서 수십 년간 일하다 정년퇴직하는 것이 자연스럽고도 자랑스러운 일이었다. 회사에서는 장기근속자를 우대했고, 부하직원들은 그들의 경륜을 높이 샀으며, 정년퇴직해서도 그들은 애사심과 자긍심을 잃지 않았다. 그런데 이제 기업은 과거와 같은 완전고용을 보장하지 않는다. 점점 직장인들도 애사심이라는 단어를 잊고 있다. 이제는 경력관리를 잘해 더 높은 연봉과 더 나은 직무경험을 쌓을 수 있는 곳으로 이직하는 것을 당연한 능력으로 인정하는 시대가 되고 있다. 때문에 많은 직장인들이 몸담고 있는 직장에 애정을 느끼지 못하고, 기회가 되면 떠나겠다는 생각을 한다. 하지만 대부분 막연한 생각으로만 그치고 있다는 것이 더 큰 문제다.

취업사이트 커리어가 2007년 6월, 직장인 1558명을 대상으로 '현 직장에 대해 애정을 가지고 있는가'를 조사한 결과, 응답자 가운데 54.6퍼센트가 '없다'고 답변했다. 애사심이 없는 가장 큰 이유로는 회사가 기업이익만 생각해서(31.1%), 연봉이 낮아서(12.4%), 회사의 발전가능성이 낮아서 등을 꼽았다. 그럼에도 사람들이 회사를 그만두지 않는 이유는 무엇일까? '당장 이직할 곳이 없어서(65.5%)'라는 현실적 이유가 가장 많았고, 함께 일하는 상사·동료가 좋아서(12.1%), 담당 업무가 마음에 들어서(7.0%)가 뒤를 이었다.

이처럼 회사에 불만을 가지고 있지만 떠나지 못하는 상황은 상호간에 손실을 줄 뿐이다. 직원들이 애정을 가지고 혼신을 다해 신바람 나게 일하지 않으니 기업의 생산성이 떨어지는 것은 당연하다. 직원들은 회사에 남아 있는 것이 당장은 이익이라고 생각할지 모르지만, 하루하루를 마지못해 끌려가는 코 꿴 소처럼 밥벌이의 한스러움을 노래하며 세월을 허비하고 있으니 개인에게도 큰 손실이 아닐 수 없다.

새로운 도약을 준비하자 | 직장인들은 불만족스러운 현재를 바꾸기 위해 무슨 준비를 하고 있을까? 2007년 5월 취업사이트 스카우트가 직장인 1108명을 상대로 〈현 직장 업무 만족도〉를 조사한 결과, '만족하지 못한다'는 비율이 65.5퍼센트, '매우 불만족스럽다'는 응답이 9.6퍼센트로 나타나는 등 응답자의 75.1퍼센트가 직장생활에 만족하지 못한다고 답했다. 또 '30대 이후 언제든지 실업자가 될 가능성이 있다고 생각하는가'라는 질문에 '그렇다'는 응답자가 81.2퍼센트나 되었다.

'불확실한 직업안정성과 관련된 대비책이 있는가'에 대해서는 '걱정은 하고 있지만 구체적 대책은 없다'가 62.3퍼센트, '대비책이 없다'가 17.2퍼센트 등 전체의 79.5퍼센트가 뚜렷한 대책을 마련하지 못하고 있는 것으로 나타났다.

이처럼 대부분의 직장인이 만족스럽지 못한 직장생활을 하고 있으며 직업안정성에 대해서도 크게 우려하고 있지만, 뚜렷한 대책을 세우고 있지는 못한 것으로 드러났다.

언제까지 이렇게 살 것인가? 나이 40이 넘으면 자기 얼굴에 책임을 져야 한다는 말이 있다. 살아온 인생에 대해 책임을 져야 한다는 얘기다. 20·30대에는 열정적으로 도전하는 삶을 살아왔는데 나이가 들면서 조금씩 현실에 안주하고, 위험은 피하고, 어려운 과제는 돌아가고, 책임은 남에게 떠넘기려는 마음이 생기기 시작한다고? 이런 마음이 싹트고 있다면, 언제 살생부에 이름이 오를지 모르니 경계해야 한다. 자칫 그동안 씨앗을 뿌리고 애써 가꿔온 나무가 결실을 보지 못할 수도 있다.

그렇다고 위축될 문제는 아니다. 당신은 그동안 수많은 역경을 이기고 오늘 이 자리에 이른 인생의 승자다. 지금부터라도 인생 후반을 준비하면 된다. 예전에도 그랬듯 앞으로도 충분히 잘해낼 수 있다. 지금 이 순간, 첫 직장에 처음 출근하며 다졌던 각오를 되살려 다시 한번 도약을 준비하자. 행복은 준비하는 자에게 손을 내민다. 하나하나 체계적으로 인생 후반을 고민하고 계획해보자. 20대의 열정을 가지고 40대의 지혜로 멋진 인생 후반을 가꾸어가자. 당신은 분명 행복이라는 과실을 수확하게 될 것이다.

2. 떠나야 할 때, 남아야 할 때

'업業' 중심으로 급변하는 직장관 | 미국인들은 사회생활을 하며 평균 11번 가량 직장을 옮긴다는 조사결과가 있다. 보통 3~4년에 한 번은 이동을 한다는 이야기다. 이처럼 직장에서 근무기간이 중시되던 문화는 서서히 사라져가고 있고 업業 중심으로 직장관이 변화하고 있다. 우리나라에서도 갈수록 동일한 현상에 가속도가 붙고 있다. 우리 세대만 해도 직장을 중시하는 사고를 가지고 있었다. 그래서 한 직장에 장기근속하는 것을 보람으로 여기며 살아왔다. 하지만 요즘 입사하는 젊은 친구들은 전혀 생각이 다르다. 어느 정도 경력을 쌓으면 그것을 바탕으로 더 나은 직장으로 거리낌 없이 떠난다. 이제 특정 직장을 목표로 취업준비를 하는 시대는 지났다. 어떤 업에 종사할 것인지 목표를 세우는 것이 현명하다.

현재 대부분의 30·40대는 갈림길에 서 있다. 사람은 보통 전 생애에 걸쳐 40년은 경제활동을 한다. 그렇다면 적어도 앞으로 20년 이상은 더 일해야 한다는 계산이 나온다. 그것이 가능할까? 이런 위기위식이 심화되면서 누구나 변화를 모색해야 한다고 말한다. 변화의 동기는 현 상태에 대한 위기의식과 불만이다. 현재에 불만스러운 사람이 찾는 돌파구가 바로 변화다. 하지만 스스로 주체가 되어 변화하지 않으면 끌려 다니기 마련이다.

에스키모가 들개를 사냥하는 방법에 대해 들어본 적이 있는가. 방법은 간단하다. 칼에 피를 묻힌 채 그저 놓아두기만 하면 된다.

들개는 칼에 묻은 피를 빨아 먹다 죽고 만다. 추위에 혀가 마비되어 제 혀에서 피가 철철 흘러도 그것이 제 피라는 걸 알아차리지 못한 채 계속해서 칼날을 핥다가 죽음에 이르는 것이다.

지금 몸담고 있는 직장에 남든지 떠나든지 변화는 불가피하다. 우리는 변화의 필요성을 느끼면서도 한편으로는 변화에 저항한다. 변화를 막는 것은 막연한 두려움이다. 새로운 도전에 대한 두려움, 생계에 대한 두려움, 변화 때문에 감당해야 할 고통에 대한 두려움이 변화를 가로막는다. 그러나 지금처럼 걱정만하며 세월을 보내다 보면 어느 순간 당신에게 해고통지가 날아들 수도 있다. 결국 변화는 자신을 위한 처절한 몸부림이다.

꼭 떠나야 할 이유가 무엇인지 따져보라 | 2007년 4월 온라인 취업사이트 사람인이 직장인 5378명을 상대로 실시한 설문조사에서 '퇴사하고 싶은 충동을 느낀 경험이 있는가'라는 질문에 응답자 가운데 96.7퍼센트가 '그렇다'고 답했다. 이들에게 '퇴사하고 싶은 생각이 드는 주기'를 물은 결과 평균 3개월에 1번 정도로 집계되었다.

퇴사하고 싶은 생각이 들 때(복수응답)는 회사의 비전이 보이지 않을 때(52.5%), 상사와 마찰이 있을 때(45.6%), 의미 없는 일상이 반복될 때(39%), 연봉이 오르지 않을 때(33.3%), 능력을 인정받지 못할 때(28.6%) 순으로 꼽혔다.

퇴사하기에 적절한 시기에 대해서는 이직준비가 됐을 때(43.3%), 회사가 비전이 없다고 판단될 때(18%), 일에 대한 열정이 사라졌을 때(10.8%), 스카우트 제의가 들어왔을 때(9.6%) 순으로 답했다.

주변에서 퇴사하는 동료를 볼 때 드는 생각에 대해서는 용기 있어 보인다(23.1%), 부럽다(19.3%), 능력 있어 보인다와 걱정된다(각각 17.6%), 성급해 보인다(11%) 순으로 답했다.

회사에서 인정받지 못하고 조직생활에 회의를 느끼면 많은 이들이 이직을 생각한다. 회사를 떠날 때는 꼭 떠나야 하는 이유를 주도면밀하고 진지하게 검토해 보아야 한다. 회사를 떠나는 가장 큰 이유는 앞에서도 살펴 본 것처럼 자신을 인정해준다는 느낌을 받지 못하기 때문이다. 그 외에 대부분은 인간관계에서 오는 갈등 때문이고, 그 갈등은 주로 상사와의 갈등이다. 오랜 경험으로 볼 때 직장을 떠나는 이유 중 가장 높은 비중을 차지하는 것이 바로 인간관계로 인한 갈등이다. 적어도 열에 일곱은 이런 내면의 갈등으로 이직을 고려하고 또 결심한다.

인간관계 갈등은 어디든 있다 | 사람이 둘 이상 모이면 어디에나 갈등은 있기 마련이다. 서로 다른 생각과 가치관, 추구하는 바가 다른 사람들이 모여 공동의 목표를 실현해간다는 것은 그만큼 어려운 일이다. 그런데 갈등 중 가장 큰 심적 고통을 주는 것은 바로 상사와의 갈등이다. 어린 시절, 자신을 괴롭히는 급우 때문에 학교에 가기 싫었던 것처럼 상사가 꼴도 보기 싫어 회사에 나가기 싫은 때가 있다. 회사에 가기 싫지만 이직을 쉽게 결심할 수 없는 이유는 생계가 달린 문제이기 때문이다. 하지만 이직한다고

해도 다시 인간관계 갈등을 겪지 않는다는 보장은 없다. 다른 회사에도 서로 다른 개성을 가진 사람들이 모여 일하고 있으며, 그 속에는 분명 상사도 있다.

갈등을 해결할 방법은 결국 갈등이 발생한 곳에서 찾아야 한다. 상사가 바뀌지 않는다고? 그렇다면 자신이 변하는 것이 오히려 쉬운 해결책이 될 수도 있다. 하지만 도저히 그럴 수 없고, 참을 수 없을 정도로 지속적인 스트레스가 가중된다면 떠나는 것을 고민해봐야 할 것이다.

남의 얘기를 듣지 않고, 자기 의견만 무조건 옳다고 하는 유아독존형 상사나 인격적 모멸감을 주는 상사도 상당수 존재한다. 성격차이로 인한 갈등도 만만치 않다. 잘못하면 건강에 위험이 닥칠지 모른다. 피로가 누적되어 신체에 이상이 올 수도 있고, 우울증이 찾아올 수도 있다. 아침에 눈 뜨는 것 자체가 싫은 경험이 잦다면 상당히 심각한 상태. 회사에 가야 한다는 생각만 하면 입맛이 없고 음식을 넣으면 소화가 안 되고 체하는 느낌, 나를 힘들게 하는 상사나 동료가 꿈속에까지 찾아와 괴롭히는 바람에 숙면을 이루지 못하는 횟수가 증가하는 현상, 출근하면 만나야 할 꼴도 보기 싫은 상사나 동료, 자신의 존재가치를 상실하게 됨으로 인해 나타나는 무력감과 상실감은 정신과 육체에 치명적인 이상을 야기할 수 있다.

나는 얼마나 준비되었나 | 자신이 속한 회사의 상황이 어떤가는 중요한 고려 대상이다. 아무리 노력을 해도 기업이 존속하지 못

하면 나는 설 자리를 잃게 된다. 회사의 재정상태, 경영실적, 동종업계에서의 입지 변화, 기업문화 등 전반적인 검토가 필요하다. 회사가 여전히 성장하고 있고 앞으로도 성장 가능성이 높은지, 아니면 현상유지나 악화로 흘러갈 가능성이 높은지도 조직원의 안정성과 성장 가능성에 많은 영향을 준다.

무엇보다 중요한 고려 대상은 바로 자신이다. 현재 몸담고 있는 직장에서 자기 위치와 일에 대한 성취감과 보람, 기업문화에 대한 적응도, 전문성, 업무의 발전성과 만족도, 보상 수준과 성장 가능성, 직무 대체 가능성 등을 객관적으로 생각해보아야 한다.

그와 함께 자신의 준비 정도, 한마디로 표현하면 '대책'이 서 있는지 그렇지 않은지를 따져봐야 한다. 대책이 서 있다는 것은 이직할 회사가 있거나 아니면 가능성이 높다는 의미다. 그만큼 시장에서 가치를 인정받을 수 있는 수준이라는 것이다. 전문성이나 뚜렷한 경력, 내세울 만한 성과, 이직에 도움을 줄 인맥 등도 중요한 판단 요소다. 이밖에 중요한 판단 기준 중 하나는 자신이 이직을 고려하는 것이 막연한 현실 도피인지 아니면 발전을 위한 계획된 변화인지를 냉정히 따져봐야 한다는 점이다.

퇴사 후 바로 재취업이 가능하다면 문제는 크지 않다. 만약 그렇지 않다면 최소한의 자금이라도 준비되어 있어야 한다. 이직은 결코 자기 혼자만의 문제가 아니므로 가족의 이해를 구하고 안심시키는 것이 필수적인 과정이다. 가끔 욱하는 성질에 사표를 던지는 사람이 있는데, 그것처럼 무모한 일은 없다. 사람들은 대부분 상사와의 갈등이나 회사가 추구하는 방향이 자기 가치관과 큰 마찰을 보일 때 충동적으로 그런 행동을 저지른다. 그들과 대화해보면 '자존심이 상해서 더 이상 다닐 수 없다'는 대답을 듣기도 한다. 그 마음은 충분히 이해하고도 남는다. 얼마나 심하면 그랬을까. 하지만 그런 상황이 닥치더라도 한숨만 돌이켜봤으면 좋겠다. 자존심도 중요하지만 아무런 대책 없이 직장을 떠난다면 그로 인해 가족들이 겪어야 하는 충격과 고통은 상상 이상이 될 수 있다는 것을 생각해야 한다. 고정수입이 갑작스레 끊어지면 식구들의 삶의 질은 떨어지고 만다. 물론 저축한 돈이 있다면 그 시기는 다소 늦춰지긴 하겠지만 그래도 심리적 위축은 무시할 수 없다. 결국 가족들의 생활에 변화가 올 것이고, 그들 역시 당신처럼 자존심 상하는 일이 잦아질 것이다.

인정받고 있다면 현 직장에 머물러라 | 이직을 꿈꾸는 사람들 중에는 현재에 대한 평가는 가혹하게, 미래에 대해서는 아주 후하게 평가하는 사람이 있다. 일반적으로 우리는 주어진 현재에 고마움을 느끼지 못할 때가 많다. 그리고 모든 사회생활 속에 일어나는 어려움 즉 인간관계로 인한 갈등, 내 생각과 다른 회사의 정책, 자신의 주체성을 잃어가는 상황 등으로 어려움의 차이만 있을 뿐, 사람이 모인 곳에는 항상 그런 일이 존재한다는 사실을 간과하기도 한다.

이직은 또 다른 도전을 의미한다. 지금 있는 곳에 대한 불만 때문에 막연히 이직을 생각했다면 다시 한 번 신중하게 떠나야 할 이유를 숙고해보기 바란다. 슬럼프 역시 마찬가지다. 세상에 그것을 경험하지 않는 사람이 얼마나 될까? 직장에서 인정받는 사람이라고 해도 인간에게는 누구나 또 다른 슬럼프가 찾아오기 마련이다. 업무상 슬럼프는 직장을 떠나야 할 요인이 아니라 극복 대상이다. 슬럼프를 탈출하는 비결은 기본으로 돌아가는 데 있다. 우리는 보통 어려움에 부딪히면 오히려 안 되는 방법으로 더 달려가는 경향이 있다. 이럴 때 일수록 초심初心으로 돌아가 마음의 여유를 찾고 천천히 다시 시작해보는 자세가 필요하다. 그렇게 하면 분명 다시금 자신감을 회복할 수 있을 것이다.

지금 직장에서 인정받고 있다면 그곳에 머물러라. 그렇지만 자기 존재가치를 더욱 높이기 위한 투자는 끊임없이 해야 한다. 운 좋게 정년퇴직을 한다고 해도 당신은 적어도 10년 이상 다른 직업을 가져야 한다. 지금 하고 있는 일의 전문성을 길러 새로운 직업을 찾든지 아니면 창업을 해서 1인 기업 대표로 역량을 발휘하며 살 수도 있다.

항간에 '박수 칠 때 떠나라'는 말이 있다. 그런데 그 말에 어느 정도는 모순도 있음을 이해해야 한다. 아하! 러닝연구소 도영태 소장은 이렇게 말한다.

자신의 적성과 비전에 맞고 좀 더 나은 일을 찾아 현재의 박수갈채를 포기하는 것, 잘 나갈 때 앞서서 이것저것 고민하다가 그만두려고 결심하는 것은 결혼하면서 이혼을 걱정하는 것과 같다. 지금 박수쳐주는 이곳만큼 내게 최상인 곳은 없다. 회사에 대한 공헌도나 주변의 인정도 등에서 현재 박수를 받고 있다면 떠날 이유가 없다. 박수치는 곳이 내가 머물러야 하는 곳이다. 멋지게 떠나는 방법은 박수갈채가 적어질 때다. 박수소리가 아예 안 날 때 떠나는 것은 너무 초라하므로 그래도 박수소리가 남아 있을 때 떠나야 한다. 그 타이밍은 스스로 감지해야 한다.

《창의적 역발상, 요럴 땐 요렇게》 중에서

창업, 막연한 기대는 금물이다 | 인생 후반을 위해 많은 직장인들이 재테크를 하거나 창업을 꿈꾸고 있다. 특히 30·40대로 갈수록 창업에 대한 욕구가 강하게 나타난다.

2007년 6월 연봉정보 제공 전문회사 페이오픈이 자사사이트를 방문한 직장인 810명을 상대로 '10년 후의 나를 위해 무엇을 준비하고 있는가'를 조사한 결과 '재테크'라는 응답이 26.3퍼센트로 가장 많았다고 한다. 두 번째는 창업준비(25.2%)였으며, 다음은 외국어 공부(13.7%), 건강관리(12.2%), 자격증 등 각종 시험 준비(10.4%), 인맥관리(9.3%), 성형수술(3.0%) 순이었다.

연령별로는 20대 응답자들이 재테크(31.5%)를 가장 많이 선택한 반면 30대는 창업준비(31.6%)라는 응답이 가장 많았으며 40대 이상 응답자 역시 창업준비(34.4%)를 1위로 꼽았다.

이밖에 다른 조사결과를 보아도 30·40대 10명 중 8명은 창업을 꿈꾸고 있음을 알 수 있다. 특이한 점은 창업을 하더라도 현 직장을 유지하겠다는 사람들이 늘고 있다는 사실이다. 창업에 대한 욕구가 강하지만 그 이면에 실패에 대한 두려움이 상존하고 있다는 의미다. 이것은 철저한 준비 없이 막연한 기대감만으로 창업할 경우 실패할 가능성이 높다는 것을 대부분 잘 알고 있다는 사실을 보여준다.

직장 생활을 하며 '한 달에 한 번 금고가 열리는 날을 기다리며 사는 것'은 많은 돈을 벌고 싶다는 강렬한 욕구를 가진 사람에게는 참기 어려운 일이다. 대부분의 직장인들은 스스로 1억 연봉자가 될 가능성을 낮게 보고 있다. 그러니 돈이 흘러가는 맥을 잡아 그 욕구를 채울 기회가 있다는 사실이야말로 창업이 주는 매력일지 모른다. 창업할 때 쉽게 빠지기 쉬운 유혹은 '○○가 뭘 해서 대박 났다더라' 식의 소문을 막연히 동경하고 따라하려는 행동이다. '나도 하면 되겠지'라는 생각으로 물불 안 가리고 따라가는 것은 기름통을 몸에 지니고 불 속으로 뛰어드는 꼴이다. 누군가 창업을 해 성공했다면, 그만큼 보이지 않는 준비를 철저히 했기에 성공가능성이 높았을 것이라는 사실을 제대로 인식해야 한다.

창업에 대한 막연한 기대 또한 금물이다. 과거 조개구이집이 한창 유행하던 때가 있었다. 처음 진입한 사람들은 성공한 경우가 적지 않았다. 그렇지만 뒤늦게 그 대열에 들어선 사람들 대부분은 낭패를 보았다. 이와 유사한 사례는 이밖에도 얼마든지 많다.

후배 중에 한 명은 우연한 계기로 기존 사업체를 인수해 창업을 했다. 물론 그 친구는 나름 변화를 갈망하고 있었을 것이다. 그러니 그런 기회가 눈에 보였을 테니까. 그는 초기에 순탄하게 자리를 잡았고, 성공한 사례로 화제에 올랐다. 하지만 그에게도 고충은 있었다. 자기 사업을 시작하는 순간, 개인적인 삶을 포기해야 했다는 것이다.

  사업을 시작하면서 사생활을 잊고 열심히 일한 만큼 보답이라도 받는다면 그나마 다행이지만, 그렇지 않을 수도 있다는 사실을 후발주자는 잊어서는 안 된다. 나이가 들수록 변화와 성공을 원하는 마음은 강해지지만 쉽게 결정을 못하는 이유 가운데 큰 비중을 차지하는 것이 바로 실패할 경우를 생각하기 때문이다. 젊은 나이에는 실패하더라도 다시 일어날 만한 열정이 있고 가족 부양에 대한 책임이라도 덜하지만, 40대에는 그런 진취성이 떨어지기도 하고, 한참 자녀들이 성장해가는 중요한 시기에 맞물려 있다는 사실이 변화를 꾀하는 우리에게 부담을 준다. 내가 실패하면 자식들 교육이며 뒷바라지는 어떻게 할 것인가?

  분명 언젠가는 누구나 몸담고 있는 회사로부터 독립해야 한다. 개인에 따라 그 시기가 다를 뿐이다. 무모하고 막연한 독립은 자신을 속박하는 굴레가 될 수 있다. 그럼에도 창업을 생각하고 있다면, 직장생활을 하며 경험한 일과 연관된 분야에서 업종을 선택하는 것이 바람직하다. 자신에게 익숙한 것이고 다른 일보다는 성공가능성이 높기 때문이다. 물론 자신에게 맞는 일이고 흥미를 느끼는 일이어야 한다는 전제는 변하지 않는다.

  모든 일에 창조적 사고로 대하는 태도가 중요하다. 그 속에서 어느 순간 진주를 찾을 수도 있다. '아! 맞아. 저거야. 충분히 가능성이 있어.' 그런 아이템을 발견하면 철저한 시장조사를 바탕으로 가능성을 타진해야 한다. 직장에 다니며 안정적 수입이 보장된 상태에서 주말에 약간의 시간을 투자하면 얼마든지 가능한 일이다. 이렇게 기초적인 계획이 완성되면 다음으로는 자신에게 미흡한 것들, 예를 들어 자금이나 자격증 같은 요소를 발견하게 될 것이다. 그러면 그것을 충족할 계획을 세워 새로이 목표기간을 설정하고 준비를 해나가면 된다.

떠나야 할 때, 남아야 할 때… 그 판단기준은 | '떠나야 할 때와 남아야 할 때'를 과연 어떻게 판단해야 할까, 그 기준을 무엇으로 삼아야 하나, 이런 의문이 남는다. 나 역시 이런 의문을 안고 고민한 지 오래다. 고민을 하며 다른 사람들과 많은 인터뷰를 해보았고, 관련 자료도 적잖이 찾아보았다. 그리고 17년의 리더 생활과 인사팀장으로 근무하며 쌓은 경험을 바탕으로 '자기진단 체크리스트'를 만들게 되었다. (44p 참조)

체크리스트는 스스로 판단하는 데 도움을 줄 수 있다. 하지만 중요한 것은 결국 판단은 본인 몫이라는 사실이다. 각자 처해 있는 상황이 다르기 때문에 간단한 체크리스트로 여러 가지 변수와 가능성을 모두 반영하기에는 분명 어려움이 있다. 또한 점수를 합산해 얼마면 남고 얼마면 떠나라는 식의 결론은 자칫 판단을 오도할 수도 있음을 알아야 한다. 여기서 제시하는 체크리스트는 각 항목을 기준으로 떠나야 하는가, 남아야 하는가를 본인 스스로 신중하게 고심해보라는 의미가 강하다.

이직이유를 객관화하고 준비상태를 점검하라 | 이직을 판단하기 전에 이직을 원하는 이유를 객관화하는 노력이 필요하다. 스

스로 판단하는 것도 좋지만 주변에 나를 잘 아는 사람에게 도움을 받는 것이 객관성을 확보하기에 좋은 방법이다. 먼저 자신이 느끼는 불만이 현 직장에만 있는 문제인지, 아니면 어느 회사에나 있을 수 있는 문제인지 냉정히 따져보기 바란다. 그 문제를 스스로 해결할 수 있는지 그렇지 않은지도 따져보라. 해결 가능한 문제라면 그것은 발생한 곳에서 해결해야 한다. 익숙한 환경에서 해결하지 못하는 문제가 환경이 바뀐다고 해서 자연히 해결되리라 기대하는 것은 무리가 따르기 때문이다.

마지막으로 자신의 준비상태를 냉철히 살펴봐야 한다. 시장에서 내 가치가 어느 정도로 평가받을 수 있는가를 판단하지 않고 이직을 결심하는 것은 무모한 일이다. 준비된 사람이 성공할 가능성이 높은 것은 당연한 일이다. 그러므로 준비는 자기 현실을 명확히 이해하는 것부터 시작해야 한다.

경력직으로 다른 회사에 들어가는 것은 신입사원으로 입사하는 것과는 다른 면이 많다. 신입사원은 관심 대상이기 때문에 누구나 아껴주고 보살펴주려 한다. 한동안은 큰 기대를 하지 않고 실수를 하더라도 이해하고 넘어간다. 학생 신분에서 사회구성원으로 전환하는 데 따르는 어려움이 있겠지만 오랫동안 다른 기업 문화를 경험한 바가 없으니 문화적 충돌은 적은 편이다. 그러나 경력자는 이방인이다. 심한 경우에는 몇 년이 지나도 여전히 이방인으로 남을 수 있다. 또한 경력자는 관찰과 주시의 대상이 되고, 누구나 평가하기 위해 혈안이 되어 있다. 성과 내기를 요구받고, 빨리 결과를 내놓으라는 무언의 압력을 느끼게 마련이다. 이직을 할 때 가장 큰 어려움은 이질적 기업문화에서 오는 어려움이다. 하지만 그동안의 관록과 실력이라는 무기가 있다는 것이 신입사원과는 비교할 수 없는 경쟁력이다. 그것을 가지고 스스로 난관을 극복해가야 한다.

직장을 옮기면 인간관계 갈등, 성과 요구, 모순된 기업문화 등이 없는 파라다이스가 펼쳐질 것이라는 막연한 기대는 버려라. 자칫 혹 떼려다 하나 더 붙이는 격이 될 수도 있다. 어떤 조직이라도 갈등은 있다. 그러니 이직을 고려하고 있다면 먼저 지금 있는 직장에서 갈등을 푸는 데 주력하고 성과를 내기 위해 노력해 보라. 새로운 직장에 가서 자신을 알리기 위해 해야 할 노력의 반, 아니 삼분의 일만 해도 현 직장의 상사와 동료들이 놀라게 될 것이다. 평상시에 노력은 하지 않고 불평불만으로만 가득 차 있는 사람은 아무리 환경을 바꾼다고 해도 인생이 바뀌지 않는다. 먼저 세상을 바라보는 자신의 사고를 바꾸는 것이 더 합리적이다.

결론을 내렸으면 자신을 믿어라 | 자, 이제 마지막 판단이 남아있다. 남을 것인가? 아니면 위에서 열거한 모든 리스크를 염두에 두고도 떠날 것인가? 그 대답은 오로지 당신만이 할 수 있다. 변화는 위기인 동시에 기회이다. 이 모든 것을 알고도 변화를 감수하겠다는 각오가 선다면 떠나라. 새로운 도전의 기회를 찾아 뒤돌아보지 말고 전진하라.

떠날 때는 회사와 동료들에게 좋은 인상을 남기는 것이 예의다. 오랜 시간 동안 쌓아온 모든 것이 다 귀중한 자산이다. 그 자산을 간직하고 떠나려면 깔끔한 마무리가 필수적이다.

자기진단 체크리스트를 꼼꼼히 점검하고 나서 남을 결심을 한 사람이라면 다음에 제시하는 '안정적인 직장생활 비결'을 염두에 두고 변화를 모색하기 바란다. 분명 지금 있는 곳에서도 인정받을 길이 열리고 현재 봉착한 문제들을 해결할 수 있을 것이다. 물론 자기계발을 통해 스스로 가치를 높이는 일은 반드시 병행해야 한다.

떠날 결심은 했는데 아직 준비가 안 된 사람이라면 '이직을 고려하기 전 점검사항'을 주의 깊게 살펴보기 바란다. 먼저 자기 위치를 알고 자기계발에 혼신의 힘을 다해라. 자기계발만이 유일한 버팀목이다. 준비된 자에게는 자유로운 선택의 기회가 주어진다. 살아가면서 무언가 시작하기에 늦은 때란 없다. 시작 자체로 당신은 이미 원하는 것을 반은 얻었다.

어떤 결정을 내렸든 공통적으로 '제2의 인생을 꽃피우는 변화의 계기'를 참고해 멋진 인생 후반을 맞이하기 바란다. 분명 누구에게나 계기는 찾아온다. 당신이 깨어 있다면 곁을 스치는 계기를 잡아 원하는 일을 하며 후회 없이 인생 후반을 아름답게 그릴 수 있다.

사회변화나 다른 사람, 회사에 허물을 돌리지 말라. 다른 곳에서 속죄양을 찾는 한, 더 이상의 발전은 없음을 명심하라. 모든 문제는 자기로부터 출발한다. 결국 그 문제를 풀 사람은 자신뿐이다. 어떤 선택을 했든 그것은 스스로 내린 것이다. 실천도 당신만이 할 수 있다. 수십 년을 살아오면서 다져온 저력이 이제부터 진가를 발휘할 것이다. 자신을 믿어라. 변화에 따른 놀라운 선물을 줄 수 있는 사람도 오직 당신뿐이다.

TIP 자기진단 체크리스트 – 떠날 것인가, 남을 것인가

※ 아래 각 문항별로 Yes나 No에 체크해보세요. 판단 기준은 주관적입니다. 본인이 느끼는 기준에 따라 체크해보시기 바랍니다.

1. 기업문화   Yes   No
- 조직내부 의사결정은 개방적입니까?   ☐   ☐
- 자유로운 의견개진이 가능한 분위기입니까?   ☐   ☐
- 자율적인 분위기에서 업무할 여건입니까?   ☐   ☐
- 회사와 직원 상호에게 이득이 되는 win-win 구조입니까?   ☐   ☐
- 직원을 존중하는 문화입니까?   ☐   ☐
- 기업문화를 외부에 자랑할 수 있습니까?   ☐   ☐

2. 발전 가능성   Yes   No
- 최근 회사 규모는 커지고 있습니까?   ☐   ☐
- 내부적으로 전반적인 기업 경영상태가 좋아지고 있습니까?   ☐   ☐
- 매출이 증가하고 있습니까?   ☐   ☐
- 영업이익이 증가하고 있습니까?   ☐   ☐
- 신규투자를 확대하는 추세입니까?   ☐   ☐
- 적극적인 경영을 하고 있습니까?   ☐   ☐
- 회사 비전이 구체적이고 실현될 가능성이 높다고 생각합니까?   ☐   ☐

- 회사 비전과 본인의 비전이 일치합니까? ☐ ☐
- 해당 업종의 시장상황은 성장추세입니까? ☐ ☐
- 동종업계에서 위치는 좋아지고 있습니까? ☐ ☐
- 신규채용이 꾸준히 이루어집니까? ☐ ☐
- 인위적인 인력조정을 하고 있지는 않습니까? ☐ ☐
- 보상수준은 동종업계에 비해 높습니까? ☐ ☐
- 복리후생제도는 동종업계에 비해 잘 갖춰져 있습니까? ☐ ☐

3. 업무　　　　　　　　　　　　　　　　Yes　No
- 현재 업무는 본인이 하고 싶은 일입니까? ☐ ☐
- 일을 통해 성취감과 보람을 느낍니까? ☐ ☐
- 본인의 가치를 높일 수 있는 직무를 담당하고 있습니까? ☐ ☐
- 업무적으로 회사나 상사로부터 인정을 받고 있습니까? ☐ ☐
- 업무적으로 동료로부터 인정을 받고 있습니까? ☐ ☐
- 현재 본인이 하고 있는 업무에 흥미를 느끼고 있습니까? ☐ ☐
- 지금까지 경험한 업무가 본인의 경력관리에 도움이 됩니까? ☐ ☐
- 업무량은 적당합니까? ☐ ☐
- 과중한 업무로 인해 최근 건강에 이상을 느낀 적은 없습니까? ☐ ☐

	Yes	No
– 본인의 업무는 대체 가능성이 낮다고 생각하십니까?	☐	☐
– 본인이 하는 업무는 회사에 기여도가 높습니까?	☐	☐
– 업무에 흥미가 없고 스트레스를 받아 출근하기 싫은 적은 없습니까?	☐	☐
– 업무를 추진할 때 의사결정권이 많습니까?	☐	☐

4. 인간관계

	Yes	No
– 상사와 관계는 원만합니까?	☐	☐
– 상사와 갈등이 있어도 수용 가능할 정도입니까?	☐	☐
– 갈등은 해결 가능합니까?	☐	☐
– 동료와 관계는 원만합니까?	☐	☐
– 동료와 갈등이 있어도 수용 가능할 정도입니까?	☐	☐
– 갈등은 해결 가능합니까?	☐	☐
– 인간관계 갈등으로 인한 스트레스는 심하지 않습니까?	☐	☐
– 인간관계 갈등으로 인한 스트레스 주기는 짧지 않습니까?	☐	☐
– 갈등으로 인해 출근하기 싫은 정도는 아닙니까?	☐	☐
– 회사 내 인간관계 폭은 넓습니까?	☐	☐
– 회사 내에 고민을 의논할 상대가 있습니까?	☐	☐
– 스트레스를 해소할 다른 방법이 있습니까?	☐	☐
– 회사 외부에 인간관계 폭은 넓습니까?	☐	☐
– 회사 외부에 고민을 의논할 상대가 있습니까?	☐	☐
– 갈등이 있을 때 가족과 상의하는 편입니까?	☐	☐

5-1. 개인측면 (현 직장)

	Yes	No
- 보상은 만족할 수준입니까?	☐	☐
- 보상은 갈수록 좋아질 것으로 보입니까?	☐	☐
- 승진기회가 있습니까?	☐	☐
- 최선을 다하고 있습니까?	☐	☐
- 슬럼프 경험이 있다면 극복 가능합니까?	☐	☐
- 일에 즐거움이 있어 출근하십니까?	☐	☐
- 최선을 다한다면 예측 잔여근무기간이 길다고 생각하십니까?	☐	☐
- 일과 개인생활의 조화가 이루어지고 있습니까?	☐	☐
- 자기계발을 위해 시간과 경제적 투자를 하고 있습니까?	☐	☐
- 취미 생활을 즐기고 있습니까?	☐	☐
- 규칙적인 운동을 하고 있습니까?	☐	☐
- 사직의사를 밝힌다면 회사나 상사가 붙잡으려 노력할 것 같습니까?	☐	☐

※ 1, 2, 3, 4, 5-1에서 Yes 응답이 많다면 현 직장에 남기를 권합니다. 하지만 자기계발은 꾸준히 하시기 바랍니다. 언젠가는 변화를 줘야 합니다. No 응답이 많다면 변화가 필요합니다. 현 직장에 남을 상황이 안 된다고 판단한다면 5-2 이직 준비상황을 점검해보시기 바랍니다.

5-2. 개인측면 (이직 준비상황)

	Yes	No
– 이직을 위한 준비를 하고 있습니까?	☐	☐
– 본인이 특정한 전문성을 보유하고 있다고 생각하십니까?	☐	☐
– 이직에 필요한 뚜렷한 경력이 있습니까?	☐	☐
– 이직 때 내세울 만한 확실한 성과를 낸 경험이 있습니까?	☐	☐
– 이직에 도움이 될 자격증을 보유하고 있습니까?	☐	☐
– 이직에 도움이 될 자격증을 취득하려 노력하고 있습니까?	☐	☐
– 이직 때 지금의 학력이 도움이 됩니까?	☐	☐
– 이직을 위해 학위에 도전하고 있습니까?	☐	☐
– 이직에 도움을 줄 인맥이 많습니까?	☐	☐
– 스카우트 제의를 받은 횟수가 많습니까?	☐	☐
– 최근 1년 이내에 스카우트 제의를 받은 경험이 있습니까?	☐	☐
– 이직 가능한 회사가 있습니까?	☐	☐
– 이직할 회사를 찾을 가능성이 높습니까?	☐	☐

※ Yes 응답이 많다면 이직에 도전해 보시기 바랍니다. No 응답이 많다면 현 직장에서 변화를 추진해 가치를 높이거나 문제를 해결하는 방법을 택할 수 있습니다. 그래도 이직을 결심했다면 자기계발 계획을 시급히 준비하시기 바랍니다.

6. 이직할 회사가 있는 분은 마음을 결정하기 전에 스스로에게 질문해보세요.

	Yes	No
- 기업문화는 수용 가능합니까?	☐	☐
- 기업문화가 개방적입니까?	☐	☐
- 이직하면 인간관계로 인한 갈등이 없을 것이라 생각하십니까?	☐	☐
- 회사의 경영 상태는 좋아지는 추세입니까?	☐	☐
- 이직할 회사의 업종은 시장에서 발전가능성이 높습니까?	☐	☐
- 회사 비전이 본인의 비전과 일치합니까?	☐	☐
- 이직해서 담당하게 될 업무가 흥미를 가질 수 있는 일입니까?	☐	☐
- 조직구성원 중 외부 경력직이 많습니까?	☐	☐
- 보상수준은 현재보다 높은 편입니까?	☐	☐
- 보상수준은 만족할 수준입니까?	☐	☐
- 복리후생제도는 잘 갖춰져 있습니까?	☐	☐
- 근무여건은 지금보다 좋은 편입니까?	☐	☐
- 이직이 경력에 도움이 된다고 생각하십니까?	☐	☐
- 승진기회가 높습니까?	☐	☐
- 이직한다면 예상 근무가능기간이 길다고 생각합니까?	☐	☐
- 이직하려는 이유가 계획된 성장의 경로입니까?	☐	☐

※ Yes 응답이 많다면 이직은 긍정적입니다. No 응답이 많다면 재고해 보시기 바랍니다.

3. 유연한 열정을 가져라

그리스신화에 등장하는 프로테우스는 바다와 물의 신, 포세이돈의 신하로 예지력을 지니고 있었으나 예언하기를 싫어했다. 그래서 예언을 들으러 찾아오는 이들을 피하려고 여러 섬을 돌며 불이나 물, 또는 야생 짐승 등으로 자주 모습을 바꾸었다. 프로테우스는 되고자 하는 어떤 모습으로든 변신할 수 있는 능력 때문에 세상 만물이 창조되어 나왔던 원형질의 상징으로 여겨지게 되었고, 현대인 중에서 자기 모습을 사회와 조직의 변화에 맞춰 바꿔가며 잘 적응하는 사람들을 '프로테우스 인간Proteus Man'이라 일컫게 되었다.

어떻게 하면 변화무쌍한 프로테우스처럼 변신에 성공하며 지금 있는 직장에 오래 남아 있을 수 있을까? 참으로 어려운 문제임에 틀림없다. 내가 생각하는 일곱 가지 방법을 소개한다. 여러분과 같은 고민을 하고 있는 동지로서 나름의 방법을 정리했으니 참고가 되리라 믿는다.

존재가치가 분명해야 한다 | 지불할 돈에 비해 상품 가치가 떨어지면 사지 않는 것은 당연하다. 좋지 않은 상품을 사라고 우기는 것은 강매라고밖에 할 수 없다. 기업이나 단체와 같은 조직 역시 마찬가지다. 고용인 입장에서 생각한다면 전문성과 가치를 가지고 있지 않은 사람을 붙잡아 둘 이유가 없는 것은 당연한 일이 아니겠는가.

일반적으로 관리업무에는 주기cycle가 존재한다. 보통 한 주기를 돌면 일반적인 업무 흐름은 파악할 수 있다. 직무에 따라 다르겠지만 일 년, 한 달, 일주일, 하루 주기로 업무는 반복하여 순환된다. 업무전산화가 가속화되면서 관리업무는 상당 부분 프로그램이 해결해주고 있고, 이 같은 현상은 갈수록 더욱 심화될 것으로 보인다.

내가 인사팀장으로 근무할 때도 많은 인사업무가 전산화되었다. 전산화 전에는 급여업무를 한 직원이 전담했다. 그 직원은 한 달 내내 그 업무에 배치되어야 했고, 결근이라도 하는 날이면 회사에 일대 혼란이 찾아오기 때문에 그는 회사에 꼭 필요한 존재였다. 하지만 전산화가 이루어지면서 급여 관련 업무는 한 달 중에 이삼일만 하면 가능하게 바뀌었고, 한 달 정도면 다른 직원도 얼마든지 그 업무를 배우는 것이 가능하도록 시스템에 의해 움직이게 되었다.

전산화 기술이 발전하고 있는 사회에서는 이렇게 자신이 하고 있는 업무가 하루아침에 중요도가 급격하게 낮은 단순 업무로 뒤바뀔 수 있음을 염두에 두어야 한다. 더구나 자신이 하는 업무의 대체가능성이 높은지 아니면 낮은지도 생각해야 한다. 자신을 대신해 언제라도 다른 사람을 쉽게 투입할 수 있다면, 그만큼 회사에서 당신의 존재가치가 낮아지고 있다는 증거이기 때문이다.

기계가 대신할 수 있는 영역에 몸을 담고 있거나 단순반복 업무에 종사하며 하루하루를 보내는 사람이라면 언제 해고통지가 날아들지 모른다. 아무리 성실하다 해도 기계보다 더 성실하고 정확할 수 있겠는가, 기계보다 더 반복적으로 불평 없이 일을 잘 할 수 있겠는가?

일반적으로 여러 직군 중에서 영업 및 마케팅, 연구부서, 기획부서는 잔존가능성이 비교적 높게 나타난다. 이들은 다른 직장으로 이직하기도 용이한 면이 있다. 그렇다면 다른 직군은 그렇지 못하다는 의미인가? 그건 아니다. 관리업무를 하든 다른 업무를 하든, 반복되는 일상 업무에만 사로잡히지 않고 새로운 발상으로 가치를 창출하려는 노력을 끊임없이 기울이며 업무를 개선해가는 사람 역시 기획자다.

단순 관리업무에 종사한다고 해서 위축될 필요는 전혀 없다. 지금 맡은 일에서 가치를 찾고 업무 효율을 상승시킬 수 있는 일은 찾으면 얼마든지 있기 때문이다. "관리업무 하는 사람이 무슨 기획을 하겠느냐"고 반문할 사람도 있겠지만, 사실은 그렇지 않다. 관리업무를 하며 개선할 일과 생산성을 올릴 수 있는 일은 사고하는 패턴을 바꾼다면 얼마든지 찾을 수 있다.

오히려 요즘 세상에 기획이 필요 없는 일이 있을지 의문이 든다. 예를 들어, 책을 쓰는 일이라도 출발은 새로운 발상과 기획이다. 이런 과정이 없다면 어떠한 책도 세상의 빛을 볼 수 없다. 그러니 자기 분야에서 존재가치를 부단히 높이는 일이야말로 가장 강력한 힘임을 기억하자.

변화를 통해 신선함을 유지하라 | 상사나 주변 사람들에게 마르지 않는 샘물 같은 존재로 인식된다면, 지속가능한 직장생활은

저절로 보장된다. 직장인 중 일부는 그동안 일하며 축적해온 과거의 유산에 지나치게 의존하는 경우가 있다. 그들은 어떤 업무를 부여받으면 예전 방식에서 크게 벗어나지 않는다. 과거에 만든 자료를 그대로 사용하여 결과만 내려고 하는 사람들도 많다. 물론 그것을 알아차리지 못하는 상사에게는 그런 방식이 통한다. 하지만 조금이라도 관심을 기울이면 상사는 금세 그 작업 방식을 눈치 채고 만다. 변화를 꾀하지 않는 사람의 컴퓨터에 저장된 과거의 유산은 언젠가는 고갈되고 만다. 저장한 과일을 이듬해에 먹으면 맛도 없고 신선함이 떨어져 싼 값에 팔 수밖에 없듯, 변화를 두려워하는 당신의 가치도 급격히 떨어진다는 것을 명심하라.

가을 한 철 열심히 도토리를 주워 자기만 아는 창고에 비축하고 겨우내 토굴에서 그 도토리를 하나씩 하나씩 빼먹고 사는 다람쥐 생활을 하고 있었다면, 지금 당장 비축한 도토리를 전부 내다버려라. 샘물은 퍼낼수록 신선한 물이 고이기 마련이다. 당신의 샘물도 끊임없이 퍼내야 한다. 그래야 신선한 물이 샘솟는다. 변화하는 시대에 낙오되지 말고, 변화에 대응하라. 변화를 두려워할 필요는 없다. 그것은 본질적인 변화가 아니라 자신을 신선하게 만드는 유익한 과정일 뿐이기 때문이다.

꿈을 지니고 끊임없는 자기계발을 하라 | 미국의 한 통계학자가 성공한 미국인들의 공통점을 조사한 결과, 일반인들은 꿈을 마음속에만 지니고 살아가지만 성공한 사람 가운데 상위 1퍼센트는 꿈을 문서로 구체화시켜 항상 지니고 다니면서 되새기곤 했

다는 이야기가 있다.

　꿈을 이루려면 우선적으로 아름다운 꿈을 지녀야 함은 물론 그것을 끊임없이 구체화하고 스스로에게 각인시켜야 한다. 지속적인 자기계발을 통해 경쟁력을 키워가는 것은 그 다음 단계다. 우리가 '경쟁력이 있다'고 표현할 때는 새로운 직장이나 다양한 변화에 적응할 수 있도록 준비태세를 갖췄다는 의미만은 아니다. 경쟁력이란 미래의 시점이 아니라 지금 몸담고 있는 직장에서 발휘되고 있는 것이어야 한다. 경쟁력을 갖춘 인재는 어디서나 진가를 인정받을 수 있다. 본인의 경쟁력이 상승한다면 현재 몸담고 있는 직장에서도 대우를 달리할 준비는 늘 되어 있다는 의미가 된다.

　더 이상 온갖 핑계를 늘어놓으며 자기계발을 미룰 여유가 없다. 회사는 핑계를 들어줄 만큼 이해심 많은 동네 아저씨가 아니라는 사실을 분명히 인식하라. 구체적인 목표와 꿈이 있다면 지금 당장 자기계발을 시작해야 한다.

인간관계는 소중한 자산이다 | 현대는 네트워크 사회다. 특히 우리나라에서는 자기 능력과는 별개로 인간관계에 따라 보이지 않는 큰 영향을 받는다. 따라서 비즈니스와 연관된 상하·동료관계는 물론 외부 인맥과 관계를 원만히 해야 한다. 두터운 인간관계로 현재 하는 일에 큰 도움을 받을 수도 있고, 그 인맥이 자신도 모르게 찾아올 위험한 상황에서 바람막이가 되어줄지도 모른다. 회사 내에 마음을 터놓고 기댈 수 있는 사람이 있다는 것은

그 자체로 큰 복이다. 기쁨과 어려움을 나눌 친구 같은 존재는 직장생활에서 윤활유가 된다.

인맥이 중요하다고 해서 파벌을 만들어 그 속에서 기득권을 키우라는 의미는 아니다. 파벌은 회사에서 경계대상 1호다. 파벌로 힘을 키우거나 생명을 연장하려는 사람은 결국 그것 때문에 망한다.

옛말에 '팔은 안으로 굽는다'는 말이 있다. 이 말이 사실임을 우리는 대부분 경험으로 알고 있다. 이를 통해 인간관계 역시 투자라는 것을 누구나 알게 된다. 투자 없이 두터운 인간관계가 형성되리라 기대하는 것만큼 어리석은 일도 없다. 모든 일이 그렇듯 자신이 정성을 기울인 만큼 돌려받게 되어 있음을 명심하고 인간관계에 공을 들여라.

인간관계에서 무엇보다 중요한 것은 진정성眞正性이다. 진실된 마음에 기반을 두지 않은 인간관계란 사상누각沙上樓閣에 불과하다. 어떤 사람은 잔꾀를 피우기도 한다. 인간관계의 목적을 단순히 상대에게서 무언가를 얻는 데 두고 진정성 없이 다가서는 경우를 종종 본다. 그러나 자신만 그 사람 머리 꼭대기에 있다고 여길 뿐, 대개 상대는 진정성에 의문을 가지고 있게 마련이다. 그저 내색하지 않을 뿐이다. 그 사람 역시 일부러 적을 만들 필요는 없을 뿐이다.

직장생활에서 우군을 만드는 것 못잖게 중요한 것은 적을 만들지 않는 일이다. 적 한 명이 우군 열 명보다 더 절대적인 힘을 발휘할 수도 있다. 특히 자신이 잘나가는 부서에서 인정받는 위치에 있다면, 더더욱 유의해야 한다. 부주의한 언행 때문에 마음에 상처를 입은 사람들이 느닷없이 적대적인 입장으로 돌아서서 결정적인 순간에 반격을 가할 수도 있다는 사실을 잊어서는 안 된다.

누구에게든 지금 몸담고 있는 직장을 떠나야 할 때가 찾아온다. 현재 관계 맺고 있는 사람들이 훗날 가장 큰 자산이 될 수 있음을 명심하고 인간관계에 공을 들여라.

적극적이며 긍정적인 사람이 되라 | 매사에 부정적인 사람과 대화하고 싶은 사람은 그리 많지 않을 것이다. 걸핏하면 불평이요, 입에서 쏟아내는 말의 절반 이상이 타인에 대한 비난이라면, 누가 그런 사람을 따르고 좋아하겠는가. 부정적인 언행은 쉽게 전염된다. 그래서 그런 이들 곁에는 사람이 거의 없다.

반대로 세상을 긍정적으로 바라보며 생각하고 행동하는 사람에게는 벌이 아름다운 꽃을 찾아오듯 많은 사람들이 자연스럽게 모여든다.

마쓰시타 고노스케는 일찍이 "감옥과 수도원의 공통점은 세상과 고립되어 있다는 점이다. 차이가 있다면 불평하느냐, 감사하느냐 그 차이뿐이다. 감옥이라도 감사를 하면 수도원이 될 수 있다"고 했다. 이처럼 적극적이고 긍정적인 사고방식이야말로 살아생전 그가 '영원한 청춘'을 유지할 수 있었던 비결이 아니었을까.

모든 일은 마음먹기에 달려 있음을 기억하라. 지금부터라도 세상과 사물을 긍정적으로 보는 연습을 하기 바란다. 일상 속에서 소리 없는 혁명이 일어날 것이다.

처세술, 인간관계의 윤활유 | 능력에 비해 중용重用되거나 오래 근무하는 사람들을 보면 가끔 의문을 갖게 될 때가 있다. 과연 그 비결이 무엇일까? 알고 보면 그것은 남다른 처세술에 따른 결과일 때가 있다. 인간은 누구나 자기를 좋아하는 사람에게 호감을 갖는다. 자기 생각에 동조해주는 사람, 자신을 이해해주는 사람을 좋아한다. 지혜로운 사람은 이런 기본적인 이치를 적절하게 활용할 줄 아는 사람이다.

그들은 성과를 내면 그것을 상사의 공으로 돌리는 데 능숙하다. 자기 성과를 상사에게 돌린다고 해서 공이 사라지는 것도 아니고, 오히려 그렇게 함으로써 상사에게 신임도 함께 얻을 수 있다. 그들은 성공을 위해 상사의 성공이 우선되어야 한다는 사실을 잘 알고 있다.

직장생활을 하면서 지나치게 좋고 싫음이나 옳고 그름을 분명히 구분하는 사람은 자칫 위험할 수 있다. 이런 사람이 회사에서 건재하다면 그 사람의 말이 진심에서 나오는 쓴 소리요, 반대 의사라는 사실을 알아주는 이들이 많아서 그렇지 언젠가 상황이 나빠지면 한순간에 위험이 닥칠 수 있다. 윗사람도 사람인지라 기분에 좌우되어 판단을 할 수 있기 때문이다.

한 중견기업에서 촉망받는 중간관리자로 일했던 사람이 10년간 다닌 직장을 정리한 뒤 "개인적으로 예와 아니오가 분명한 사람을 좋아하고, 그런 사람이 많아야 조직은 발전한다고 생각한다. 그런데 왜 이도저도 아닌 이야기를 하는 사람이 승승장구하는 것일까? 아직도 내가 모르는 조직의 메커니즘이 있는 것 같다"고 필자에게 토로한 적이 있다.

20대는 지식으로, 30대는 열정으로, 40대는 지혜로, 50대는 충성으로 직장생활을 하라는 말이 있다. 필요에 따라서는 물불 가리지 않고 불도저처럼 과감하게 밀어붙이는 자세가 필요하지만, 그와 더불어 때론 진득하게 기다릴 줄 아는 자세도 필요하다. 다시 말해 과감한 추진력과 유연성이 조화를 이루어야 한다는 의미다. 40대는 삶의 희로애락喜怒哀樂을 겪으며 체득한 지혜를 바탕으로 수많은 역경을 극복해나가는 현명함이 요구된다.

나이가 들면 열정이 사라진다는 말에 나는 결코 동의하지 않는다. 우리 주변에는 고령을 비웃기라도 하듯 열정적으로 살아가는 분들이 얼마나 많은가. 나이에 관계없이 삶 전반에 걸쳐 열정을 가져라. 하지만 20·30대의 '저돌적인 열정'보다 40대가 가진 '유연한 열정'이 중요하다. 자기색깔을 지나치게 드러내는 것이 능사는 아니다. 자기 색깔이 강하다는 것은 여러 사람에게 표적이 될 가능성이 높다는 의미다. 이런 이유로 유연성은 처세술에서 빠질 수 없는 필수 요소가 되어왔다.

처세에 능한 사람들은 상황 판단력이 뛰어나다. 한마디로 눈치가 백단이다. 그들은 자기통제도 잘 한다. 자기 생각을 지나치게 드러내지 않고 상대의 반응을 기다리고 대응한다. 두루두루 모든 사람들에게 각을 세우지 않고 두루뭉술하게 잘 대한다. 그들은 적을 만들지 않는, 대단히 능숙한 포커페이스다. 속을 잘 알 수 없을 정도로 표정에 변함이 없고, 자기 의견을 말할 때 '절대' '반드시' 같은 단정적인 표현은 쓰지 않는다. 그들은 항상 여운을 남기는 미학(?)을 즐기며, 남 앞에서 불평불만을 토로하지 않는다. 자신도 모르는 사이에 내뱉은 말이 누군가에 의해 제3자에게 전달될 수도 있다는 사실을 인식하고 언제 어디서든 기본적인 도리를 지키기 위해 노력해야 한다. 처세에 능한 사람도 많은 노력을 하고 있다는 사실을 기억하자.

승진이 능사는 아니다 │ 승진은 직장인이 누릴 수 있는 최고의 기쁨이며 보람이다. 연봉과 지위의 상승, 업무범위의 확대, 책임과 권한이 넓어지고 강해진다는 것은 누구라도 거부할 수 없는 유혹이며 매력이다.

승진은 준비된 사람에게는 분명 더할 나위 없는 기회가 된다. 하지만 '배도 물이 차야 뜰 수 있다'는 말처럼 준비가 안 된 상태에서 배를 띄우려다 자칫 기회가 위기로 뒤바뀔 수도 있음을 알아야 한다. 승진에서 누락되면 대부분은 의욕을 잃거나 남 탓을 하며 자조自嘲한다. 승진이 안 된 이유가 십중팔구 자신에게 있는데도, 그 점을 인정하고 싶지 않은 것이다.

승진은 회사가 나에게 지금보다 더 큰 역할과 성과를 기대한다는 의미를 가지고 있다. 그런 명령을 수행할 준비가 되어 있지 않은 상태에서 승진의 결과에만 눈이 먼다면, 뒤늦게 승진이 자신에게 화를 불렀다고 후회하게 될지도 모른다. 승진에는 기대가 따른다. 직위에 맞는 성과를 내지 못한다면 회사는 당신과의 인연을 그 정도에서 마무리하려 할 것이다.

어떤 분야에 종사하고 있든, 가장 중요한 마음가짐은 자기 일에 대한 애정을 갖는 것에서 시작한다. 주변에 성공한 사람들을 유심히 살펴보라. 그들은 공통적으로 자기 일에 애정이 넘친다는 사실을 발견하게 될 것이다. 애정이 있다면 자연히 어떤 문제에 대해서라도 적극적으로 대처하게 될 것이고, 일과 관련된 상대는 소중히 여기며 아끼게 될 것이다. 그런 사람에게는 자연스럽게 승진의 기회가 찾아오기 마련이다.

TIP 열정증후군과 환경적응력

직장인 중에는 '열정증후군'을 가진 사람과 '환경적응력'이 뛰어난 사람이 존재한다. 열정증후군이 강한 사람은 직장생활을 빨리 그만둘 가능성이 높다. 열정이 강하다는 것은 그만큼 도전적인 업무나 새로운 일을 즐긴다는 뜻이다. 그들은 의사결정과정에서 자기주장을 관철시키기 위해 최고결정권자와 의견 대립도 마다하지 않는 바람에 도전에 실패할 가능성이 있다.

물론 최고결정권자의 성향이 다행스럽게도 유사하다면 이런 사람들은 빠른 시일 내에 승진할 가능성이 높다. 하지만 그런 최고결정권자는 많지 않다. 대부분의 결정권자가 겉으로는 열정과 도전을 강조하면서도 내면적으로는 안정을 추구하고 있다. 그러므로 열정을 가진 직장인이라도 조직 속에서 안정된 삶을 유지하며 오래 남고 싶다면 열정을 감추고 살든가 그렇지 않으면 박차고 나가서 창업을 해야 한다.

열정을 숨기고 산다는 것은 쉬운 일이 아니다. 인간에게는 누구나 자기실현의 욕구가 있기 때문이다. 사람들은 무엇 때문에 이렇게 살아야 하는가, 월급 받고 살려고 이렇게 다니나, 하는 갈등을 끊임없이 하며 산다. 그러다 40대가 되면 이러지도 저러지도 못하는 사람들이 늘어난다. 힘은 조금씩 약해지고 먹고사는 걱정 때문에 결단도 못 내린다. 40대 중·후반으로 가면 더욱 그렇다.

열정적이고 도전적인 성향의 직장인이 성공했다면, 이면에는 조직 내에 그 열정과 도전을 받쳐줄 기반이 갖춰져 있고 최고경영자

또한 그 열정을 받아줄 성향을 지녔기 때문일 가능성이 높다.

회사인會社人은 보통 '환경적응력'이 뛰어난 사람이다. 이들은 보통 회사에서 오래 근무하고 높은 직위에 오르게 된다. 이들은 열정이 아니라 끈기로 승부한다. 그러면서 영향력이 있는 사람을 자기편으로 만드는 정치에도 능하고 시간과 노력도 많이 기울인다. 환경적응력이 뛰어난 사람은 스스로 의사결정을 내려야 할 일도 자주 의사결정권자에게 물어본다. 이들은 스몰스텝small-step 보고가 생활화되어 있다. 그러니 도전적인 일을 할 수도 없고, 하지도 않는다. 자료 만들고 보고하는 데 몇 개월, 심지어 일 년을 보내기도 하지만 정치적으로 잘 마무리한다. 위험부담이 따르는 과감한 도전과 의사결정은 하지 않는다. 굳이 위에서 미심쩍어 하는 일을 자기 의지로 밀어붙이려 하지 않는다. 쉽게 말해 뒷감당을 하고 싶지 않은 것이다. 하지만 이들도 능력이 없다면 결코 살아남을 수 없다.

'열정증후군'을 가진 사람과 '환경적응력'이 뛰어난 사람, 두 부류 가운데 어느 쪽이 조직에 유익할까? 이에 대한 답은 개인마다 가진 가치관에 따라 다르겠지만, 일반적으로 최고결정권자는 도전적인 것보다 안정적인 관리를 선호하는 사람이 많은 편이다. 그런데 분명한 것은 흥하는 기업은 현실에 안주하지 않는다는 점이다. 회사에 도전적인 기업문화를 정착시키고 싶다면, 어떤 CEO의 다음과 같은 말을 되새겨보아야 할 것이다.

"봉급쟁이는 누구나 안정적으로 직장에 오래 다니고 싶어 하는 심리를 가지고 있다. 따라서 기업은 그런 심리를 이해하고 건설적인 방향으로 끌어내야 한다. 그것을 잘하는 기업은 계속 흥하게 되어 있다. 그러면 과연 그것을 어떻게 끌어낼 것인가? 열정적으로 새로운 것에 도전하는 직원을 높이 평가하고, 보다 더 높은 연봉과 승진으로 보상해주는 기업문화를 만들어야 한다. 도전해서 실패하더라도 그 과정을 평가해주어야 한다. 그래야 안정을 추구하는 사람들도 도전하고 싶어 한다."

4. 이직을 고려하기 전 점검사항

고민 끝에 이직을 결심했다면 지금부터 철저한 준비를 시작해야 한다. 과거의 선택은 주체적 사고와 거리가 먼 선택이었지만 이번 선택은 다시는 후회하지 않을 최선의 선택이 되어야 하지 않겠는가.

우선적으로 중요한 선택 기준은 자신이 평생토록 하고 싶은 일, 즉 '즐겁게 할 수 있는 일인가' 하는 점이다. 나이가 들수록, 젊은 시절처럼 자신에게 맞지 않아도 열정과 에너지에 의지해 일하기에는 어려운 상황들이 생기기 마련이다. 물론 나이가 든다고 해서 열정이 사라지는 것은 아니다. 그러나 인생 후반만큼은 하고 싶은 일에 열정을 쏟으며 행복과 보람을 맛보며 살아보아야 하지 않겠는가.

심리학자 메슬로의 욕구 5단계설에 따르면, 인간은 생리적 욕구, 안전 욕구, 소속과 애정 욕구, 존중 욕구, 자아실현 욕구를 단계적으로 거친다고 한다. 하위 욕구가 충족되면 상위 단계의 욕구를 느낀다. 메슬로의 이론 가운데 주목할 만한 것은 인간에게는 '자아실현 욕구'가 존재한다는 점이다. 즉 모든 욕구가 전부 만족되어도 자신에게 적합하다고 생각되는 일을 하지 않으면 곧 새로운 불만이나 불안이 일어난다. 인간이 궁극적 평정상태로 돌아가고자 한다면 음악가는 곡을 쓰고, 화가는 그림을 그리고, 시인은 시를 쓰지 않으면 안 된다. 인간에게는 자신만이 할 수 있는 뭔가 고유한 삶의 형태를 원하고 자신의 가능성을 최대한 실현시키고자 하는 욕구, 자아실현 욕구가 있기 때문이다.

　내게는, 타고난 재능으로 고수에 이른 사람보다는 피나는 노력으로 고수에 이른 사람이 훨씬 더 위대해 보이고, 피나는 노력으로 고수에 이른 사람보다는 그 일에 미쳐 있는 사람이 훨씬 더 위대해 보인다. 그러나 그보다 훨씬 더 위대해 보이는 사람은 그 일을 시종일관 즐기고 있는 사람이다.
이외수, 《글쓰기의 공중부양》 중에서

　변화경영연구소 구본형 소장 또한 저서 《그대, 스스로를 고용하라》에서 이렇게 말한다.

　많은 직장인들과 직업과 관련된 여러 이야기를 나눈 결과 직업의 가치를 결정하는 두 가지 중요한 기준을 이렇게 설명한다. 하나는 그 일을 좋아하느냐는 것이고, 다른 하나는 얼마나 벌 수 있느냐는 것이다. 사람들은 자신이 좋아하는 일을 하며 살기를 진심으로 바라고 있다. 그리고 그 일을 하면서 충분한 보상을 받을 수 있기를 바란다.
　그러나 두 가지를 다 만족하는 첫 번째 등급의 직업을 가지고 있다고 믿는 사람은 아주 적었다. 두 번째 등급의 직업은 '아직 돈도 명예도 따라 오지 못하지만 미친 듯이 하고 싶은 일을 할 수 있는 직업'이다. 세 번째 순위의 직업은 사회적으로 좋은 직업으로 알려져 '돈은 잘 벌지만 별로 빠져 들지 못하는 직업'을 들었다. 가장 신통치 못한 네 번째 등급의 직업은 '하고 싶은 일도 못하면서 돈도 못 버는 직업'이다. 특이한 것은 많은 사람들이 네 번째 등급의 직업을 가지고 살고 있다는 사실이다.

동일한 사고의 연장선상에서 나는 다음과 같은 기준을 바탕으로 평생직업을 선정한 바 있다.
  - 현재의 삶과 연속성이 있는 일
  - 내가 좋아하는 일
  - 평생직업으로 가능한 일

이 내용은 PART 02 인생 2막의 버팀목, 자기계발에서 자세히 다루도록 하겠다.

이제 자신의 가치를 한 단계씩 같이 점검해 보자. 출발은 자신을 아는 일로부터 시작한다. 현 위치와 가치관, 보유 역량과 기질적 특성, 주요 경력, 시장가치, 인맥 등 자기 상태를 명확히 파악하는 것부터 시작해야 한다. 현재 위치나 상황에 따라 대비책이 달라질 수 있기 때문이다.

이때 약점을 보강하기 위해 시간과 열정을 투자하기보다는 강점을 살리기 위해 노력하는 것이 더 현명한 방법이 아닐까한다. 자신이 가진 재능을 발견하고 강점을 살려 차별적 가치를 만들어 내는 것이 중요하다는 의미다.

물론 자기계발의 초점은 수립된 제2의 직업목표를 달성하기 위해 맞춰져야 한다. 우선 스스로에 대한 정확한 파악을 해보고 개인에 따라 도달시기는 다르겠지만 5년, 10년, 15년 후 자신의 목표에 도달하기 위해 일관되게 실천하고 또 실천하는 것이다.

1) 나의 시장가치 제대로 알기

개인의 시장가치란 무엇인가 | 시장가치란 시장가격을 결정하는 기초가 되는 가치라고 통상 정의된다. 그렇다면 개인에게 있어 시장가치란 무엇인가? 그것은 한 개인이 시장에서 객관적으로 평가받을 수 있는 기준에 따라 가치를 평가받는 것이다. 가장 쉽게 접할 수 있는 사례를 들어보자. 프로선수들이 시장가치를 평가받아 스카우트되고, 고액의 이적료를 받게 되었다는 이야기는 이제 특별한 뉴스가 아니다. 2007년 1월에 스포츠서울닷컴이라는 인터넷신문에 올라온 '유럽축구와 시장가치'라는 기사를 읽어보자.

> 흔히 유럽을 '축구의 메카'라고 부른다. 현재 가장 높은 시장가치를 지닌 선수는 다름 아닌 FC 바르셀로나의 '외계인' 호나우디뉴. 그는 화려한 기술로 사람들을 즐겁게 하는 만큼 높은 가치를 인정받고 있다. 무려 7000만 유로, 한화로 약 850억 원이다. 다음으로 티에리 앙리(아스날)가 5000만 유로다. 이 수치는 유럽 중위권(UEFA랭킹 25위)에 위치하는 크로아티아 1부 리그(6945만 유로) 전체 시장가치보다 높다.

스포츠뿐만 아니라 우리사회 각 분야에서 이런 현상이 나타나고 있다. 시장가치를 인정받은 전문가들이 고액 연봉에 초특급 대우를 받는 시대가 활짝 열렸다. 우리나라에서 몸값이 가장 높은 유명강사들은 한 시간에 수백만 원의 강연료를 받는다. 우리같은 보통 직장인으로 출발해 남다른 노력으로 세상에 내세울 만한 성과를 내고 수십억의 연봉을 받는 사람들도 있다. 이들 모두의 공통점은 자기 분야에서 전문성을 바탕으로 뛰어난 업적을 보이며 부가가치를 높여온 사람들이라는 것이다. 이처럼 몇 년 전까지만 해도 상상할 수 없었던 일들이 지금은 사회 각 분야에서 다양하게 나타나고 있다.

시장가치를 끊임없이 높이는 '지식근로자' | 나는 1998년 처음으로 '지식근로자'라는, 당시로서는 생소한 용어를 접했다. 매일경제신문사가 펴낸 《지식혁명보고서》라는 책을 통해서였다.

현재 세계는 지식기반 경제사회로 옮겨가고 있다. 개인이나 조직, 국가가 지식을 얼마나 많이 창출하고 공유하느냐에 따라 한 국가의 명운이 갈리는 것이다. 지식기반 경제사회에서는 화이트칼라와 블루칼라의 구별도 없어진다. 오로지 자신이 하는 일을 개선, 개발, 혁신해서 부가가치를 높이는 '지식근로자'와 그렇지 못한 '지식소작인'만이 있을 뿐이다.

21세기는 지식근로자가 주도하는 사회가 될 것이라는 예측이 지금은 보편적 인식으로 자리 잡았다. 여기서 지식이란 우리가 흔히 이해하고 있는 학문적 지식만을 의미하는 것이 아니다. 실용적 지식과 현장경험지식이 합쳐진 개념이다. 다시 말해 일하는 방법을 끊임없이 개선, 개발하거나 혁신해서 부가가치를 높이는 행위를 말하는 것이다. 이제 더 이상 지식은 교수나 학자, 첨단기술자 등 일부 엘리트 계층의 전유물이 아니다.

지식근로자는 끊임없이 자기 일을 개선·개발·혁신함으로써 근속연수가 쌓일수록 부가가치가 높아진다. 그러니 고용과 직업 측면에서도 평생고용이 가능하다. 직무를 수행하는 과정에서 끊임없이 자기 가치를 높여왔기에 현 직장뿐 아니라 어느 곳에서든 부가가치를 창출해 당연히 정년을 넘어서까지 평생고용이 가능하게 된다. 그런 의미에서 지식근로자는 직장인이 마음속으로 항상 염원하는 '언제든 지금 다니는 곳을 박차고 나갈 수 있는 능력'이 있는 사람이다.

선진국에서는 고용조정이 필요할 때 보통 근속연수가 낮은 직원을 정리해고 대상자 우선순위에 둔다. 반면 우리나라에서는 보통 근속연수가 길거나 고직급자, 고연령자를 정리해고 우선 대상자로 선정한다. 왜 이런 차이가 생긴 것일까? 선진국의 경우 근속연수가 긴 근로자일수록 그에 합당한 부가가치를 올리기 때문이다. 끊임없이 자신의 일을 개선·개발·혁신함으로써 근속연수가 쌓일수록 부가가치가 더 높고, 장기간 업무를 지속함으로써 많은 노하우를 축적하고 있다고 평가된다. 이런 점에서 근속기간이 짧은 직원은 상대적으로 불리한 면이 있어 정리해고 우선대상에 놓인다는 것이다. 반면 우리나라에서는 근속기간이 긴 직원들이 받는 연봉에 비해 부가가치가 떨어지고, 회사에 부담을 주는 존재로 인식되고 있다. 물론 모두가 그런 것은 아니지만 이런 판단을 완전히 부정할 수도 없는 것이 현실이다.

부정적인 근로자의 전형은 과거의 성과나 경력, 기여도를 내세워 시간만 때우고 월급을 받아가는 행태를 보이는 사람을 말한다. 당연히 시간이 지날수록 투자되는 비용 대비 부가가치가 상대적으로 떨어지게 된다. IMF 전까지만 해도 우리 사회에서는 이런 근로자를 포용하며 평생직장을 보장해주려는 분위기가 전반적으로 강했다. 하지만 경제위기를 겪으며 상황은 완전히 뒤바뀌고 말았다. 장기근속자들은 곧바로 회사의 부담거리로 전락했으며, 수십 년을 생활한 직장을 하루아침에 잃는 사람들이 속출했다. 지금도 그런 현상은 계속되고 있다.

내 생각으로는 장기근속자 위주로 고용조정 행태가 지속된다면, 이는 기업경쟁력을 상당히 약화시키는 요인으로 작용할 것 같다. 오랜 직무경험과 노하우를 지닌 장기근속자들이 회사를 떠나는 것은 큰 손실이며, 장기적으로 볼 때 경쟁력 약화를 초래하게 될 것이다.

이런 흐름을 바꾸려면 경영자가 가진 의식이 달라져야 하지만 직장인 스스로도 변화가 뒷받침되어야 한다. 무엇보다도 과거 성과에만 기대지 말고 끊임없이 자기 일을 개선·개발·혁신해 근무기간이 길어질수록 부가가치가 높아지는 인재로 변모해야 한다. 끊임없이 자기 가치를 높여 지식근로자로서 합당한 대우를 받으며 살 것인가, 아니면 오로지 근속연수에만 의존하며 평생직장이라는 허상에 매달리다 무기력하게 정리해고 대상에 오를 것인가?

이직과 전직을 잘하는 사람들은 대부분 자신이 속한 회사에서 능력을 인정받은 사람들이다. 남으려는 사람과 떠나려는 사람 모두 시장가치가 높지 않으면 어느 회사든 반갑게 손을 내밀지 않는다는 단순한 진리를 이해해야 한다. 자기 시장가치를 높이는 일은 직장인 모두에게 주어진 숙명과도 같다.

시장가치 평가요소 | 직장인의 시장가치를 평가하는 기준은 무엇일까? 그것은 업종 특성, 기업 내부적 특성과 문화 등 여러 요인에 따라 달라질 수 있기 때문에 일률적일 수는 없다. 여기서 나는 전문가나 경험자, 그리고 경험을 바탕으로 공통적인 요소를 제시하려고 한다. 나도 예전에 직장인을 평가하는 기준에 대해 궁금증을 많이 가지고 있었다. 꾸준히 많은 자료와 전문가들에게 조언을 구한 결과 다음과 같은 결론을 얻을 수 있었다. 여기서 놓치지 말아야 할 것은 평가요소는 자기계발의 방향과 밀접한 관련이 있다는 점이다.

전문성 : 제너럴 스페셜리스트 | 제너럴리스트generalist와 스페셜리스트specialist에 대한 연구는 이미 수없이 많이 이루어졌다. 제너럴리스트는 '넓고 얕게 아는 사람'을 말한다. 즉 두루 잘 아는 사람이다. 일반적으로 다양한 직무경험을 한 인력을 말하는데 기업에서는 순환보직의 개념으로 많이 활용되었다. 제너럴리스

트의 강점은 굉장히 넓은 시야를 가지고 있다는 점이다. 다양한 업무를 경험해 기업 전체의 흐름을 파악한 바탕 위에서 자기 업무를 수행할 수 있다.

그러나 모든 것을 두루 안다는 것은 그 어떤 것도 자세히 모른다는 말로 인식될 소지도 있다. 다시 말해, 어느 한 업무에도 전문성을 나타내기 힘들다는 것이다. 국내에서는 그동안 관리자를 육성하기 위한 방편으로 제너럴리스트라는 개념을 많이 사용해 왔고, 실제로 기업체 간부는 제너럴리스트에 가까운 사람들이 많았던 것도 사실이다.

반면 스페셜리스트는 '좁고 깊게 아는 사람'을 의미한다. 한 직무에 장기간 종사한 사람으로 기업에서는 그 분야 전문가로 육성할 목적으로 활용하는 개념이다. 스페셜리스트가 가진 강점은 해당 분야에서 전문성을 확보하고 있다는 점으로, 자신이 하고 있는 일에 대해서는 누구보다도 탁월한 감각을 갖추고 있다. 단점으로는 다른 분야를 경험하지 못해 전체적인 시야가 좁다는 점을 들 수 있다. 이들은 다양한 분야를 조율하기에는 어려움이 따른다. 따라서 이들은 대부분 관리자보다는 실무자로서 한 분야를 담당해왔다. 하지만 이런 현상도 사회의 변화와 더불어 변화하고 있다. 최근 들어, 기업이 전문성을 갖춘 리더를 요구하고 있기 때문이다.

분명 두 종류의 인재 형태는 기업과 직무에 따라 가치를 달리 매길 수 있다. 하지만 기업은 경력자 채용에서 범용성 인재보다 특정 분야에 전문성을 갖춘 인재에 대한 수요가 훨씬 많다는 점을 간과해서는 안 된다. 범용인재는 기업 내부에도 얼마든지 존재한다. 그것은 그동안 기업이 범용인재를 더 많이 육성해 온 결과이다. 한편, 특수한 직무에 대한 전문가는 기업마다 부족하고 내부에서 짧은 시간에 육성해내기도 어렵기 때문에 대개 경력자를 충원하고 있다. 분명한 것은 여기에도 수요와 공급이라는 시장원리가 작동하고 있다는 사실이다.

현재 다니고 있는 기업에 경쟁력을 갖춘 인재로 남든 아니면 이직을 꿈꾸고 있든, 분명한 사실은 특정 분야에 전문성을 가진 인재가 되어야 한다는 점이다. 자신만이 보유한 전문성은 시장가치를 높일 수 있는 가장 중요한 수단이다. 시대의 큰 흐름은 전문가를 요구하고 있다. 특정 분야에서 아무도 따라 오지 못할 독보적인 전문성이야말로 시장가치 평가요소 중 가장 우선이라 해도 지나치지 않다.

물론 자기 가치를 더 높일 수 있는 방법은 있다. 제너럴 스페셜리스트General Specialist가 되는 길이다. 한 분야에 탁월한 전문성을 보유하고 있으면서도 다양한 경험과 시각을 갖춘 인재는 경쟁력이 한층 상승한다. 숲과 나무를 함께 볼 수 있는 안목을 지닌 사람으로 기업 고위간부로서 역할을 수행할 능력을 가지고 있다고 볼 수 있다. 또한 창업을 하기에도 보다 유리한 입장에 있다.

이런 경력을 가진 사람이 되는 것은 매우 어렵지만 희소성의 원리에 따라 좋은 대우를 받을 수 있음은 물론이다. 스페셜리스트로서 독보적인 전문성을 갖추고, 제너럴리스트로서 균형감각을 갖춘다면 본인의 시장가치는 놀랄 만큼 상승할 것이다.

현장성 : 탁월한 성과와 고객지향성 | 무한경쟁 시대에는 기업도 개인과 마찬가지로 생존을 위해 끊임없이 몸부림친다. 성과는 기업 수명을 결정하는 최종 결과로 이어진다. 성과를 내기 위해 기업은 고객의 환심을 조금이라도 더 사기 위해 간이라도 빼줄 듯하다. 당연히 기업입장에서는 탁월한 성과를 내는 직원의 가치를 높이 평가할 수밖에 없다. 성과를 내지 못하는 사람은 과감하게 다른 사람으로 교체하는 것이 비즈니스 세계의 냉혹한 현실이다.

 탁월한 성과를 내는 직원은 당연히 남과 차별적인 고객 지향적 사고와 노하우를 끊임없이 진화시킨다. 고객이 안고 있는 문제를 파악해 해결해주는 수준에서 벗어나 이제는 사후 처리에 있어 차별적인 접근을 하는 수준에 도달한다. 그들은 고객의 욕구를 민감하게 파악하고 대처할 방법을 알고 있어 회사와 고객 사이에 없어서는 안 될 메신저 역할을 하고 있다. 이들은 고객과 가까이에 있는 사람들로, 주로 영업이나 마케팅 등 고객과 직접적으로 연관성이 높은 부서에 근무하는 사람들이다. 또한 이들의 특징은 수익을 내는 역할을 직·간접적으로 하고 있다는 점이다.

 전문성을 검증하는 과정은 상당히 복잡하지만, 성과는 바로 눈으로 확인 가능하다는 장점이 있다. 영업하는 사람은 업계에 이름을 알릴 정도로 탁월한 성과에 도전해야 한다. 내부에서 도토리 키 재기 하는 정도로는 탁월하다는 표현을 쓸 수 없다. 마케팅이나 연구개발과 같은 부서에 근무하는 사람에겐 현장성이 생명이다. 모든 문제의 해답은 고객이 쥐고 있다. 아무리 당신이 머리가 좋아도 고객보다 못하다. 고객 속으로 스며들지 못하면 당신이 하는 일은 아무 가치가 없다. 고객을 이해하고 고객을 만족시켜 고객으로부터 보답을 되돌려 받는 방법 외에 답은 없다. 이런 부서에 근무하는 사람들도 얼마든지 자신을 내세울만한 뛰어난 업적을 창출할 수 있다. 사업의 핵심 노하우는 고객과 밀접한 위치에 있고, 직접적으로 수익을 창출하는 부서에 근무하는 사람들에게 있다.

고객의 근거리에서 수익을 내는 데 직접적인 역할을 수행하는 사람일수록 이직이 수월하다. 어떤 기업이든 고객에게 영향력을 갖고 있으며 성과를 내는 직원을 선호하기 마련이다. 그것은 기업이 살아남을 수 있는 유일한 방법이기에 변함없는 진리다. 창업을 꿈꾸고 있는 사람에게도 이런 사실은 성공 가능성을 쥐고 있는 가장 중요한 열쇠가 된다.

창의성 : 변화·혁신의 주도성과 민감성 | 변화를 예측하고 주도하는 능력은 어떤 일의 맥을 잡는 것과 같다. 돈을 많이 버는 사람은 돈의 흐름, 즉 돈맥을 잡을 줄 아는 사람이다. 그렇지 못한 사람은 늘 돈을 쫓아다닌다. 지금과 같이 변화가 심한 환경 속에서는 새로운 정보를 흡수할 능력을 갖추고, 트렌드를 이해하고, 시장의 흐름을 짚을 줄 알아야 한다. 그래야 자기 분야에서 가치를 인정받을 수 있다. 기업은 변화를 미리 알고 맞이하는 사람과 마지못해 끌려가는 사람, 그리고 아예 포기하는 사람으로 직원들을 분류한다. 결과에 따라 그들 운명은 변화의 수혜자와 피해자로 갈린다.

우리는 보통 경쟁력이라는 말을 할 때, 외국어능력과 정보습득 기술을 빼놓지 않고 거론한다. 그 이유는 선진정보가 국내에 들어오기까지 어느 정도 시간이 걸리기 때문이다. 하지만 선진정보가 국내에서 유통되기 시작할 때쯤이면 이미 주도자들이 잔치를 벌인 다음이다. 뒷북치는 행동을 하지 않으려면 그만큼 경쟁에서 앞서야 하고, 그렇기에 선진정보를 직접 발굴할 능력이 필요하다는 결론이 나온다. 세계 최고 경쟁력과 스킬을 습득하기 위해서도 외국어로 선진지식을 배울 수 있는 능력을 갖춰야 한다.

깊은 산야에 묻혀 홀로 살 작정이 아니라면, 늘 세상의 변화에 촉각을 세우고 살아야 한다. 예전 성인들은 축적된 지식과 경험으로 세상을 살아갈 수 있었다. 대부분 어제 같은 오늘, 오늘 같은 내일이 반복되는 것처럼 세상이 느리게 변했기 때문이다. 오히려 변하는 세상을 알아차리는 것이야말로 대단히 민감한 감각을 가진 사람들의 전유물이었다. 하지만 지금 우리가 살고 있는 시대에 어제 같은 오늘, 오늘 같은 내일을 꿈꾸는 것은 불가능해졌다. 예측 불가능한 변화, 어제의 흐름이 오늘은 시대를 역행하는 트렌드가 되고 마는 아이러니 속에 우리는 살고 있다. 그래서 지금 시대에 가장 적합한 인간은 카멜레온처럼 수시로 자신을 변화시킬 수 있는 환경에 민감한 인간인지 모른다.

변화무쌍한 시대에는 정답이 없다. 항상 새로운 정답을 찾아내야 한다. 그래서 대부분의 학자들이 21세기를 정의할 때, 빼먹지 않는 단어가 창의성創意性이다. 자신을 끊임없이 재창조하는 사람이야말로 어떤 변화에도 적응할 수 있는 사람으로 남기 때문이다.

관계성 : 강력한 인적네트워크 | 이 세상에 혼자 살아가는 사람은 없다. 혼자 잘나서 산다고 생각한다면 큰 자만이고 착각이다. 60억 인구가 모여 사는 지구상에는 사람과 사람의 관계가 거미줄처럼 촘촘히 얽혀 있다. 특히 한국 사회는 외국인 입장에서는 이해하기 힘들 만큼 인간관계로 인한 끈이 질기다.

때로는 지나쳐서 화가 되는 경우도 종종 있다. 끈끈한 관계로 인해 합리적이지 못한 결정을 내리거나 잘못된 판단을 수용하기도 하기 때문이다. 하지만 우리 사회에서 인맥은 여전히 무시할 수 없는 힘이며, 그 힘이 인생을 사는 데 언젠가 필요하다는 사실을 외면할 수 없다. 사업을 하는 사람이든, 이직을 꿈꾸는 사람이든 그 영향력에서 벗어나기란 거의 불가능한 일이다.

스스로 시장가치를 높였다고 생각해도 자신을 세상에 알릴 네트워크가 없다면 능력을 발휘해보지도 못하고 사라질 위험이 크다. 물론 본인이 가진 가치가 다른 이의 도움을 받지 않아도 눈부실 정도로 빛난다면 문제가 되지는 않는다. 그때는 세상이 먼저 당신을 알아보고 손을 내밀 테니까. 하지만 대부분의 사람에게는 자신을 소개하거나 알리는데 도움을 줄 사람이 꼭 필요하다. 특히 40대에 이직을 하거나 사업을 하게 되면 그 필요성은 더욱 절실하다.

기업마다 고위직급은 공개채용을 거의 하지 않는다. 경력직 중 대리나 과장, 차장 정도는 공채를 하지만 그 이상은 상황이 다르다. 비공개로 알음알이로 적합한 사람을 물색한다. 그러니 자신이 아무리 유능하다 해도 이 탐색망에 걸리지 않으면 자신을 알릴 기회조차 없다. 평소 인맥이 넓고 깊게 형성되어 있을수록 이런 비공개적인 탐색에 걸릴 가능성이 높아진다. 가급적 자신을 세상과 강력하게 이어줄 접속기와 같은 인맥을 갖추기 위해 두루두루 긴밀한 관계를 지속해나갈 수 있도록 시간과 노력을 집중해야 할 필요가 여기에 있다.

대인관계를 넓히는 능력도 개발해야 한다. 빌 클린턴Bill Clinton은 탁월한 대인지능을 활용해 미국식 리더십의 화신이라고까지 불린다. 성추문 등 부정적인 일면에도 불구하고, 그를 선호하는 사람들이 여전히 많은 것도 그런 이유 때문이다. 그는 다양한 사람들의 개성을 파악하고 그들과 친해질 수 있는 접근 방식을 판단하는 능력이 뛰어난 인물로 평가되고 있다. 또 한 가지 빼놓을 수 없는 부분은, 그가 대단한 이야기작가Storyteller라는 사실이다. 그는 청중들의 반응을 순식간에 파악해 자기 연설에 작지만 의미 있는 변화를 더해 청중을 압도하는 능력이 뛰어나다.

대인관계는 마음과 마음의 교류다. '속 보이는' 접근은 어린 아이라도 알아차릴 수 있다. 진정성을 바탕으로 꾸준히 질기고 끈끈한 인간관계를 만들어야 한다. 자신이 몸담고 있는 직장에 있는 모든 사람, 거래처와 협력업체 사람들, 서비스를 받는 고객에 이르기까지 이들 모두는 여러분의 시장가치를 알려 줄 소중한 자산이다.

프로 근성 : 몰입과 열정 | 몰입과 열정은 창조적인 가치를 만든다. 어떤 분야든 미쳐서 일하는 사람을 따라올 자는 없다. 내가 가

끔 아이에게 이야기해주는 사람이 있다. 축구선수 박지성과 발레리나 강수진이다. 이 두 사람의 발을 찍은 사진을 본 경험이 있다면 누구나 몰입과 열정의 중요성에 대해 충분히 공감할 것이다.

축구스타 박지성 선수는 평발이라고 한다. 평발은 오래 걷거나 뛰기에 불편한 점이 많다. 그러나 박 선수는 그라운드에서 매 경기마다 지치지 않는 체력으로 종횡무진 쉼 없이 달린다. 그의 발을 보면 딱딱하게 뭉친 굳은살과 발등 위의 상처가 숱하다. 박지성 선수 몸값이 55억이라는 신문기사에 많은 사람들은 그가 '참 운 좋은 사람'이라고 평한다. 하지만 그의 발을 보면 나는 그가 단지 '운 좋은' 친구만으로는 보이지 않는다.

발레리나 강수진의 발을 보면서도 한 차례 감동을 받은 적이 있다. 그녀의 고운 얼굴과 우아한 자태 이면에 가려진 발을 보았을 때, 나는 험한 일을 하는 남자의 발로 여겨져 도무지 믿기가 어려웠다. 그러나 그것은 분명 강수진의 발이었다.

오랜 기간, 피나는 연습을 통해 지고지선의 아름다움을 선사하는 이들이 바로 프로다. 그들은 자신이 하는 일에 올인all in한다. 많은 것을 포기하며 자기 일에 모든 열정을 불사른다. 한 분야에서 성공한다는 것은 보통사람들이 상상하기 어려운 인내가 필요하며, 자신과의 싸움에서 이기는 강한 의지가 있어야 가능하다.

내 아내는 회사에서 오랜 동안 출판기획을 하다가 독립해서 지금은 1인 사업가로 활동하고 있다. 아내가 일하는 것을 보면 한마디로 장난이 아니다. 그에 비하면 나는 전문가가 되려면 아직 멀었다는 것을 실감한다. 아내는 일을 맡긴 고객들을 만족시키기 위해 자신이 가진 역량의 전부를 다 쏟는다. 그러니 항상 바쁘고 잠을 못 자는 날이 많다. 언젠가 안타까운 마음에 대충하라는 말을 건넸다 싫은 소리만 들었다.

"내가 하는 모든 일이 내 얼굴이야. 최선을 다하지 않으면 두 번 다시 고객은 날 찾지 않아. 나 또한 그것을 용납할 수 없고. 나는 일하면서 이런 생각을 한시도 잊은 적이 없어."

괜히 한마디 했다 핀잔을 듣긴 했지만, 저런 자세로 일을 대하니 광고를 하지 않아도 고객이 끊이지 않는 것이겠지, 하는 생각이 들었다.

이제부터 자신이 평범한 직장인이라는 생각에서 벗어나길 바란다. '내가 곧 회사'라는 생각과 행동은 당신을 프로로 만들 것이다. 목표를 달성하기 위해서는 끈질긴 집념이 있어야 한다. 대충해서 목표를 달성할 사람은 없다. 어떤 역경이 있더라도 반드시 해내겠다는 각오, 그것이 바로 목표를 이루어내는 원동력이다. '그럼에도 불구하고'야말로 프로의 몸에 밴 정신이다.

다시 한 번 환기해보자. 개인의 시장가치를 평가하는 요소는 크게 전문성, 현장성, 창의성, 관계성, 프로 근성과 같이 다섯 가지로 구분된다. 이 다섯 요소에 입각해 스스로를 평가할 때 당신은 어떤 사람인가? 일상생활 속에서 항상 자신의 시장가치를 객관적으로 평가해보는 습관을 기르자. 본인이 사장이라면 나 같은 가치를 지닌 사람과 계속 인연을 맺고 싶어 할 것인가, 그리고 내가 시장에 나가면 어느 정도나 가치를 평가받을 수 있을까? 이런 객관적인 잣대로 스스로를 평가함으로써 당신은 항상 민감하게 깨어있는 의식으로 자기계발에 매진할 수 있을 것이다.

2) 이직할 회사 제대로 알기

이직할 회사를 알아볼 때 중요한 것은 무엇일까? 우선 경력직으로 자리를 옮겨 일하는 사람들이 느끼는 어려움부터 살펴보자.

현대경제연구원이 최근 발간한 〈직장인의 이직과 기업의 대응방안〉이라는 보고서에 따르면, 서울에 사는 20~40대 직장인 357명을 대상으로 이직실태조사를 벌인 결과, 전체 응답자 가운데 62.2퍼센트가 이직한 경험이 있는 것으로 나타났다. 하지만 이직자 중 직장에 만족한다고 응답한 사람은 48.4퍼센트에 불과했다.

이직 후 불만 이유로는 업무내용(40.6%), 계약조건과 다른 근무조건(31.3%), 조직문화 부적응(18.8%) 등을 꼽았고, 이직 후 불만족스럽다는 응답자 가운데 14.1퍼센트는 놀랍게도 '전 회사가 복귀 요청을 한다면 수락하겠다'고 답했다.

그렇다면 이들이 이직한 까닭은 무엇일까? 경력을 쌓을 수 없어서(35.8%), 연봉 불만 때문에(21.1%), 자신의 역량보다 낮은 평가를 해서(20.2%), 상사나 동료와의 불화(11.5%) 등이 주된 이유였다. 응답자들은 전반적으로 연봉보다는 경력계발에 도움이 되는 기업을 선호했다.

조사결과에서 보듯 경솔한 판단으로 이직할 경우, 문제를 느껴 자리를 옮기고도 다시 동일한 문제로 인해 갈등하게 될 가능성이 높다는 것을 알 수 있다. 오랫동안 생활해온 현 직장의 시스템과 문화에 당신은 이미 익숙해져 있다. 이직을 한다는 것은 모든 생활환경의 변화를 의미한다. 그동안 아무 문제가 안 된다고 생각했던 사소한 것이 새로운 회사에서는 큰 문제가 될 수도 있고, 분위기 파악 못하는 이방인 취급을 받으며 희망을 찾아 떠나온 그곳에서 당신은 내면의 갈등을 겪게 될지도 모른다.

외국인들이 우리나라에 이민 와서 느끼는 문화적 차이에서 오는 생소함이나 어려움과 비교될지 모르겠지만 상황은 비슷할 것이다. 그만큼 환경적응력을 높이기 위해서는 철저한 사전파악이 중요하다. 원숭이를 피하려고 동굴로 무작정 달려들었는데, 그 속에서 거대한 곰과 만난다면 얼마나 황당하겠는가? 이직하기 전에 최소한 지금 당신이 떠나려는 이유와 이직할 회사에 대해 꼼꼼히 따져보기 바란다.

옮기려는 회사의 기업문화를 파악하라 | 대부분 다른 회사로 이직할 때 연봉이나 직무 또는 직책, 회사규모 등을 판단의 기준으로 삼는다. 그렇지만 간과해서는 안 될 것이 바로 그 기업문화를 내가 수용할 수 있는가를 따져보는 일이다.

경력직을 채용하면 가장 어려워하고 적응 못하는 것 중의 하나가 바로 기업문화의 차이에서 오는 갈등이다. 내 경험으로는 그것이 다시 회사를 떠나게 하는 요인 중 가장 크다.

대부분의 사람들은 지금 몸담고 있는 회사를 떠나야겠다고 생각하면 그 회사가 가진 장점은 전혀 생각하지 않고 좋지 않은 점만 머릿속에 채운다. 막연히 옮길 회사는 그런 불만거리가 없거나 혹은 적을 것이라 기대한다. 어느 정도 차이는 있겠지만, 어떤 회사라도 나에게 맞는 것과 맞지 않는 것은 있기 마련이다.

경력직으로 들어와 적응하지 못하고 갈등을 하거나 떠나가는 사람들은 무슨 이유로 연착륙에 실패했을까? 다음은 내가 경력직으로 이직한 사람들을 인터뷰한 내용을 정리한 것이다. 이직하기 전에 미리 경험한 사람들에게 조언을 듣는다는 생각으로 접해 보기 바란다.

- 새로운 문화에 융화되지 못하고 겉도는 태도
- 회사 내면의 흐름을 제대로 파악하지 못해 '헛방'을 날리는 횟수의 누적
- 자신을 도와줄 만한 우군을 만들지 못함
- 빠른 시간 내에 성과를 보여줘야 한다는 강박관념이 지나쳐 튀거나 우군 없이 혼자 앞으로 나가는 무모함
- 믿을만하다고 생각한 사람에게 회사나 윗사람에 대한 부정적인 말을 해 화살이 돌아오는 경우
- 본인이 생각할 때는 신선한 아이디어지만 다른 사람이 볼 때는 묵은 아이디어이거나 회사 정서와 맞지 않는 경우도 많다는 사실
- 기존의 사람들이 해결하지 못한 어려운 문제를 뭣 모르고 해결하려 하다가 순간에 날아가는 경우. 그 일은 그들도 풀지 못해 함구령이 내려진 사안일 가능성이 높다.

위에서 제시한 조언을 참고할 때, 경력직사원으로서 새로운 회사에 연착륙할 수 있는 비결은 무엇일까?

첫째, 뚜렷한 전문성은 경력직의 생명이다. 자기만이 할 수 있는 일이 있어야 한다.

둘째, 새로운 기업문화를 이해하고 동화되어야 한다. 이전 직장에 대한 이야기는 가급적 꺼내지 말라. 잊을 것은 다 잊고 노하우만 가져오면 된다.

셋째, 새로운 직장 내면의 정서를 파악하고 보이지 않는 맥을 짚어내라. 그런 도움을 줄 사람을 빨리 물색하는 것이 시간을 줄이는 지름길이다.

넷째, 대인관계에 예전보다 두 배 이상 정성을 기울여라. 자신을 이해하고 우군이 되어 줄 사람이 많을수록 안착이 순조롭다.

다섯째, 자신의 첫 작품은 조금 늦더라도 회사사정을 제대로 파악하고 내놓아라.

여섯째, 간간이 찾아오는 우여곡절의 충격을 흡수할 대비를 하라. 어려운 시기는 참고 기다려라. 경영자가 당신을 시험하고 있는 것인지도 모른다. 시간이 지나면 다시 기회는 찾아오기 마련이다.

일곱째, 최고 의사결정권자의 신임을 받을 수 있는 성과를 보여주어 자신을 각인시켜야 한다. 그 각인은 오랜 기간 효과를 발휘한다. 그런 각인이 없다면 당신은 조만간 관심에서 멀어진 사람으로 전락하게 된다. 기업별 · 상황별 · 직급별로 차이가 있지만 고위직급이라면 보통 3개월 정도의 기간 내에 자신을 인식시켜야 한다.

　새로운 조직에 대한 적응력을 키우는 것이 연착륙의 1차 관문이다. 물고기도 자기가 오랫동안 살던 호수를 떠나 다른 호수로 옮겼을 때 새로운 환경에 적응하지 못하면 살아갈 수 없다. 새 호수는 염분 농도가 다르고, 살고 있는 물고기 종도 다를 수 있고, 포식관계 역시 전과는 다르게 얽혀 있을 것이다. 먹이사슬 구조에 차이가 있다는 것도 간과해선 안 된다.

　결국 환경변화에 적응하고 살아남을 수 있는지 여부는 문화적 적합성, 조직 적응능력, 전문성과 공동업무 수행능력에 따라 결정된다. 학력이나 경력, 지식이나 업무성과만으로는 새로운 직장에 연착륙하기에 미묘한 요소들이 많이 존재한다.

　따라서 회사를 옮길 때 간과하지 말아야 할 것은 새로운 직장의 기업문화를 먼저 알아보고, 내가 그 문화를 흡수하고 적응할 수 있는지 판단하는 일이다. 장기간에 걸쳐 뿌리 깊이 자리 잡은 그 기업만의 전통적 문화를 당신이 바꾼다는 것은 계란으로 바위 치는 격이다. 방법은 수용과 동화뿐이다. 그 기업문화에 동화되지 못하면 영원히 이방인으로 남거나 스스로 낙마하게 된다.

　30대 초반에 낮은 직급으로 이직하는 것과 30대 후반이나 40대에 높은 직급으로 이직하는 것은 여러 가지 면에서 다르고 그만큼 어려움이 가중된다는 사실을 잊지 말기 바란다.

장기적으로 일할 수 있는 곳인가 | 이직할 때 '어디서든 열심히 일하면 되겠지'라는 막연한 생각은 금물이다. 이직할 회사에서

왜 자신을 뽑으려 하는가에 대해 냉정한 고민이 우선되어야 한다. 무엇보다 명확한 비전과 목표를 갖는 것이 필요하다. 새로운 직책을 맡게 될 때에는 업무를 성공적으로 수행할 수 있는 자리인지, 전임자는 어떻게 되었는지, 왜 그 자리가 공석이 되었는지, 어떤 책임이 따르는지 잘 알아보고 미리 준비해야 한다.

자신이 이직할 직장과 해야 할 업무 등 외부로 드러난 상황만 파악하는 것은 수박의 겉만 보고 수박 맛을 장담하는 것과 다름없다. 앞서 소개한 기업문화를 이해하는 것이 가장 중요하지만, 나를 이 회사에서 왜 채용하려 하는지 드러나지 않은 이유를 파악해 보는 것도 중요하다.

어떤 특정한 프로젝트를 수행하는데 쓸모가 있어 채용한 것인지도 모른다. 때로는 경쟁관계나 신규 사업 추진을 위해 기업정보를 얻기 위해 스카우트 제의를 하는 경우도 있다. 당신에게 정보와 노하우를 전수받기 위해 채용했다면, 그 가치의 효력이 다하면 기업의 태도는 180도 달라질 수 있다.

기업 입장에서는 써보며 판단해보자는 경우도 의외로 많다. 이직한 회사에서 빠른 시간 내에 발군의 실력을 발휘한다면 문제는 없다. 하지만 그렇지 않다면 어렵게 이직한 당신에게 또 다른 아픔이 생길 수 있다. 특히나 경력직으로 채용된 사람들은 단기간에 성과를 보여줘야 한다는 강박관념이 지나쳐 자칫 튀거나 강한 캐릭터로 인식되기도 한다. 본인 의도와 상관없이 '저 사람, 우리 문화에 맞겠어?' '우리 조직에 적응하겠어?' 이런 말들이 난무하는 것이 현실이다.

이직한 회사에서 얼마나 많은 역할을 할 수 있는가는 이직을 결정할 때 중요한 판단기준이 된다. 가서 큰 역할을 할 필요가 없을 만큼 시스템과 인적자원이 잘 갖춰진 회사라면, 본인이 해야 할 두드러진 역할을 찾는데 어려움이 따를 수 있다. 그만큼 자신의 효용가치가 크지 않다는 얘기다. 조금 불편해서 그렇지 내가 아니어도 큰 문제없이 회사가 돌아갈 수 있다는 생각을 갖기 쉽다.

시스템이 다 갖춰져 내가 가려질 회사보다는 내 역할이 많이 필요한 회사를 선택하는 것이 장기적 관점에서 올바른 판단이다. 설령 현재 있는 직장보다 규모가 조금 작은 곳으로 이직하더라도 자신에 대한 의존도가 높은 회사로 자리를 옮기는 것이 이직 후 장기적으로 근무하는 데 긍정적인 작용을 할 수 있다.

물론 이직을 또 하나의 경력으로 생각하고 그 경력을 발판으로 재이직을 고려하는 경우라면 상황이 조금 다르다. 가급적 지금 있는 회사보다 규모가 더 큰 회사, 인지도가 높은 회사로 옮기는 것이 다음 이직에 도움이 될 수 있다. 주로 이런 일은 20대와 30대 초반에 일어난다. 40대에 접어들어 재이직을 위한 발판으로 이직을 고려하는 것은 위험천만한 일이다. 그만큼 이직의 기회를 찾기가 어려워진다는 의미다. 40대에 이직을 고려한다면 다음 직장이 마지막 일터라는 결심을 해야 한다. 그렇기 때문에 외형보다는 내실을 고려한 판단이 중요하다. 이제는 성취가 불가능한 이상보다 실현이 가능한 현실을 추구할 나이다. 나를 진정으로 필요로 하고 장기적으로 일할 수 있는 곳으로 변화를 시도하는 것이 현명한 판단이다.

즐겁게 주체적으로 일할 수 있는 곳인가 | 회사를 떠나려는 이유 가운데 중요한 요소로 작용하는 것은 일을 즐겁게 하지 못하고 윗사람에게 끌려 다니며 하라고 하는 일이나 한다든지, 자기 생각을 아예 접어두고 윗사람 눈치나 보며 시계추처럼 회사를 오가는 자신의 존재에 대한 상실감일 것이다.

이직사유 중 실질적으로 가장 높은 비중을 차지하는 것이 인간관계에서 생기는 갈등, 특히 상사와의 갈등이다. 그러나 아무리 높은 직책으로 이동해도 자신이 오너가 아닌 이상 최소한 한 명 이상의 상사는 존재한다. 그런데 이점을 간과해서 재차 어려움을 겪는 경우도 흔하다.

내가 아는 사람 중 한 명은 직장상사와 자주 충돌하고 스트레스를 받아 건강에 이상신호를 느끼다 얼마 전 다른 곳으로 자리를 옮겼다. 연봉은 전 직장에서 받던 수준과 비슷했고, 직무도 큰 차이가 없었다. 하지만 이직하고 시간이 흐르면서 자신이 잘못 판단했다고 후회한다. 상사 때문에 전 직장을 떠나왔는데, 현 직장 상사는 예전 상사보다 업무 스타일이 더 다르고, 업무처리 역시 독단적이어서 자기 생각은 거의 무시되기 일쑤라고 한다. 주도적으로 즐겁게 일하기 위해 먼저 회사를 떠나왔는데 혹을 떼려다 하나 더 붙인 꼴이 되었다고 한탄한다. 이처럼 이직할 때 당시 상황을 벗어나는 데에만 급급해 사전에 충분히 파악을 하지 않을 경우 낭패를 볼 수가 있다. 즐겁게 일하고 싶은 욕구는 누구에게나 있다. 그것을 찾아 이직하는 것은 좋은데 막연히 회사를 바꾸면 지금 고민하는 문제가 해결된다고 생각해서는 안 된다.

보통 이직을 위해 그 회사 사정을 잘 알고 있는 사람에게 추천을 받거나 그게 아니더라도 그 회사에 몇 차례 방문할 기회는 생기게 마련이다. 그런 기회를 놓쳐서는 안 된다. 다급한 마음에 우선 면접을 통과해야겠다고 생각하고 그냥 넘긴다면 차라리 예전의 직장에 남아 갈등을 풀어가는 것이 더 좋았을 걸, 하고 후회할 수 있다. 즐겁게 일할 수 있는 환경은 기업문화에 의해 좌우되기도 하지만 내가 매일 같이 부딪치며 일해야 하는 부서원과 상사에 의해 좌우되는 경우도 많다. 따라서 상사와 동료의 스타일은 이직을 결정할 때 한 번은 따져봐야 할 중요한 문제이다.

가급적 자신의 대인관계 방법을 변화시키려고 노력하는 것도 필요하다. 30·40대가 되면서 서서히 유연함과 지혜가 생기기 시작한다. 사람이 모인 조직이라면 어느 곳이든 갈등은 존재하게 마련이다. 갈등을 피해 다른 곳으로 자리를 옮길 수도 있지만 가능하다면 문제가 발생한 곳에서 근원적인 해결을 모색하는 것이 가장 바람직하다.

떠날 때는 깨끗한 뒷모습을 보여라 | 남을 바꾼다는 것은 지구를 네모나게 만드는 것보다 힘든 일인지 모른다. 특히 나이가 든 사람일수록 변화할 가능성은 줄어든다고 생각해야 한다. 그래도 가능성이 있고, 쉬운 것은 자기를 바꾸는 일이다. 이제 상사나 동료와 마찰이 있을 때마다 직장을 옮길 나이는 지났다. 어떤 스타일의 상사나 동료와 같이 일해도 잘 적응할 수 있도록 자기 생각을 먼저 바꿔보자. 나는 상사나 동료와 갈등이 생기면 가급적 상

대방의 입장에서 생각해보려고 노력한다. 마음이 급하고 위에서 압박을 받으니 저러시겠지, 저 분은 성격이 급해서 저렇게 버럭 화를 내지만 조금 지나면 오히려 미안해하지, 이렇게 말이다. 인간관계에서 자신이 먼저 태도를 바꾸면 놀라운 일이 일어난다.

이직 기회가 오기 전부터 사람들과 관계를 먼저 개선하기 위해 훈련을 할 필요가 있다. 이런 노력을 지속한다면 이직을 하든지 하지 않든지, 인간관계로 생기는 갈등을 슬기롭게 극복하고 즐겁게 일할 수 있는 분위기를 주도적으로 만들어낼 수 있기 때문이다.

한편 이직이나 창업을 결심했다면 시간을 두고 정리해야 할 것이 있다. 그동안 관계가 좋지 않았던 사람들이 있다면 떠나기 전에는 반드시 맺힌 것을 풀어야 한다는 점이다. 회자정리會者定離, 이자정회離煮定回라는 말도 있듯이 인간관계는 만나고 헤어짐의 반복이다. 언젠가 당신이 그들에게 도움을 받아야 할지도 모른다. 창업을 했는데, 지금 있는 회사에 납품을 해야 하는 일이 생길 수도 있다. 그때 갈등이 있었던 직원이 업무 담당자이거나 책임자가 되어 있을지도 모른다. 그러니 떠날 때는 깨끗한 뒷모습을 보여라.

5. 제2의 인생을 꽃피우는 변화의 계기

사람은 누구나 인생을 살아가며 크고 작은 계기를 맞이하며 살아간다. 어떤 이는 최악의 상황을 경험하고 인생에 대변혁을 가져올 계기를 맞이하기도 하고, 어떤 이는 늘 민감하게 깨어있는 정신으로 일상 속에서 변화의 계기를 만들어 인생을 전환하는 기회로 삼기도 한다. 그런가하면 자신에게만 그런 계기가 오지 않는다고 한탄하는 이들도 있다.

누구에게나 변화의 계기는 온다. 단지 깨어 있지 못해 자기 곁을 스치는 계기를 포착하지 못한 것뿐이다. 막연히 이상을 꿈꾸는 사람처럼 어느 순간 행운이 하늘에서 떨어지기를 기다리는 사람은 평생을 기다려도 계기를 잡지 못할 가능성이 높다. 계기는 과거와 현재의 진실한 삶 속에 소리 없이 찾아온다. 스스로 최선을 다해 살아왔다면, 그 신호는 단박에 알아차릴 수 있을 만큼 아주 강력할 것이다.

인생의 전반과 단절된 후반은 없다. 인생 전반을 가치 있게 살지 않은 사람이 갑자기 후반에 세상이 개벽할만한 다른 삶을 살기는 어렵다. 혹시 인생의 전반에 아쉬움이 있더라도 후회는 접어두자. 지나간 과거에 얽매이는 것은 미래를 동여매는 족쇄가 될 뿐이다.

지금 당신에게는 인생 전반보다 더 나은 삶을 살 가능성과 권리가 주어져 있다. 하늘이 나에게 새로운 삶을 주었다고 여겨라. 내가 세상에 나와 첫 울음을 울던 때와 환경만 다르지, 이제 막 세상의 공기를 들이마시고 우렁차게 울음을 터뜨리며 태어났다고 생각하라. 앞으로 살아갈 30, 40년의 인생계획을 제대로 설계해 꾸준히 실천해간다면 인생 2막에는 희망의 서곡이 울리게 될 것이다.

1) 변화의 계기는 누구에게나 찾아온다

계기契機란 사전적으로 '어떤 일이 일어나거나 변화하도록 만드는 결정적인 원인이나 기회'를 뜻한다. 우선 다른 사람들에게 변화의 계기는 어떻게 찾아왔는지, 아니 정확히 말해 다른 이들은 변화할 계기를 어떻게 창조했는지 사례를 살펴보자.

사례1. 심미안성형외과 정동학 원장

꿈을 꿀 수 없는 현실, 희망을 가질 수 없는 상황을 가장 큰 불행으로 여겼던 젊은 노동자 정동학. 그는 주어진 현실을 거부하고 무서운 집념과 투지로 편견과 차별의 벽을 깨부수며 자신의 운명을 바꿔놓았다. 스물넷의 포항제철 근로자 정동학은 "자기 또래의 대졸 관리자가 삼촌뻘, 아버지뻘 기능직 근로자를 발로 차며 호통하는 것을 보고 절망했다. 20년 후 바로 자신의 미래가 이럴 수도 있다는 생각에 정신이 번쩍 들었다. 이렇게 살 수는 없었다"고 말한다.

열아홉 살부터 365일 휴일도 없이 1500도 용광로 앞에서 고온과 먼지, 가스, 소음에 시달리며 탈진 직전까지 일해도 직장이란, 일이란 으레 이런 것이려니 하고 견뎠다. 열심히 하면 된다는 자세로 자격증을 여덟 개나 따면서 동기들보다 먼저 인정도 받았지만, '어찌해도 막일꾼'이라는 냉정한 현실에 부딪혔다. 뒤늦게 전문대학까지 졸업했지만 지금 이 자리에서는 한계가 있었다. 아무리 힘들어도 비전이 있다면 상관

없었다. 하지만 10년, 20년 피땀을 흘려 열심히 일해도 작업 반장이라면…. 그는 그런 현실에서 벗어나고 싶었다. 어떻게든 벗어나야 했다. "목숨을 걸면 못할 게 없다. 대졸자가 인정받는 시대라면 대학에 들어가겠다."

《석세스 파트너》 2004년 10월호에 실린 청년 정동학의 이야기다. 그는 코 성형 분야에서 최고의 의술을 가진 인물로 꼽히는 심미안성형외과 정동학 원장이다. 청년 정동학에게는 무엇보다도 자신의 미래에 대한 자각이 변화의 계기가 되었다. 그는 뒤늦게 의대에 들어가 처절하게 자기 인생을 바꿨다. 지금 그는 몸담고 있는 분야에서 일인자로 인정받고 있으며 외국에서 제 돈을 들여 연수를 받으러 오는 의사들이 줄을 잇는다고 한다.

사례2. 니시무라 아키라

《퇴근 후 3시간》의 저자 니시무라 아키라 역시 인생에 중요한 계기가 있었다. NHK에서 근무하다 텔레비전 도쿄로 이적해 〈월드 비즈니스 새틀라이트〉의 편집주임 겸 캐스터로 활동했던 그는 현재 프리랜서 경제 캐스터로 일하며 저서를 지속적으로 내고 있다. 국내에는 《CEO의 다이어리엔 뭔가 비밀이 있다》로 널리 알려진 베스트셀러 작가이다.

그는 어릴 적부터 책 한 권을 쓰는 것이 꿈이었다고 한다. 사회생활을 하며 매년 새해에 결심은 하지만 바쁜 일상으로 십여 년 동안 계속 꿈으로만 간직하다 어느 순간 각오를 하고 퇴근 후 3시간과 주말을 이용해 책을 쓰기 시작했다. 집필하는 데 일주일에 35시간을 할애했다. 책을 쓰기로 결심하고 반 년 남짓해서 첫 작품을 세상에 내놓았다. 책을 써야겠다고 마음먹은 지 십여 년이 걸려 첫 번째 책이 나왔다. 첫 책을 낸 이듬해, 그는 세 권의 책을 썼다. 그리고 그 다음해에는 일곱 권, 그 다음해에는 열 권을 썼다. 첫 책을 내고 2년 뒤, 그는 직장을 그만두고 회사를 만들었다. 니시무라 아키라에게 첫 책은 인생의 전기를 마련해준 셈이다.

사례3. 일상에서 찾은 변화의 계기

나는 2001년부터 리더십 분야에 심취해 관련 서적을 꾸준히 읽고, 교육도 적극적으로 받았다. 많은 교안을 만들어 강의를 하면서 리더십과 관련된 책을 내고 싶다는 결심을 했다. 몇 년 동안 조금씩 글을 써왔지만, 어느 순간 막히면 몇 달은 허송세월했다. 정말 쉽지 않은 일이라는 생각에 자신감을 잃어가고 있었다. 그러던 차에 중학교 2학년인 아들의 생활태도에 대해 고민을 하다 '청소년 비전설계 프로그램'을 만들게 되었다. 적잖은 세월을 교육회사에 근무하며 쌓아온 실전경험과 오랫동안 책을 가까이 한 간접경험을 바탕으로 프로그램을 설계했다. 이 프로그램을 접목시키며 아이의 변화를 경험하고 있던 차에 이 프로그램과 사례를 책으로 엮어 나처럼 아이 때문에 고민하고 있을 부모들에게 전해 주어야겠다는 생각을 하게 되었다.

나는 우리나라 청소년들이 인생 목표와 비전을 갖지 못한 채 어른들이 만들어놓은 굴레 속에서 매일 자기 의지와 관계없이 학교와 학원을 오가는 것이 너무 안타까웠다. 물론 내 아이도 그렇게 살아왔다. 나는 무엇을 어떻게 해야 삶을 주도적으로 살아나갈 수 있는 길인지를 아이에게 알려주기 위해 고민하다 결론을 내렸다. 아이의 인생에 '꿈'을 명확히 해주자. 인생의 목표와 비전을 찾도록 도와주고 목표를 실현하기 위한 실천계획을 수립해 하나씩 생활태도를 바꾸는 일부터 시작하게 하자. 이런 계획의 일환으로 프로그램을 설계하고 아이에게 적용해보았다. 작지만 아이 생활 전반에 변화의 조짐이 보이기 시작했다. TV를 보는 시간이 현저히 줄었고 무엇보다도 부자간의 사이가 아주 친밀해졌다.

 더 놀라운 것은 아이를 위해 노력하는 과정 속에서 내게 변화가 찾아왔다는 사실이다. 나는 몇 개월 간 마치 신들린 사람처럼 퇴근 후와 주말에 글을 썼다. 6일 남짓한 여름휴가 중에는 7권의 책을 읽고, 하루 수면시간을 3시간 정도로 줄여가며 책을 마무리하기 위해 전력을 다했다. 첫 책을 집필하는 중에 다음 책의 주제가 명확히 자리 잡혔고, 그 다음 책의 주제도 분명해졌다. 30대 후반인 2001년부터 인생 후반 계획을 수립해 실천해오던 것을 좀 더 체계적으로 정리해서 나와 같은 30·40대에게 도움을 주고 싶다는 작은 소망으로 글을 쓰기 시작했다.

 사노라면 누구에게나 찾아오는 변화의 계기가 있다. 그 계기는 스쳐가는 바람 같은 것이어서 둔감한 사람은 느끼지 못할 수 있다. 자신의 인생에 대해 고민하고, 보다 나은 삶을 갈망하며 변화를 원하는 사람만이 그 스쳐가는 바람을 잡을 수 있다. 변화의 계기는 사람마다 다른 순간에 다른 방식으로 오고, 또 다른 결과로 연결되겠지만 그 계기는 항상 준비된 사람에게 손짓한다는 자명한 사실을 기억하기 바란다.

2) 제2의 인생계획

인생 후반을 이끌 마스터플랜을 수립하라 | 일본 굴지의 IT분야 투자회사인 소프트뱅크 사장 손정의가 나이 열아홉에 '인생 50년 계획'을 세웠다는 일화는 너무도 유명하다. UC버클리대 유학 시절, 결혼식 후 부인 앞에서 공표한 그 50년 계획이란 "20대에는 이름을 알린다, 30대에는 최소한 1천억 엔의 사업자금을 마련한다, 40대에는 사업에 승부를 건다, 50대에는 연매출 1조 엔을 달성해 사업을 완성한다, 60대에는 다음 세대에게 사업을 물려준다"는 것이었다.

올해로 50세 생일을 맞은 그는 디지털 정보혁명의 물결을 선도하며《포브스》가 선정한 '일본 최고의 갑부'로 올라섰다. 재산평가액은 우리 돈으로 약 5조 4천억 원. 그 손정의가 국내신문과 했던 인터뷰에서 "돈은 단지 도구라고 생각한다"며 "정보혁명을 일으켜 사람들을 더욱 풍요롭고 행복하게 하는 데 인생을 바치고 싶다"고 말했다. 기사를 읽으며 나는 그 꿈이 손정의로 하여금 매일 아침 9시에 출근해 밤 11시까지 일하도록 한 동력이 아닐까 생각한다. 꿈을 가지고 있는 사람은 이렇게 놀라운 결과를 낳는다. 당신은 인생 2막을 어떻게 열 것인가? 지금이 제2의 인생계획을 수립할 때다.

제2의 인생계획이란 단순히 제2의 직업을 의미하는 것은 아니다. 그동안 살아온 날 이상을 살아가야 한다는 사실을 직시하고 인생 후반을 전반적으로 계획해보는 것이다. 다시 말해 남은 인생의 마스터플랜Master Plan을 설계해보라는 의미이다. 지금까지 인생 전반을 돌아보며 균형을 잃은 삶을 살지는 않았는지, 또는 아쉬움이 남는 것은 무엇인지 생각해보자. 그리고 인생 후반에 다가올 변화들을 예측해보자.

대부분 현재 직장생활을 정리했거나 하게 될 것이고, 새로운 도전을 위해 이직을 하든 창업을 하든 사회생활에도 큰 변화가 예상된다. 또한 새로운 것에 도전하기 위한 끊임없는 자기계발이 인생 전반 못잖게 절실해질 것이다. 품안의 자식들도 서서히 둥지를 떠나갈 것이고, 부부만 남아 새로운 삶을 꾸려가야 한다. 따라서 그동안 바쁘다는 이유로 소홀했던 가정을 행복이 넘치는 안식처로 만드는 것도 미룰 수 없는 과제다.

또 나이 들수록 육체적인 변화를 절감하게 될 것이다. 남아 있는 삶을 행복하게 살려면 무엇보다도 건강해야 한다. 인생 전반에 혹사당한 정신과 육체를 어떻게 회복시키고 지켜갈 것인지에 대한 대책도 필요하다.

마지막으로 행복과 보람이 넘치는 노후를 보낼 준비가 필요하다. 경제적인 준비와 부부생활, 그리고 지속적인 사회와의 연결통로 확보, 더불어 사회에 대한 되돌림 활동 역시 남아 있는 삶의 중요한 요소이다.

평생직업, 어떻게 찾을 것인가 | 먼저 인생 후반을 이끌어 갈 평생 직업을 어떻게 찾을 것인가를 살펴보자. 이직을 하느냐, 창업을 하느냐에 따라 다소 차이는 날 수 있지만 공통적으로 분명한 기준에 의해 선택해야 한다. 앞에서 나는 평생직업을 선정하게 된 기준을 언급한 바 있다. '현재 삶의 연속성에 기반을 두고 내가 가장 좋아하는 일을 할 수 있고, 평생직업이 가능한 일'이었다.

선정과정에서 기초가 되어야 할 것은 자신의 재능과 기질적 특성이다. 재능과 기질적 특성에 맞는 일을 한다면 일은 당연히 즐겁다. 따라서 목표는 자신이 가진 재능과 특성을 발견하고 그것을 강점으로 살리는 방향으로 선정하는 것이 현명하다. 이 방법은 'PART 02 인생 2막의 버팀목, 자기계발'에서 소개하겠다.

나는 지금 몸담고 있는 회사에서 18년가량 수많은 사람들과 함께 일하며 리더십을 경험했다. 리더십은 내게 이론적으로 흥미로운 분야였다. 실제로 리더십에 대한 강의를 하면서, 나는 이것이 가장 행복한 일이라는 사실을 알게 되었다. 강의를 준비하는 과정부터 강의를 하며 느끼는 교육생과의 교감, 그 시간이 너무 좋고 보람도 많이 느꼈다. 결과적으로 나는 리더십 코칭과 컨설팅, 특히 인생에 대한 비전 설계 및 리더십 교육에 남은 인생을 헌신해야겠다는 결심을 하게 되었다. 지난 18년간 교육회사에서 쌓아온 소중한 경험을 살리고 싶기 때문이기도 했다. 리더십 코칭과 컨설팅 분야는 나이가 들어서도 얼마든지 계속할 수 있고 내가 노력해서 전문가로 인정받는다면 능력에 대한 가치 또한 충분히 보상받을 수 있기에 좋은 선택이라고 생각하고 있다.

나는 2001년에 처음으로 이런 목표를 설정했으며 2006년과 2007년, 두 차례에 걸쳐 계획을 보완했다. 그 목표를 정식화하자면 '리더십 컨설턴트가 되어 다른 사람에게 삶의 가치를 더해주고, 꿈과 희망을 찾아주자'는 것이다. "모든 사람이 꿈과 희망을 갖도록 돕습니다." 이것이 바로 내 비전이다.

목표가 없으면 자기계발도 방향을 잃는다 | 이직을 하는 경우에도 언젠가는 변화의 시기가 재차 도래한다. 창업을 해서 1인 기업의 대표가 되든지, 아니면 회사에 계속 남든지 결정해야 할 시기가 오는 것이다. 지금 이직을 고려하고 있는 사람이라도 직장생활 이후의 장기 목표에 대해 지금부터 명확한 그림을 그리고 준비해야 한다.

이직을 할 경우, 무슨 일을 할 것인가에 대한 고민은 앞서 제시한 기준과 연관해서 찾아보는 것이 현명한 방법이다. 즉 직장생활 이후의 목표와 연관성이 높은 것을 찾아야 한다. 세상살이가 다 자기 마음같이 되는 것은 아니지만 인생 2막을 위해서 명확한 계획과 목표를 세워 몇 년이 걸리든 철저히 준비해야 한다.

젊은 시절, 대학을 졸업해 사회에 첫 발을 내딛을 때는 다급한 마음에 원하지 않는 일이라도 거부하지 않고 뛰어들었지만, 이제는 그렇게 해서는 안 된다. 우리에게는 스스로 원하는 일을 하며 인생 후반을 행복하게 살 권리가 있다. 기회는 준비된 자에게 손짓하는 법이다.

이직 목표를 분명하게 정했다면 다음은 목표회사와 업무를 정해야 한다. 특정 회사를 목표로 하면 더욱 구체적이고 준비하기도 좋겠지만 그럴 상황이 아니라면 적어도 희망하는 기업군이나 분야를 뚜렷하게 정하는 것이 필수적이다.

목표가 뚜렷하면 계획을 세우기도 쉬울뿐더러, 자기계발을 위한 방향을 잡기도 수월하다. 뚜렷한 목표 회사가 없는데 어떻게 준비를 할 것이며, 자기계발은 어떤 분야를 중점으로 할 것인가? 명확한 목표가 없으면 자기계발도 없다. 우리에게 자기계발의 취지는 목표를 이루기 위한 것이지 단순히 취미생활을 하며 자기만족이나 하자는 것이 아님을 잊지 말아야 한다.

끝까지 가려면 중간 기착점이 필수적이다 | 인생 후반의 마스터플랜을 수립한다는 것은 쉬운 일이 아니다. 지금 이 책을 읽으며 함께 고민하고 있는 독자들은 나이도 다 다를 것이고, 바라는 바와 환경도 천양지차天壤之差일 것이다.

우리는 지금까지 최종 목표를 거론해왔다. 하지만 그 최종 목표에 도달하기까지 소요될 기간이 짧으면 좋은데, 그렇지 않고 길 확률이 높다는 것이 문제다. 어떤 사람은 5년, 다른 사람은 10년, 아니면 15년 뒤일 수도 있다. 흔들림 없이 이 긴 여정을 가려면 무엇보다도 중간 기착점이 필수적이다. 중간에 잠시 뒤돌아보고 스스로에게 칭찬도 하고 격려도 하고 질책도 할 수 있는 중간목표가 필요하다. 기준이 있어야 칭찬을 하든 질책을 하든 계속해서 지금처럼 할 것인지 아니면 목표를 수정할 것인지 결정할 수 있지 않겠는가. 중간목표가 없다는 것은 분명한 기준점이 없다는 것이고, 그것은 목적지 없이 달리는 기관차 같은 신세로 스스로를 전락시키는 지름길과 같다.

　나는 2001년 제2의 직업 목표와 중간 기착점을 마련해 5년 정도 꾸준히 준비를 해왔다. 하지만 목표만 있었지 그것을 이끌 동력인 비전이 없었다는 점과 조금은 두루뭉술한 추상적인 중간목표였다는 점이 문제로 제기되었다. 인생 후반 계획이 직업목표로 한정되어 있었다는 점도 아쉬운 부분이다. 그래선지 나름대로 꾸준히 노력했지만 어느 순간, 어려움이 조금만 찾아와도 방황하기 일쑤였던 것 같다.

성공은 매일매일 조금씩 성취해가는 과정이다 | 나름의 해결책으로 나는 목표와 비전을 가족과 공유했다. 뒤에서 소개할 모의 장례식 연설문과 10대 풍광을 작성해 보는 경험은 남아 있는 삶 동안 내게 주어진 것을 소중히 여기며 가치 있는 삶을 살아가야겠다는 다짐을 하게 된 계기가 되었다. 나는 가족들 앞에서 직접 연설문을 읽어주었다. 아이들에겐 아빠가 어떤 것을 바라고 있는지 뭔가 느낌을 주었을 것이고, 아내 또한 내 마음을 이해하는 데 도움이 되었으리라 믿는다.

　10대 풍광의 내용은 지금 내 현실과 상당한 차이가 있지만, 도전적인 그림을 그리고자 했다. 10년이라는 세월을 어떻게 사용하느냐에 따라 충분히 실현 가능한 일이라고 생각한다. 과거에 내가 세웠던 비전이 주로 일과 사회생활에 한정된 것이었던 데 비해, 10대 풍광에서는 일과 삶, 사회생활과 가정생활의 균형과 조화가 중시된 그림을 그렸다고 생각한다. 그만큼 내가 성장했다는 의미일 터이다. 이 풍광을 볼 때마다 내 입가에는 기분 좋은 미소가 떠오르고 가슴이 설렌다. 10대 풍광을 꿈이 아닌 현실로 만들어가기 위해 노력하는 나는 지금 행복하다.

인생의 비극은 목표를 달성하지 못한 데 있는 것이 아니라 목표가 없다는 것이다.

"아직도 나는 성공했다고 생각하지 않는다. 그것은 매일 매일 조금씩 성취해가는 과정이기 때문이다."

스타벅스 하워드 슐츠 회장의 말처럼 인생 1막이 끝난 지금, 그 누가 성공과 실패를 단정 지을 수 있겠는가? 아쉬움이 있어도 그것을 더 이상 안고 가서는 안 된다. 마지막 승리를 위해 오직 인생 2막만을 생각하라. 후반전을 성공으로 이끌기 위한 마스터플랜을 수립하고 힘차게 파이팅을 외치라. 당신에게는 분명 저력이 있다.

비전을 구체화하는 방법 | 올해 나는 구본형 변화경영연구소 소장의 강의를 듣게 되었다. 이 강의는 지금까지 실천해왔던 내용에서 한발 더 나아가 나를 설레게 하는 비전을 만들게 했고, 미래의 모습을 폭넓은 시각에서 구체적으로 상상하게 해주었다. 생각만 해도 가슴 설레고 뿌듯한 나를 발견하게 되었고, 꼭 이루고 싶은 미래의 나를 볼 수 있었다. 그 뒤로 나는 목표를 향해 더욱 적극적으로 도전하고 실천하고 있다. 강의 중에 구본형 소장은 비전을 구체화하기 위한 방법으로 세 가지를 제시했는데, 그 내용

을 여기 소개한다.

[모의 장례식 연설문]

만약 당신이 죽는다면, 그리고 오늘이 장례식이라면, 장례식에서 10분간 연설할 기회를 하느님으로부터 부여받았다면, 당신은 무슨 이야기를 하겠는가? 가족과 친지, 동료, 사랑하는 이들에게 남기고 싶은 이야기를 적어보라.

누구나 죽음 앞에서 돌이켜본 지난날이 회한과 아쉬움으로 가득하기보다는 의미와 보람으로 충만하기를 소망할 것이다. 멋진 장례식 연설을 위해서는 우선 멋지게 살아야 한다. 그런 점에서 장례식 연설문을 작성한다는 것은 앞으로 어떻게 살아나가겠다는 미래에 대한 결의를 다지는 행위와 같다. 장례식 연설문을 작성하여 보관해두고 계속해서 수정해나간다면, 의미 있는 삶의 지표가 될 것이다. 내가 정리한 내용을 참고로 소개한다.

나의 장례식 연설문

인간은 누구나 한 번은 생을 마감하는 순간을 맞이합니다. 제게도 피할 수 없는 순간이 찾아왔습니다. 돌아보면 지나간 것들에 아쉬움을 느끼는 존재가 바로 인간이겠지요. 그래도 저는 평생을 같이 한 가족과 순간순간 기쁨과 슬픔을 함께하며 행복을 누리려고 노력해왔습니다.
제가 40여 년 동안 일을 하며 가장 자부심을 느끼는 점은 남을 변화시키는 일을 해왔다는 것입니다. 다른 사람들의 삶을 조금이라도 가치 있게 했다면, 그것으로 저는 만족할만한 삶을 살았다고 생각합니다. 물론 아쉬움도 있습니다. 저 자신의 한계를 스스로 만들어, 더 도전적인 삶을 개척하지 못한 것 같다는 생각이 들기 때문입니다.
하지만 그런 아쉬움은 접어두고, 이 자리를 빌려 가족에게 전하고 싶은 마음이 있습니다.

사랑하는 아내. 어려운 상황에서 나를 위해 언제나 최대의 노력으로 행복을 느끼게 해준 당신에게 고맙다는 말을 전합니다. 평생 한 사람의 아내로, 애인으로, 친구로 늘 나와 같이해준 당신을 사랑합니다. 그대에게 남은 삶이 부디 행복하고 보람된 시간이 되기를 바라며 언젠가 다시 만나기를 원합니다.
사랑하는 내 딸아. 평생토록 내 마음에 걸린 사람이 바로 너였단다. 네가 나를 가장 필요로 할 때, 아빠로서 함께 해주지 못해 정말 미안했다. 하지만 이렇게 잘 자라서 사회에 필요한 사람이 되어준 네가 무척이나 자랑스럽구나. 부디 행복해라.
자랑스러운 아들. 너는 언제나 나에게 듬직한 자식이었다. 어려운 상황도 있었지만, 너는 참 대견하게 그것을 극복해냈다. 네가 다른 사람들에게 좋은 영향을 주고 인정받는 모습을 보면서 아빠는 참으로 행복하구나. 앞으로도 가치 있는 삶을 살아라.
사위, 며느리, 그리고 귀여운 내 손자 손녀들. 너희와 한 가족으로 살았다는 사실에 감사한다. 뒤돌아보니 인생은 무척이나 짧다는 생각이 드는구나. 기쁨을 나누며 살기에도 짧은 인생이란다. 화목하게, 행복하게 살려무나.

[10년 후, 나의 10대 풍광]

앞으로 10년 뒤, 미래 시점에서 지난 10년간 자신의 삶을 돌아보는 '미래에 대한 회고'를 써보자. 이를테면 2018년으로 가서 지난 10년을 돌아보되, 가장 의미 있게 느껴지는 장면 10개를 그려보라. 가장 보고 싶은 장면 10개를 이미 일어난 일처럼 그림이 그려질 만큼 명쾌하게 묘사하는 것이다.

이것은 미래에 대한 기대치를 높여준다. 상당수 사람들이 미래에 대한 그림을 그릴 때 현재의 제약 때문에 앞으로 나가지 못한다. 이런 정신적 제약을 뛰어넘기 위해 10년 뒤로 가서 미래를 회고하는 방법을 써보는 것이다.

성공이란 결국 스스로 만족할 수 있는 삶을 사는 것이다. 성공 지향적인 사람은 도전목표를 50대 50으로 정한다. 실패하는 사람은 아주 낮거나 아주 높은 목표를 잡는다. 낮은 목표는 웬만하면 얻을 수 있으나 결과에 만족하기 어렵다. 반면 목표를 아주 높게 잡는 이유는 처음부터 실패 가능성이 높으니 실패해도 자존심 상하지 않기 때문이다. 자기 삶의 전부를 걸고 열심히 하면 얻을 수 있는 도전적 장면을 10개 그려보자. 10대 풍광 역시 살아가면서 계속 업그레이드해야 구체화된다.

내가 작성한 것을 참고해보기 바란다.

10년 후, 나의 10대 풍광

풍광 1 _ 나는 리더십센터 소장으로 일반인을 대상으로 비전설계과정을 진행하고 있다. 그동안 많은 사람들이 비전을 발견하는 데 도움을 주며 열정적인 삶을 살아왔다. 리더십 컨설턴트로서 내가 직간접적으로 연구하고 경험한 리더십에 대한 학문적·경험적·실용적인 지식을 기업체 리더들을 위해 연수원에서 공유하는 모습이 아주 열정적이고 혼이 살아 있다.

풍광 2 _ 이달의 베스트셀러에 내가 출간한 《생활 속의 리더십》이 선정되었다. 2008년 처음 책을 출간한 이후 2년에 한 권씩 책을 냈고 이번 책이 다섯 번째 출판된 것이다.

풍광 3 _ MBA에 도전해 드디어 학위를 받았다. 해외 선진 리더십 센터에 연수도 다녀왔다. 2010년에 시작해 하나씩 결실을 맺고 있다. 이론적 지식과 간접경험이 조화를 이뤄 컨설팅 가치를 높이는 데 많은 도움이 되고 있다.

풍광 4 _ 작고 아담한 연구실이 생겼다. 비록 내가 사는 전원주택에 있는 서재 한 칸이지만 연구하고 세상과 커뮤니케이션을 할 수 있는 공간이 있어 행복하다.

풍광 5 _ 나의 홈페이지(www.opseon.com)에 독자와 수강생들이 찾아와 정보를 교환하고 커뮤니케이션을 활발히 하고 있다. 벌써 회원수가 1000명을 넘어섰다.

풍광 6 _ 나와 아내는 전원주택에서 여유롭게 앞마당과 텃밭을 가꾸며 자연과 호흡하는 맛을 톡톡히 느끼며 살고 있다. 아이들이 대학을 졸업하면 둘만 지방으로 내려가 전원생활을 하려고 2003년부터 7년 동안 1억을 모으기 위해 통장을 만들었고, 2010년 1억을 만들어 경기도 외곽에 땅을 사 2015년에 집을 완공했다.

풍광 7 _ 2007년부터 시작한 골프는 이제 세미프로 semi-pro 수준이다. 건강을 유지하는 데 많은 도움을 주고 있으며 지금도 앞마당에서 간간이 연습을 하고 있다. 분기에 한 번은 아내와 같이 필드에 나간다.

풍광 8 _ 50대 중반에 40대의 신체 건강나이를 유지하고 있다. 건강유지 비결은 매일 꾸준히 하는 운동과 규칙적인 생활습관이다. 건강한 체력이 활력 있는 사회생활을 하는 데 큰 도움이 되고 있다.

풍광 9 _ 최근 해외여행을 다녀왔다. 매년 한 번씩은 새로운 문화를 접할 기회를 가졌다. 살아가는 동안 여력이 된다면 최소한 일 년에 한 번은 이런 기회를 갖고 싶다.

풍광 10 _ 1퍼센트 나눔에 참여하고 있다. 내가 세상에서 받은 것의 백분의 일은 돌려주자.

[사명 선언문]

슬로건slogan은 곧 자기 비전을 기술한 것Vision Statement이다. 앞으로 10년 뒤를 표현할 수 있는 나만의 표어라 할 수 있다. 구본형 소장은 '변화경영전문가'로서 '우리는 어제보다 아름다워지도록 사람들을 돕습니다'라는 슬로건을 만들었다고 한다.

나는 리더십 컨설턴트

나의 슬로건(slogan)

"리더십 컨설턴트"
"리더십센터 소장"

L Consultant
(리더십 컨설턴트)

오 평 선

Mobile xxx-xxx-xxxx
Blog : blog.naver.com/opseon.do
Home page : www.opseon.com
(opseon@opseon.com)

"모든 사람이 꿈과 희망을 갖도록 돕습니다."
다른 사람에게 삶의 가치를 더해주자!
사람들이 잃어버린 꿈과 희망을 찾아주자!

로서 '다른 사람에게 삶의 가치를 더해주자', 리더십센터를 설립해 '사람들이 잃어버린 꿈과 희망을 찾아 주자'는 비전을 실현하기 위해 "모든 사람이 꿈과 희망을 갖도록 돕습니다"를 슬로건으로 채택했다.

직장인이라면 누구나 명함을 갖고 있다. 대개 앞에 회사가 있고 뒤에 자기 이름이 있다. 마치 '저는 월급쟁이예요, 저는 ○○회사에 다녀요'라고 말하는 것 같다. 그러나 이제 당신의 비전이 담긴 꿈의 명함을 만들어라. 그것에 당신의 꿈을 새겨 넣어라.

빛나는 인생 2막을 위하여

PART 02
인생 2막의 버팀목, 자기계발

1. 지금 당장 시작하라
2. 나는 특별하다
3. 숨겨진 재능을 찾아라
4. 자기계발에도 길이 있다

"우리가 반복적으로 하는 일이 결국 우리 자신이 된다.
따라서 탁월함은 행동이 아니라 습관이다."

— 아리스토텔레스

내일이면 늦다

자신의 시장가치를 높이는 유일한 길은 자기계발뿐이다. 하지만 많은 사람들은 자기계발이 미래를 희망적으로 이끄는 가치 있는 일이라는 것을 알면서도 당장 눈앞의 일에 매몰돼 미루는 경향이 있다. 입에 바쁘다는 말을 달고 사는 사람들이 우리 주변에 너무 많다. 그러나 무엇을 위해 바쁘게 사는지 물어보면 딱히 가슴에 와 닿는 이유를 말하는 사람은 많지 않다. 변명이라는 자기 함정을 스스로 파놓고 자기를 위로하는 사람은 지금은 그 위로로 견딜지 몰라도 시간이 지나 변화의 순간에 직면할 때, 그때 가서야 지나온 길을 돌아보며 때늦은 후회를 할 것이다.

히말라야 지방 전설에 이름이 아주 이상한 새가 자주 등장한다. '아! 날이 새면 집 지어야지'라는 이름의 새다. 히말라야 지방의 날씨는 아주 변덕스러워 낮에는 따뜻하고 밤이 되면 아주 추워진다. 그런데 이 새는, 따뜻한 낮엔 둥지 없이 하루 종일 놀다가 밤이 되어 날이 추워지면, "아! 날이 새면 집 지어야지" 하고 밤새 흐느낀다.

문제는 그 다음날이다. 아침이 되고 날이 따뜻해지면, 새는 밤새 추위에 떨던 것을 까맣게 잊어버리고 또 노래만 부른다. 그리곤 밤이 되면 "아! 날이 새면 집 지어야지" 하고 또 우는 것이다. 참으로 한심한 새라고 웃어 넘길 수도 있지만, 가만히 생각해보면 뭔가 가슴 뜨끔하지 않은가. 이 우스꽝스러운 이름의 새처럼 후회를 하고도 동일한 잘못을 되풀이한 적은 없었는지, 스스로를 돌아볼 일이다.

내일 하면 되지 뭐, 라고 생각할 수 있다. 하지만 중요한 것은 '내일은 없다'는 것이다. 오늘 하루가 내가 살 수 있는 유일한 날이며 오늘이 바로 내일이라는 생각으로 전력 질주해보자. 오늘 일을 내일로 미루는 생각의 뿌리를 잘라내자. 오늘 하지 않으면 영원히 하지 않은 것일 뿐이다.

1. 지금 당장 시작하라

자기계발을 가로막는 습관과 단절하라 | 무엇이든 얻기 위해서는 반드시 그 이상을 버려야 한다. 지금의 생활태도를 버리지 않고 무언가를 성취한다는 것은 놀부 심보다. 자기계발을 계획할 때 자기 습관 중 버려야 할 것을 찾아내고 과감히 버리는 데서부터 시작해야 한다. 현실에 안주하도록 발목을 잡는 것들에 안녕을 고하지 않는다면, 당신의 입에서는 여전히 '바빠서 못한다'는 이야기가 반복될 것이다.

TV 시청, 불필요한 술자리, 죽어버린 출퇴근 시간, 지나친 낮잠 등, 당신의 시간을 잠식하고 있는 습관과 과감히 단절하라. 나는 TV 시청 시간과 출퇴근 시간, 휴일을 아주 효과적으로 활용할 수 있도록 습관을 바꿨다. 그것만으로도 엄청난 시간이 나에게 돌아왔다. 온전히 자기계발을 위한 시간을 이런 사소한 것들을 없애는 것에서 찾을 수 있었다. 자투리 시간을 잘 활용한다면 얼마든지 유용한 시간을 마련할 수 있다. 낭비하고 있는 시간을 미래를 위한 투자가치가 높은 시간으로 만들 수 있는 것은 오로지 자신뿐이다.

이 장에서 말하는 자기계발은 단순히 취미생활이나 자기만족을 위한 활동을 말하는 것이 아니다. 스스로 설계한 인생 후반 계획을 실현하는 절실한 수단으로써, 목표가 있고 도달해야 할 수준이 있으며 반드시 결과가 있어야 한다는 점에서 일반적인 자기계발과는 다르다. 따라서 그 무엇보다 자신에게 엄격해야 한다.

골프는 유일하게 심판이 없는 운동이다. 그만큼 자신에게 엄격해야 한다. 골프처럼 인생 또한 심판 없는 경기다. 자기 인생에 심판은 오직 자신뿐이다. 스스로에게 매번 핑계를 대서 무엇 하겠는가. 그런 자신을 어떻게 판단할 것인지 생각해보라.

경력관리와 자기계발을 위한 투자 | 직장 내에서 보직변경이나 이직을 통한 경력관리는 100퍼센트 자기 의지대로 움직일 수 있는 사항은 아니다. 그러나 가능한 한 분명한 계획을 갖고 계획된 경로에 따라 경력관리가 이루어지도록 노력해야 한다.

과거에는 경력관리를 그렇게 크게 염두에 두지 않았다. 어차피 지금 몸담고 있는 직장에서 정년을 맞이하겠다는 생각이 보편적이어서 굳이 경력관리의 필요성을 느끼지 못했다. 하지만 지금 현실은 분명 크게 바뀌었다. 언제든 자신에게 변화가 찾아올 수밖에 없다는 사실을 누구나 알고 있다. 이에 따라 경력관리는 시장가치를 높이기 위한 핵심 요소로 자리 잡게 되었다. 경력은 학력, 자격증과 같이 자기 가치를 외형적으로 보여주는 요소이다. 또한 전문성을 입증할 하나의 수단이기도 하다.

최근 몇 년 사이 '샐러던트Saladent'라는 신조어가 등장해 인구에 회자되곤 한다. 샐러던트는 'Salary man'과 'Student'의 합성어로, 자기계발을 위해 직장생활과 공부를 병행하는 직장인을 말한다. 평생직업을 찾으려는 도전을 위해, 지금 있는 직장에서 도태되지 않기 위해 부단히 노력하는 사람들이 늘고 있다. 그들은 자신이 준비하는 분야의 책을 꾸준히 읽고, 자격증을 준비하거나 야간 대학원에 진학한다. 그리고 온·오프 강의를 수강하고, 스터디 모임에 나가며, 세미나에 참여해 유용한 정보를 얻는 데 적극적이다. 영어회화나 컴퓨터 관련 자격증을 취득하기 위해 야간에 학원을 수강하는 사람도 많다.

미래 시장가치를 높이기 위한 자기계발은 선택이 아닌 필수다. 따라서 연봉에서 최소한 5~10퍼센트 정도는 자기계발에 투자하기를 권한다. 투자 없는 산출은 어렵다. 물론 가장 효과적인 곳에 투자를 해야겠지만 이 비용만큼은 소비가 아닌 재생산을 위한 투자임을 명심하고, 돈을 아끼지 말기 바란다.

잭 웰치Jack Welch는 저서 《승자의 조건》에서 "끊임없이 변화하는 세계에 발맞춰 스스로를 변화시킬 수 있는 과감한 '혁신에의 의지'야말로 진정한 승자의 조건"이라는 말을 했다.

자신이 살아갈 앞날을 끊임없이 대비하라. 그것만이 유일한 버팀목이다. 5년, 10년 앞을 대비하는 사람이 되라. 세상에 공으로 얻어지는 것은 없다. 뿌린 만큼 거둔다는 것은 자명한 진리다. 이제 더 이상 미룰 여유가 우리에게는 없다.

2. 나는 특별하다

비교는 열등콤플렉스를 낳는다 | 사람들은 자신의 모습을 자기 내면보다는 다른 사람과 자신을 비교하는 가운데 찾는다. 타인이 자신을 비춰주는 거울인 셈이다. 사회학자 쿨리는 자기 모습을

찾아가는 사회적인 자아를 '거울 속에 비친 자기Looking-glass Self'라고 명명했다. 다른 사람과 비교하고 그들 눈에 비춰진 모습을 바라보면 자기보다 잘나고, 잘생기고, 잘사는 사람들이 눈에 띈다. 그러면 자연스럽게 상대적인 열등감이 발동되게 마련이다.

우리가 이렇듯 열등콤플렉스Inferiority Complex에 시달리게 된 것은 어릴 적부터 비교당하는 데 익숙하기 때문이 아닐까. 웃자고 하는 이야기지만, '엄마에게 친구가 없었으면 좋겠다'고 생각하는 아이들이 많다는 이야기를 들어본 적이 있는가? 그 정도로 우리는 어릴 적부터 남과 비교되며 살아왔다. 어릴 때 비교대상은 주로 엄마 친구의 아이였기에, 그런 말이 생긴 것이다. 그래서인지 여전히 우리는 자기 강점보다 약점에 더 신경을 쓰면서 산다. 그리고 기를 쓰고 약점을 보완하기 위해 노력해왔다.

기질적 특성을 바꾼다는 것은 쉽지 않은 일이다. 수십 년 간 약점을 보완하려 노력해보았지만 큰 효과가 없다는 것을 대부분 경험을 통해 느꼈을 것이다. 물론 자기 약점이 무엇인지 명확히 알고는 있어야 한다. 그리고 그 약점을 관리하는 노력은 필요하다.

'저 사람은 저것을 잘하는데 나는 잘 못해'라는 강박관념으로 자신을 위축시키는 것이 살아가는 데 무슨 도움이 되겠는가. 그것은 분명 그 사람이기에 잘하는 것이다. 다시 말하면 당신에게도 분명히 잘하는 것이 있다는 얘기다. 강점과 약점은 사람마다 재능과 기질이 다르다는 데 뿌리를 두고 있다. 누구나 자기가 지닌 재능과 기질적 특성상 강한 면이 있고 약한 면이 있게 마련이다.

자기를 모르면 자기계발도 없다 | 대개 오랜 경험을 통해 자신이 지닌 재능과 기질은 스스로 파악하고 있다. 그 재능과 기질적 특성을 기초로 자신이 강점으로 계발할 것을 찾아보라. 약점은 계발 대상은 아니지만 자신이 하고자 하는 일에 큰 영향을 줄 정도라면 미리 파악하고 대비하는 노력을 기울여야 한다.

지금부터 명상을 통해 자기 강점과 약점을 정리해보라. 나는 무엇이 강점이고 무엇이 약점이라 생각하는지 생각나는 대로 노트에 하나씩 써내려가 보라. 막상 잘 써지지 않는다면 시간을 두고 생각하는 것도 좋다. 주변에 나를 잘 아는 동료나 친구에게 물어보는 것도 좋은 방법이다. 자신이 스스로를 어떻게 생각하는가와 다른 사람이 나를 어떻게 생각하는가에는 차이가 있을 수 있기 때문이다.

다 쓴 뒤 강점 중에 나를 대표할 만한 것이 무엇인지 찾아보라. 보통 자신이 가장 좋아하며 잘한다고 생각하는 것이 선정될 것이다. 두드러진 약점도 찾아보라. 하지만 지나치게 약점을 의식할 필요는 없다. 우선 자신을 다시 알아본 후 뒤에서 제시하는 다양한 조사방법을 통해 좀 더 체계적으로 정리하면 된다.

그동안 직장생활을 하며 자신이 좋아하는 일만 한 사람은 많지 않을 것이다. 이제부터라도 자신이 좋아하는 일을 해보자. 평생 하고 싶었던 일을 못하고 간다면 얼마나 억울한 삶인가.

자기 이해에 도움을 주는 심리검사 기법 | 자기계발을 위해서는 우선 자신을 알아야 한다. 자신을 모르는데 무엇을 계발한다

는 말인가? 허공에 대고 지나가는 새가 우연히 맞아 떨어지기를 기대하며 돌팔매질을 하고 싶다면 몰라도 된다. 그렇지 않다면 자신을 최대한 이해하라.

  이를 위해 자기 판단과 주변의 판단, 그리고 과학적 조사기법의 도움을 받을 필요가 있다. 과학적 조사기법으로는 마이어브릭스 유형지표MBTI, 에니어그램Enneagram 등이 있다. 인터넷 검색 포털에서도 검사가 가능하다. 마커스 버킹엄, 도널드 클리프턴의 저서 《위대한 나의 발견 강점 혁명Now, discover your strengths》에서 제시하는 자기발견 프로그램 '스트렝스 파인더Strengths Finder'를 통해서도 재능과 강점을 발견하는 데 도움을 받을 수 있다. 직접 조사해본 결과 내 자신의 특성과 가장 유사한 조사결과를 확인할 수 있었던 프로그램이었다.

TIP 심리검사

마이어브릭스 유형지표(MBTI · The Myers-Briggs Type Indicator)
MBTI는 일상생활에 활용할 수 있도록 고안된 자기보고식 성격유형지표다. 융C. G. Jung의 심리유형론을 근거로 하는 심리검사인데, 1921~1975년에 브릭스Katharine Cook Briggs와 마이어 Isabel Briggs Myers 모녀가 개발했다.

개인이 쉽게 응답할 수 있는 자기보고 문항을 통해 각자가 인식하고 판단할 때 선호하는 경향을 찾아낸 뒤, 그 경향들이 행동에 어떤 영향을 끼치는가를 파악하여 실생활에 응용하는 데 검사 목적이 있다.

ISTJ 세상의 소금형	ISFJ 임금뒷편의 권력형	INFJ 예언자형	INTJ 과학자형
ISTP 백과사전형	ISFP 성인군자형	INFP 잔다르크형	INTP 아이디어 뱅크형
ESTP 수완좋은 활동가형	ESFP 사교적인 유형	ENFP 스파크형	ENTP 발명가형
ESTJ 사업가형	ESFJ 친선도모형	ENFJ 언변능숙형	ENTJ 지도자형

[16가지 성격유형]

(출처 : KPTI온라인심리검사센터)

심리유형론에 따르면, 인간은 행동방식을 결정할 때 에너지 방향에서 '외향형과 내향형', 인식기능에서 '감각형과 직관형', 판단기능에서 '사고형과 감정형', 생활양식에서 '판단형과 인식형' 등 4가지 선호경향을 보인다. MBTI 검사에서 개인은 이 4가지 선호경향마다 대립되는 두 가지 지표 가운데 어느 것을 더 선호하는지를 응답하게 되고, 그 결과 4개의 알파벳이 조합되어 이루어진 성격유형 코드가 만들어진다. 이렇게 하여 제시될 수 있는 성격유형은 모두 16가지이며, 성격유형도표는 MBTI를 효과적으로 이해하고 응용하는 기초가 된다.

심리검사 결과에 내포된 의미를 제대로 이해하기 위해서는 심리검사에 대하여 잘 알고 있을 뿐 아니라, 검사결과 해석을 통해 도움을 받고자 하는 분야에서 상담 또는 교육 경험이 있는 전문가의 어드바이스를 받는 것이 좋다.

〈관련 사이트〉
- KPTI온라인심리검사센터(www.career4u.net)
- (주)한국MBTI연구소(www.mbti.co.kr)
- KPTI한국심리검사연구소(www.kpti.com)

에니어그램(Enneagram)

'인간은 9가지 성격 유형으로 분류되며 어떤 사람이라도 그 중 하나를 가지고 태어난다.'

이것이 에니어그램의 기본 원리이다. 여기서 9가지 성격유형은 개혁가reformer, 돕는 자helper, 동기 유발자achiever, 예술가individualist, 탐구자investigator, 충성스러운 자loyalist, 팔방미인

enthusiast, 지도자challenger, 중재자peacemaker를 말한다.

에니어그램은 고대의 여러 전통에서 온 지혜와 현대 심리학이 결합된 것으로, 미국에서 인간 의식 탐구 및 의식 성장의 도구로 발전했다. 《에니어그램 활용》의 저자 돈 리처드 리소는 에니어그램을 사람들의 9가지 성격 유형과 그 성격 유형들 간의 상호 역학관계를 설명해 주는 도형이며 상징적인 그림이라고 정의한다. 따라서 에니어그램을 통해 인간 행동을 보다 더 잘 이해할 수 있으며 외부로 드러나는 행동, 잠재적인 태도, 개인의 특성, 의식적 · 무의식적인 동기, 감정적인 반응, 방어기제, 정신세계 등을 이해할 수 있다고 말한다.

현재 미국에서는 주부와 비즈니스맨에 이르기까지 많은 사람들이 생활과 업무수행의 지침으로 삼을 정도로 에니어그램이 일반화되어 있으며, 대기업에서 신입사원 등용, 인사관리 등에 필수적인 아이템으로 활용하고 있다.

성격 유형과 각 유형별로 잠재된 능력의 발휘 방법, 대인관계 방법 등을 알 수 있다.

〈관련 사이트〉

- 한국에니어그램교육연구소(www.kenneagram.com)
- 에니어그램파워(www.9-mind.com)
- 한국에니어그램영성연구소(http://www.kesi39.or.kr)

스트렝스파인더(StrengthsFinder)

스트렝스파인더는 인터넷을 기반으로 이루어지는 인성측정 도구로 긍정심리학positive psychology을 기초로 한다. 긍정심리학은 건강하고 성공적인 인생은 무엇인가 하는 관점에서 심리학에 접근하는 패러다임으로, 이상심리학이 비정상적인 사람들을 대상으로 우울이나 불안과 같은 역기능 제거에 초점을 두는 반면 긍정심리학은 성공적인 기능 유지·강화에 초점을 맞춘다.

갤럽은 30년 동안 각 분야에서 가장 뛰어난 200만 명을 인터뷰하고 연구해 자기 재능을 발견하고 그것을 강점으로 발전시킬 수 있도록 도와주는 자기발견 프로그램, 스트렝스파인더를 만들어 이용자가 인터넷에 접속해 이 프로그램에 따라 스스로 자신의 강점을 발견할 수 있도록 사이트(www.StrengthsFinder.com)를 개설했다.

검사를 받으려면 갤럽Gallup의 '강점' 출판물(국내에 번역된 것으로는 《위대한 나의 발견 강점혁명》이 있다) 중 하나를 구입해야 하는데, 이들 출판물에 있는 ID코드로 사이트에 접속해 테스트를 할 수 있다. 참가자에게는 총 180개 문항이 제시된다. 각 항목은 '나는 시작하기 전에 사용법을 읽는다'와 '나는 바로 일에 뛰어드는 것을 선호한다'와 같이 자신을 설명할 수 있는 한 쌍의 진술들로 이루어진다. 참가자들은 어느 진술이 자신을 더 잘 설명하는지, 이 선택된 진술이 자신을 얼마나 잘 설명하고 있는지 선택하게 된다.

검사결과 받아보게 되는 주제보고서는 참가자의 소질을 나타내는 5개의 가장 두드러진 테마를 제시하고 자기 재능을 최대로 활용할 수 있는 방법에 대해 생각해볼 수 있도록 조언을 제공한다. 스트렝스파인더 프로파일은 가장 뛰어난 재능이 무엇인지 알아내기 위해 만들어진 것으로, 자신의 잠재력을 찾아보고 자기계발을 위해 어디에 초점을 맞추어야 하는지를 알려준다는 점에서 매우 유용하다.

3. 숨겨진 재능을 찾아라

약점을 보완해야 경쟁력이 높아질까 | 고향 동네에 '만물박사'로 통하는 분이 있었다. 그분은 못하는 것 빼고 조금씩은 다 잘했다. 그래서 동네에 무슨 일이 있으면 그분의 도움을 요청하는 사람들이 많았다. 하지만 그분의 형편은 그리 좋지 못했던 것으로 기억한다.

요즘 같은 시대에 만물박사는 과연 경쟁력이 있는 사람일까? 물론 많은 분야에서 다른 사람이 엄두를 못 낼 만큼 전문성을 가지고 있다면, 누구보다도 경쟁력이 뛰어날 것이다. 그러나 수많은 학위과정 가운데 유감스럽게도 '만물학 박사'는 없다. 신은 인간에게 모든 것을 다 주는 법이 없다. 어느 한 가지를 잘하면 분명 부족한 부분도 있게 마련이다. 왜 그럴까? 곰곰이 생각해보면 답은 아주 간단하다. 그것은 잘하는 일을 하면서 살라는 것이다. 많은 사람들에게 각자 잘할 수 있는 것을 고루 나누어주었으니, 서로가 그것을 나누고 살기를 바라는 마음에서 신은 그렇게 한 것이 아닐까.

과거에는 한 분야에 특별한 강점이 있어도 약점이 있으면 대부분 그 약점을 보완하는 데 에너지를 썼다. 그러다 보니 강점을 더 살려 그 분야에서 독보적인 존재가 될 가능성은 서서히 줄어들었다. 오랫동안 평균적인 인간을 만드는 데 치중해온 공교육 탓도 크다고 본다.

대부분의 기업도 독특한 캐릭터를 가진 사람보다는 두루두루

무난한 사람을 선호했다. 그 사람이 제아무리 특정 분야에 특별한 재능이 있다 해도 보편성을 추구하는 분위기에서는 오래 버티지 못하고 이탈하는 현상이 적지 않았다. 상사들도 부하직원이 가진 강점을 살리려는 노력과 여건 제공보다는 약점을 문제시하고 보완할 것을 지시하고 유도했다. 자연히 조직생활에 적응해 살아남기 위해 자신을 최대한 억제하고 직장 내 분위기에 순응하다보니 평균적인 직원들이 넘쳐나게 되었다.

조직의 최대 관심사인 시너지는 각자 다른 강점을 지닌 사람들이 모여 강점과 강점을 조화롭게 묶어 기대 이상의 부가가치를 창출할 때 나타난다. 예비군 훈련을 가면 거기 모인 사람들이 마음만 먹으면 못할 일이 없다는 소리를 한다. 그 이유는 누구나 한 가지씩은 가장 잘하는 것, 다시 말해 강점이 있기 때문이다. 그러나 그동안 우리 사회에서는 개인의 특성을 인정하고 배려하는 분위기가 미흡했다. '회사형 인간'으로 인정받지 못하던 사람이 회사를 떠나 자기 강점을 최대한 발휘해 큰 성과를 내는 모습을 보면 참으로 아이러니하다. 똑같은 사람인데 어떻게 결과는 저렇게 큰 차이가 나는 것일까?

자신의 강점에 역량을 집중하라 | 이제 시대가 달라졌다. 많은 분야에서 조금씩 잘하는 보편적인 '만물박사'는 살아남을 수 없고, 특정한 분야에서 누구도 따라오지 못할 독보적인 존재가 가치를 높게 평가 받는 시대가 된 것이다. 그렇다면 그 분야에서 독보적인 존재가 될 가능성이 높은 사람은 누구인가? 바로 자기 강

점을 발견하고 강점을 최대한 개발하는 사람이다.

약점을 보완하는 것은 누구에게나 고통스러운 일이다. 게다가 아무리 노력해도 최대한의 결과는 '평범'이라는 전리품을 얻는 것에 불과하다. 물론 그 과정에서 오는 고통과 에너지 낭비는 또 얼마나 사람을 지치게 만드는가.

이제 자기계발에 있어서도 발상의 전환이 필요하다. 보통 '자기계발' 하면 자신에게 부족한 무언가를 보완하기 위한 것으로 생각하기 쉬운데, 오히려 자기계발은 스스로 가장 자신 있고 성공할 가능성이 높은 분야에 포커스를 맞춰 집중적으로 이루어져야 한다. 지금이라도 자신이 지닌 가장 뛰어난 재능을 발견하고 그 강점을 최대한 살릴 수 있는 방향으로 자기를 계발해야 한다. 인간은 누구나 무한한 가능성을 가지고 태어난다. 단지 그것을 미리 발견해 현실화한 사람과 그렇지 못한 사람이 있을 뿐이다.

자신과 주변에서, 그리고 과학적인 심리검사를 통해 자신이 지닌 뛰어난 재능을 발견하여 그것을 강점으로 키워내는 것만이 차별적 경쟁우위를 확보하는 길이다. 강점에 최대한 집중해 그 강점을 발휘하며 사회적으로 성공적인 삶을 사는 사람들은 우리 곁에 얼마든지 존재한다. 중요한 것은 그들 역시 당신처럼 무수히 많은 약점을 지닌 사람 가운데 하나지만, 약점에 발목을 잡히기보다는 강점에 날개를 다는 데 모든 역량을 집중했다는 점이다.

재능과 기질을 살리는 자기계발 | 기질적 특성은 대부분 유전적으로 타고 난다는 생각이 든다. 내 기질적 특성은 아버지와 유사

하다. 그리고 나와 내 아들의 기질적 특성도 비슷하다. 나 자신을 보면 기질적 강점 중에 타고난 것이 대부분이지만 일부 길러진 것도 분명히 있다.

  나는 추진력과 열정, 학습의욕, 문제의식, 강의력, 리더십이 강하다고 생각한다. 그런 평가는 주변에서도 공히 하는 것으로 알고 있다. 그동안 이런 기질적 특성을 십분 활용해 회사에서 새로운 도전의 기회를 많이 부여받은 것도 사실이다. 새로 추진되거나 회사 정책상 중요한 열쇠를 쥐고 주도적으로 이끌어야 하는 팀을 주로 책임져왔다. 하지만 강하고 급한 성격이 가끔 약점으로 비춰져 그 보완을 요구받을 때가 더러 있었다. 또 강한 문제의식의 표출은 자칫 회사에 애사심이 없는 사람으로 비쳐지기도 한다.

  반복되는 지적은 보통 사람을 위축시키거나 적어도 의식하게 만든다. 나는 직장생활을 하며 약점을 보완하기 위해 많은 에너지를 써왔다. 리더십 스타일도 바꿔보려고 숨은 노력을 많이 했다. 하지만 그 효과는 생각처럼 크지 않았다. 내 스스로 약점을 관리하는 수준 정도의 성과를 보았을 뿐이다. 약점은 명확한 인식만으로도 충분히 관리될 수 있다. 그리고 약점이 모든 상황에서 약점으로 작용하지도 않는다. 어느 순간과 상황에서는 약점이 도리어 큰 힘을 발휘한 경험도 많이 했다.

  때문에 차라리 내가 타고난 기질이나 재능에 바탕을 두고 강점을 발견해서 지속적으로 개발해왔다면 좀 더 확실한 나만의 정체성을 만들 수 있지 않았을까 하는 아쉬움이 있다. 과거에는 내 이름을 들으면 바로 연상되는 특징, 다시 말해 뚜렷한 '정체성'이 존재했다. 하지만 언제부터인가 그것이 조금씩 흐려지기 시작했다. 내면의 나는 변한 것이 별로 없는데 외부로 비치는 내 모습을 바꾸기 위해 억제하다보니 강점도 더불어 약화되어 독특함을 잃어버린 것이다.

나는 자신이 가진 소중한 재능을 발견하기 위해 수년간 갈망해 왔다. 늦었지만 2001년 내 재능을 발견했고, 스스로 타고난 기질과 길러진 특성을 알게 되었다. 내가 가장 잘할 수 있고, 즐거움을 느끼며 할 수 있는 일을 찾아냈다. 평생 나에게는 뛰어난 재능이 없다고 믿고 살 뻔했는데 정말 위대한 발견을 한 것이다. 지금은 그 목표에 다가서기 위해 나의 재능과 기질적 특성을 최대한 살리는 방향으로 자기계발을 하고 있다.

자신에게 맞는 최적의 방법을 찾아라 | 우리는 시장가치를 높이기 위한 자기계발 방법으로 자신에게 가장 적합한 것을 찾고 있다. 남이 하는 방법이 아무리 좋아 보여도 그것은 자신이 지닌 재능이나 기질적 특성과 맞지 않으면 효과를 보기 어렵다. 자신이 지닌 재능과 기질적 특성과 맞아 가장 흥미를 느낄 수 있고 즐거운 것인지, 가급적 지금까지 자신의 경험과 경력을 최대한 활용할 수 있는지 등도 고려해야 한다. 또한 향후 목표로 하는 경력에 영향을 줄 것인지를 꼼꼼히 따져봐야 한다. 자신만이 가지고 있는 재능과 기질적 특성을 확실한 강점으로 개발할 때 당신만의 차별적 가치가 생겨난다.

재능과 기질적 특성은 자신과 분리된 개념이 아니라 하나다.

나에게 맞아 재미있고 신바람이 나는 일에는 무서운 집중력이 발휘된다. 집중력은 당신을 그 일에 미치게 할 것이고 그 일만큼은 누구보다도 잘하게 될 것이다. 세상에 어느 한 가지에 미쳐 몰입하는 사람을 따라올 자는 없다.

나는 자기계발 방법으로 대표적인 것 몇 가지를 언급할 것이다. 그 중에 당신에게 가장 적합한 방법이 있다면 그것에 집중하라. 만약 언급한 내용 가운데 자신에게 적합한 것이 없다면 스스로 새로운 방법을 찾아보기 바란다.

방법을 선택할 때는 자기 재능과 기질적 특성, 지금까지의 경력이 바탕이 되어야 한다. 그리고 본인의 성격, 능력, 지식정도, 가치관, 학습 스타일, 흥미와 인생후반의 직업목표에 부합하는지도 따져봐야 한다.

4. 자기계발에도 길이 있다

탈무드에 "하루 공부하지 않으면 그것을 되찾는 데 이틀이 걸린다. 이틀 공부하지 않으면 그것을 되찾는 데 나흘이 걸린다. 1년 공부하지 않으면, 그것을 되찾는 데 2년이 걸린다"는 경구가 있다. 꾸준한 자기계발의 중요성을 강조하는 말이다.

흔들림 없이 일상 속에서 꾸준한 자기계발을 추진하기 위해서는 무엇보다도 자기계발의 방향과 목적이 분명해야 한다. 방향과 목적 없이 막연히 시작하는 자기계발은 자칫 시간을 낭비하는 꼴이 될 수 있다. 삶에 있어 소중하고 가치 있는 것, 자기 목표를 실현하는 데 핵심적인 것을 중심으로 우선순위를 정해야 한다.

우리에게는 여유 있는 시간이 많지도 않고 세상은 무한정 오래 기다려 주지 않는다. 그러므로 가장 핵심적인 것에 몰입할 필요가 있다. 자기계발에 있어서도 '선택과 집중'이 중요하다.

먼저 우선순위를 결정하고, 우선순위에 따른 계획을 수립해야 한다. 다음은 실천계획을 행동으로 옮기는 실천력과 지속성이 필요하다. 사람들은 대부분 마지막 단계인 지속적인 실천이라는 산등성이를 넘지 못해 포기하고 만다. 실천할 때는 무엇보다 간단명료해야 쉽게 할 수 있다.

자기계발 서적을 읽다보면 대부분 시간 관리의 중요성을 강조한다. 나는 책을 읽으며 항상 부담스럽게 받아들이는 대목이 있다. 대부분의 자기계발서가 '아침형 인간'이 되어야 한다고 강조하는 점이다. 나는 아침보다는 저녁시간을 잘 활용하는 편이고 그 시간에 집중이 더 잘 된다. 주로 밤에는 1시나 2시까지 글을 쓰고 아침 6시에 기상한다. 다시 말해 나는 '저녁형 인간'이다. 아침시간을 잘 활용하라는 지침의 유용성을 부정하고 싶지는 않다. 하지만 사람은 누구나 다 몸에 밴 습성이 있기 마련이다. 자기 특성에 가장 잘 맞는 시간을 택해 그 시간의 효과를 최대한 효율적으로 활용하는 방법으로 접근한다면 자신이 어떤 형이든 그것이 그리 중요하겠는가.

이제 자기계발 방법 가운데 중요하다고 생각하는 몇 가지와 더불어 참고가 될 만한 내 경험을 소개하려 한다. 한 가지 강조하고 싶은 것은 자기 목표를 실현하고 전문가로 우뚝 서기 위해 무엇이든 '끊임없이 배우고 익히는' 자세와 태도를 유지해야 한다는 점이다. 학위나 자격증, 인맥 등은 처음 변화를 시도할 때 도움을 줄 수 있지만 끊임없이 자신을 쇄신하고자 하는 노력이 뒷받침되지 않는다면, 그것은 한낱 종잇조각에 불과하다. '끊임없이 배우고 익히며' 스스로를 지속적으로 고쳐나가는 사람이야말로 변화된 환경에서도 오래도록 진가를 인정받을 수 있는 건실한 자산을 갖춘 사람이다.

1) 가치 있는 직무경험을 쌓아라

경력개발은 한 개인이 일생에 걸쳐 일과 관련하여 얻게 되는 경험을 통하여 직무관련 태도, 능력, 성과를 향상시켜 나가는 일련의 과정이다. 또한 개인이 경험하는 직무를 조직과 개인이 함께 계획하여 관리해나가는 체계적 활동이다. 경력개발의 영역은 자기에 대한 진단과 이해, 경력계획, 목표설정, 경력 상담, 자기계발 추구 등으로 구분할 수 있다.

경력개발이 필요한 이유는 자기 경력에 대한 보다 장기적인 접근이 필요하고, 경력을 인생 목표와 통합시켜 나가야 하기 때문이다. 경력관리는 언제든 닥칠 수 있는 위기에 대처하고 동시에 주어진 기회를 놓치지 않기 위해 필수적으로 요구되는 것으로, 조직에서 지원을 받을 수도 있지만 무엇보다 자기 주도적으로 이루어질 때 효과적이다.

경력관리에 성공하는 법 | 잭 웰치는 《승자의 조건》에서 "10년 이상 경력자의 이력서가 막 대학을 졸업한 사람의 이력서보다 못한 경우가 많다"고 지적했다. 그만큼 중요한 것은 몇 년이라는 기간의 가치보다 어떤 직무를 경험했는가이며, 그 직무 경험에서 얻은 전문성이 시장에서 인정받을 만큼 가치 있는 것인가 하는 점이다.

기업에서는 보통 종업원의 직무경력, 교육훈련 경력이나 자격면허·잠재능력·적성 등의 데이터를 개인별로 관리해 인사이동 때 적정배치 및 인력개발을 위한 기초자료로 활용한다. 특이한 점은 근무경력이 15년 이상 되는 장기근속자인데도 외부에 내세울 만한 경력이 없는 사람이 의외로 많다는 것이다.

보통 일반관리업무는 주기가 있다고 앞서 언급한 바 있다. 담당업무의 특성에 따라 다르겠지만 보통 1년이면 한 주기가 끝난다. 물론 짧게는 한 달에 끝나기도 한다. 한 주기가 끝나면 그동안 익힌 경험을 바탕으로 다음 주기부터는 반복적인 업무를 수행한다. 따라서 일반관리업무에 15년 동안 종사한 사람이 있다면, 그 직원은 직급만 상승했을 뿐, 거의 동일한 업무를 반복하며 살아왔다고 해도 과언이 아니다.

한 가지 직무를 장기적으로 경험한 것을 강점이라고 생각하는 사람들이 더러 있을 수 있다. 한 직무를 장기적으로 해서 가치를 높일 수 있느냐는 그 직무 자체의 '희소성'과 '생산성'이 얼마나 큰가에 달려 있다. 대체인력을 찾기 쉽고 반복적인 업무는 누구나 할 수 있다는 점에서 아무리 오랫동안 종사했다고 해도 시장에서 가치를 인정받을 수 없으며, 현 직장에서도 쉽게 위기를 맞을 수 있다.

또 다른 유형이 있다. 근무기간에 비해 인사카드에 지나치게 다양한 경력이 빼곡하게 들어찬 직원들 같은 경우다. 이런 유형은 능력이 뛰어나 회사가 중요 업무를 위해 수시로 직무를 변경시켜서 그런 경우도 있기는 하지만, 대부분 그와 반대인 경우가 많다. 한 분야에서 특별한 능력을 발휘하지 못해 이 일 저 일을 전전하게 된 경우가 태반이다. 이런 직원은 한마디로 현대판 '만물박사'다. 뛰어나게 잘하는 것은 없지만 조금씩은 다 안다고 생각하며 사는 사람이다.

유감스럽게도 이런 경력은 '소모적인 경력'이다. 이력서에 몇 개월짜리 경력이 있다면 그것은 소모적인 경력이다. 직무특성에 따라 다르겠지만 보통 한 직무 당 적어도 3년 정도는 경험을 해야 필요한 노하우를 배웠다고 판단할 수 있다. 결국 3년 미만은 경력으로 인정받기 어렵다는 얘기다.

위에서 언급한 2가지 유형은 경력관리에 실패했다고 볼 수 있다. 이런 유형이 이직을 원할 때 자신을 내세울 직무경험은 없다고 해도 과언이 아니다. 이직은 행복한 고민이고 지금 몸담고 있는 직장에서조차 위험이 닥칠 수 있음을 깨달아야 한다.

경력개발의 핵심은 일관성과 성과다 | 보통 기업에서 인재로 판단하는 직원에게는 계획된 코스에 따라 의도적으로 경력개발 기회를 제공한다. 최근 인재전쟁이라는 말이 일반화할 정도로 핵심

인재의 중요성이 강조되고 있기 때문에, 기업도 발전 가능성이 큰 능력 있는 직원을 사전에 발굴해 집중적인 육성 프로그램을 운영하고 있다. '포지션별 후계자'나 '핵심인력 풀pool'을 구축하고 별도로 관리한다. 최종적으로 기업에서 원하는 직무와 위치를 고려해 사전에 경험이 반드시 필요한 직무를 설정하고, 해당 직무들을 계획에 따라 순차적으로 경험할 수 있도록 보직을 배정한다.

경력관리에서 중요한 것은 일관성이다. 자신이 오래 경험해 자신 있는 업종이나 직무에 대해 일관성을 가지고 경력을 쌓을 때 전문성이 생긴다. 인기 있는 업종이나 직무를 두루 경험하는 게 능사는 아니다. 대부분의 직무에는 유사성과 연관성이 존재한다. 때문에 전문화를 위해서는 본 직무와 연관된 유사업무 정도를 경험하는 수준이 적절하다.

이직을 통해 여러 회사에서 경력을 쌓은 경우에도 앞서 언급한 규칙rule이 동일하게 적용된다고 보면 틀림없다. 이직을 통한 직무경험이 발전적인 경력으로 작용할지 아니면 오히려 약점이 될지를 잘 판단해야 한다. 한 직장에서 근무기간이 지나치게 짧고 여러 차례 반복적으로 이직을 했다면 그 경력은 오히려 화가 된다. 기존 직무를 기반으로 더 확장적인 직무를 수행할 때, 본인의 경력을 인정받을 수 있는 것이다.

지금까지 언급한 모든 경력에서 결정적인 가치는 바로 해당 직무경험을 통해 산출한 결과물, 즉 '확실한 성과'다. 직무경험은 과정일 뿐이다. 결론은 어떠한 성과를 냈고, 그로 인해 회사에 어떤 기여를 했는가로 판단된다. 경력 자체의 화려함만으로 가치를 인정해주는 기업은 없다.

이를테면 영업직군에서 경력을 쌓은 사람은 영업성과로 자신의 가치를 말해야 하며, 기획업무를 하는 사람은 자기 기획이 회사에 어떤 긍정적인 영향을 주었는지를 입증해야 한다. R&D직군은 개발 노하우가 어느 정도이며 그동안 자신이 개발한 산출물이 회사가 성과를 내는 데 얼마나 기여했는가로 평가받게 된다. 생산직군은 생산 노하우와 개선의 성과물이 평가 대상이 된다. 결국 경력은 그 직무를 경험하며 이룩한 성과에 따라 가치 있는 것이 되기도 하고, 반대로 쓸모없는 것이 되기도 한다는 사실을 유념해야 한다.

자신의 직무에서 최고의 전문가가 되어라 | 기업 차원에서 직원들의 경력관리를 하는 것은 일반적으로 개인 의지로 자유롭게 선택할 사안은 아니다. 그렇다면 개인 입장에서 어떻게 의지를 가지고 자신이 원하는 대로 경력관리를 할 수 있을까?

현재 하고 있는 일에서 자신을 대표할 일을 만드는 것은 본인의 의지로도 충분히 가능하다. 보통 담당하고 있는 직무는 몇 종류가 될 것이다. 그 중에서 자신이 가장 즐겁게 하고 있고, 분명한 성과를 낼 수 있는 직무를 찾아보자. 이때 간과하지 말아야 할 것은 해당 직무의 가치와 사회적 요구를 고려해야 한다는 점이다. 사회가 그 분야 전문가를 필요로 하지 않는다면 시장가치는 당연히 상승하기 어렵기 때문이다.

이 같은 요건에 따라 자신을 대표할 직무를 선택했다면, 그 직무 분야에서만큼은 회사 내외에서 최고로 인정받을 수 있는 수준까지 전문성을 집중적으로 개발해야 한다. '보통 수준보다 조금 더' 나아서는 평균수준밖에는 되지 못한다. 전문성을 높은 수준으로 발전시키려면 모든 것을 걸어야 한다. 업무시간은 물론 그 이외의 시간과 노력을 해당업무에 집중적으로 투자해야 한다.

내가 현재 담당하고 있는 직무는 가맹사업 구조를 구축하는 일이다. 그 업무에도 여러 종류의 세부 직무가 존재한다. 만약 다양한 세부직무 중 가맹사업에 관한 제반 법제도적 요건 검토를 집중직무로 선택했다면, 그 직무에 관한한 그 분야 최고 수준이 될 수 있도록 투자하고 노력해야 한다. 단순히 누구나 조금 파악하면 할 수 있는 정도의 수준으로는 차별화가 안 된다. 그 분야 전문가로 시장에서 인정받을 수 있는 수준에 도달하기 위한 방법은 모두 찾아보고 다 도전해야 한다.

이를테면 가맹사업 관련 법률 일체를 완전히 자기 것으로 소화하고, 국내 가맹업체와 단체, 정부의 동향과 실태를 명확히 파악할 필요가 있다. 또 가맹거래사자격증을 취득하거나 해외 선진 가맹사업의 법률과 구조를 익혀 국내 가맹사업의 미래 방향을 예측하고 개선할 사항을 찾아내는 등 보다 넓고 깊은 연구가 필요하다. 아울러 해당 분야 전문가들과 네트워크를 구축하는 일까지 얼마든지 확장 가능하다. 이 정도로 자신이 한 직무에서 전문성을 갖춘다면 시장에서 당신의 가치와 경쟁력은 자연히 상승하게 될 것이고 어느 순간 새로운 기회를 맞는 행운을 얻게 될 것이다.

무슨 일이든 모든 것을 던져 몰입하는 사람을 따라갈 수 있는 사람은 없다. 그 일에 애정을 가지고 미친 듯이 집중하고 노력한다면 당신도 현재의 직무를 자신의 대표 직무로 만들 수 있다. 대부분 경력관리를 위한 직무경험은 자신이 선택할 수 없는 타의적 개념으로 받아들인다. 하지만 주어진 상황 속에도 자신이 선택할 수 있는 것은 언제나 존재한다는 사실을 명심하기 바란다. 단지 고민이 적거나 치열하게 고민해보지 않아서 발견하지 못하는 것뿐이다. 주어진 환경 속에 그토록 찾고 싶어 하는 진주가 숨어 있다. 그 진주를 먼저 찾아보자. 당신이 선택하고 개발한 직무에서만큼은 현 직장과 세상에서 당신을 찾을 수밖에 없도록 만들어라. 이것이 현재 담당하고 있는 일을 하며 자신의 시장가치를 높일 수 있는 방법이다.

이력서와 경력설명서, 업그레이드가 필요하다 | 마지막으로 자신의 각종 직무경험과 성과, 교육이수, 자격증 등 모든 이력은 프로파일을 만들어 관리해야 한다. 직장인 상당수가 자기 이력관리를 지속적으로 하지 않고 있다.

내 경우 지금 면접을 보라는 통보가 오면 그 회사의 특성을 고려한 뒤 내용을 보완해서 30분 안에 제출할 수 있도록 프로파일이 준비되어 있다. 특별히 이직을 생각해서 만든 것은 아니다. 내가 경험한 소중한 자산을 기록·관리하는 것은 중요한 습관 중에 하나라고 보기 때문에 생긴 결과물이다.

나는 이력관리 파일을 분기에 1회 정도는 점검하고 수정한다. 이것은 기회가 될 때 내 프로필을 알리는 수단이기도 하지만, 최소한 분기에 한 번 정도는 스스로를 돌아보고 앞날을 계획하고 다짐하는 데 큰 도움이 된다.

정리할 때는 가급적 구체적으로 해두는 편이 좋다. 그리고 성과에 대해서는 구체적인 수치까지 낱낱이 기록해두는 것이 좋다. 타인에게 가장 쉽게 어필할 수 있는 것이 숫자이기 때문이다. 구체적으로 작성해두면 나중에 필요에 따라 편집하기 용이하다.

현대를 자기 피알PR 시대라고 하지 않는가. 이제 당신이라는 상품에도 마케팅이 필요하다. 내면의 가치가 콘텐츠라면 이력서는 그 콘텐츠를 빛나게 할 브로슈어이다.

지금 서 있는 그곳에서 하루하루 생활을 가치 있게 보내 아주 소소하게 보이는 성공체험을 자기 것으로 만들어가는 습관을 가져야 한다. 작은 성공체험은 성공신념을 낳고, 그 신념은 또 다른 성공을 낳는다. 그 선순환이 지속될 때 스스로 설정한 목표에 도달하는 기쁨을 맛볼 수 있다.

경력개발이 실패하는 가장 큰 이유는 중장기적인 인생 목표가 없기 때문이다. 따라서 무엇보다도 자기 인생 후반 목표를 먼저 명확히 하고 그 목표를 실현하기 위해 계획적인 경력개발에 착수해야 한다는 점을 명심하라.

2) 학위에 도전하라

한국사회에서 학벌은 여전히 권력이다 | 졸업장을 보고 사람을 판단하는 간판 위주의 사회풍조 속에서 학력 콤플렉스를 느끼지

않을 사람이 얼마나 될까?

　2007년 9월 취업사이트 파인드잡이 리서치 전문기관 엠브레인과 함께 직장인 1404명을 대상으로 학력 프리미엄을 주제로 설문조사를 실시한 결과, 58.1퍼센트가 '학력 프리미엄이 필요하다'고 답했다. 그 이유는 학력도 일종의 경쟁력이고 성실함을 반증하는 것이기 때문에(48.5%)라는 응답이 가장 많았으며, 학력을 얻기까지 수고한 것에 대한 보상 차원에서(29.9%), 어느 나라나 학력 프리미엄이 존재하기 때문에(19.2%) 등이 뒤를 이었다.

　또 직장인 83.3퍼센트는 직장생활에서 학력 프리미엄이 있다는 것을 느낀 적이 있다고 밝혔다. 그러한 경우로 직장인들은 높은 사람과 같은 학교 출신이어서 승진이 빠를 때(26.2%), 연봉협상 때 내세울 근거로 유리하게 작용할 때(23.8%), 이직에 성공하기가 쉬울 때(19.1%) 등을 꼽았다.

　설문조사 결과에서 드러나듯 직장생활에서 학력이 끼치는 영향력은 대단히 크다. 현 직장에서 고위직으로 승진하는 과정에도 영향을 미치고, 이직을 위해 다른 직장의 문을 두드리는 상황에서도 영향력은 크게 작용한다. 지식을 기반으로 한 창업을 할 경우, 학력이 주는 영향력은 무시할 수 없는 경쟁력 가운데 하나다.

　세대별로 학력이 미치는 영향력에는 다소 차이가 있을 수 있다. 20대에 학력은 취업에 압도적인 영향력을 발휘하며, 30대로 접어들면 학력과 인맥의 중요성이 비슷한 수준으로 부각된다. 40대의 경우에는 학력보다는 인맥이 더 큰 영향력으로 작용한다.

　2007년 전국을 떠들썩하게 만든 학력위조 스캔들은 학벌만능

주의가 한국 사회에 얼마나 뿌리 깊게 자리 잡고 있는지 단편적으로 드러난 사례였다. 능력 있고 창조적인 인간이 이끌어간다는 21세기에도 우리 사회에서 학벌은 여전히 하나의 권력으로 통하고 있다.

학위가 보증수표는 아니다 | 21세기를 일컬어 지식근로자의 가치가 상승하는 지식기반 시대라고 한다. 지식이 중요하다고 해도 학문적 지식만으로는 완전할 수 없다. 학문적 지식에 실용적 지식과 현장경험 지식이 합쳐져야 제대로 큰 힘을 발휘할 수 있다. 학벌은 학문적 지식을 쌓아가는 하나의 수단일 뿐이다. 지금은 학문적 지식의 습득이 학교에서만 이루어지는 것도 아니다. 자신에게 꼭 필요한 학문적 지식을 쌓을 수 있는 교육기관은 학교 외에도 많다. 시장경제와 사회변화에 민감하지 못한 학교보다 사회변화에 발 빠르게 대응하는 사회교육기관의 경쟁력이 일면 더 클 수 있다. 이론만으로는 직접적인 산출물을 만들어내지 못한다. 현장에서 산출물을 만들고 성과를 일구는 것은 이론을 기반으로 한 실용적, 현장경험 지식이다.

　몇 년 전부터 매스컴을 통해 학위는 없지만 풍부한 현장경험 지식을 가진 지식근로자들이 대학 강단에서 강의하는 모습을 가끔 접하게 된다. 이런 지식인들이 사회 구석구석에서 부가가치를 높여 골드칼라로 불리는 지식근로자로 대접받고 있다는 뉴스도 심심찮게 들려온다. 하지만 아직까지 우리 사회에는 검증된 학력을 더 선호하는 풍조가 여전하다. 현장 지식근로자가 대학 강단에 섰다는 이야기가 뉴스거리가 된다는 점이 그것을 반증한다.

　지금도 많은 직장인들은 힘든 직장생활과 학업을 병행하고 있으며, 진학에 대한 욕구를 끊임없이 갖고 있다. 젊을 때는 그나마 일과 학업을 병행할 체력과 머리, 열정이 뒷받침된다. 40대로 접어들면 일과 학업을 병행한다는 것이 그렇게 만만한 일은 아니다. 그럼에도 불구하고 많은 직장인들이 학위를 받기 위해 악전고투하고 있다. 고위 직책으로 진입하는 데 학위가 큰 영향을 미치는 회사도 아직은 많이 존재한다. 야간에 MBA, 최고경영자과정, 각종 교육기관에서 공인된 학위를 받기 위한 전투는 생존을 위한 현실의 문제이다.

　기업문화에 따라 야간 대학원 진학을 권장하기도 한다. 몇 가지 조건은 있지만 학비를 보조해주는 회사가 있는가 하면, 자비로 근무시간 외에 다니는 것도 눈치를 주는 회사도 있다.

　적극적이고 도전적인 직장인들 중에 일부는 미래를 위해 위험부담을 감수하기도 한다. 직장을 그만두고 유학을 떠나려는 30·40대가 늘고 있다는 기사를 보면 그들을 수도 없이 좌절하게 만들었을 학벌주의의 장벽을 절감하게 된다. 이들은 생활의 여유가 있어 유학을 떠나는 것이 결코 아니다. 오히려 소득이라고는 월급밖에 없는 평범한 샐러리맨이 대부분이다. 하지만 그들은 유학을 통해 인생역전을 꿈꾼다. 외국에서 학위를 얻어 자기 가치를 지금보다 더 높이고 싶다는 것이 우선이고, 겸해서 자신과 자녀들이 어학공부를 같이할 수 있다는 생각으로 유학을 떠난다. 그렇지만 막상 경제적 어려움과 낯선 생활에 적응하지 못하는 등

헤아릴 수 없을 만큼 많은 난관이 그들을 기다리고 있다. 때문에 이들의 도전은 인생역전의 기회가 될 수도 있는 반면 인생에 위기가 될 수도 있다.

경력에 도움이 될 학위에 도전하라 | 학위의 필요성은 현실이라는 장벽 앞에 놓인 숙제다. 하지만 어려운 상황에서 학위에 도전하는 목적이 학력 콤플렉스를 해소하기 위한 것이거나 단순히 간판만 바꿔다는 것이라면 그것은 옳지 않다고 본다. 학위라는 간판은 손님을 가게 안으로 끄는 유인책은 될 수 있지만 경쟁력 있는 상품으로 고객의 지속적인 선택과 사랑을 받을 수 있는 보증수표는 아니다. 상품 경쟁력이 떨어진다면 오히려 화려한 간판은 장애물이 될 수 있다. 사회에서 가치를 인정받는 전문가는 학위만으로는 전문성을 증명할 수 없다. 그 분야에서 끊임없이 자기를 연마하고 개발하는 학습능력과 변화주도력이 있는 사람이라야 진정한 전문가다.

경력에 도움이 될 학위에 도전하는 것은 분명 긍정적으로 평가할 일이다. 도전을 결심했다면, 자신이 가지고 있는 실용적, 경험적 지식에 학문적 지식을 융합해 더욱 강화된 지식을 생산하는 수단으로 활용하기 바란다. 실용적인 지식을 이론적인 지식과 결합시킨다면 지금 우리가 가지고 있는 암묵지暗默知·Tacit Knowledge를 형식지形式知·Explicit Knowledge로 바꾸는 데 큰 도움이 될 수 있다. 또 학업을 통해 새로운 환경에서 다양한 경험을 하고 있는 사람들과 만나 인맥을 확장하는 것도 큰 도움이 된다.

학위 외에도 길은 있다 | 외환위기 이후 회사에 입사한 직장인들은 어느 세대보다도 자기계발을 위한 경력관리의 중요성을 잘 알고 있는 세대다. 젊은 나이에 일밖에 모르고 달려온 지금의 40대와는 다르게 일하며 대학원에 진학하고 퇴근 후 각종 학원을 찾는다. 야간에 어학관련 스터디모임을 갖기도 한다.

이들과 달리 40대 직장인은 가장으로서 한창 아이들이 성장해 경제적 부담이 늘고 있는 터에 자기계발에 우선순위를 두어 대학원에 진학한다는 것은 쉽지 않은 일이다. 장기간의 학위과정을 일과 병행하는 것도 직급이 낮은 시절과는 또 다른 현실적 어려움이 상존한다.

당신이 이런 상황이라면 시간과 경제적 부담을 최소화하며 지식을 쌓을 수 있는 다른 방법을 찾아보기 바란다. 회사에서 실시하는 교육과정에 적극적이고 자발적으로 참여해 보라. 꼭 필요한 교육과정이 있다면 전문교육기관에서라도 배워야 한다. 무엇을 배울지 막연하다면 전문교육기관 몇 곳을 지정해 교육과정에 대한 정보를 수시로 받을 수 있도록 이메일 서비스를 요청하는 것도 방법이다.

요즘에는 직접 교육기관을 찾아가 수강하던 방식에서 온라인 수강으로 비중이 이동하고 있다. 오프라인 교육은 강점이 많지만 찾아가는 시간과 경제적 부담이 있기 마련이다. 반면 온라인 교육과정은 자신이 편한 시간에 비교적 저렴한 비용으로 학습할 수 있다는 장점이 있다. 필요에 따라 온·오프 교육을 적절히 선택해 수강해보라.

노동부에서 만 40세 이상의 근로자 등을 대상으로 운영하는 '수강지원금제도'를 활용하는 것도 방법이다. 이 제도는 근로자가 원하는 교육과정을 먼저 수강료를 지불하고 수료한 뒤, 노동부로부터 최대 100퍼센트까지 수강료를 환급받을 수 있도록 한 것이다. 나도 이 제도의 덕을 톡톡히 보고 있다.

3) 전문성이 인정되는 자격증을 취득하라

이직과 창업을 염두에 둔 도전이어야 한다 | 자신의 시장가치를 높일 수 있는 방법 가운데 하나가 자격증 취득이다. 자격증은 상황에 따라 학위보다 더 효과적으로 작용할 수 있으며, 자격증 종류에 따라 차이가 있겠지만 대학원 진학에 비해 시간과 비용을 줄이며 단기간에 집중력을 발휘해 도전할 수 있다.

그렇다고 막연히 자격증을 많이 취득하라는 의미는 아니다. 그럴 만한 시간적 여유도 부족하겠지만 자격증 역시 자기 목표에 부합하는 것에 집중적으로 도전해야 한다. 이직이나 창업을 결심한 경우 거기에 도움이 될 수 있는 자격증을 확보하는 것은 스스로 목표에 한걸음 가까이 다가설 수 있는 수단이다.

희망직종에 필요한 추가적인 교육과정을 이수하고 자격증을 취득해야 하는데 먼저 자신이 목표로 하는 자격증을 파악해 보고 그 자격증이 갖는 영향력을 점검해 보아야 한다. 예를 들어 외국 기업으로 옮기는 것을 목표로 한다면 국제자격증과 외국어 능력을 입증할 자격증이 필요하다. 인터넷업체로 이직을 원하면 정보통신 관련 자격증을 취득하는 것이 유리하다. 이처럼 업종별로 선호하는 자격증이 다르다.

후배 중 한 명이 재취업을 위해 인력채용대행업체에 원서를 내고 몇몇 회사에서 면접을 본 적이 있다. 그 후배는 경력관리도 잘 해왔고, 이전의 직장에서도 능력을 인정받아왔지만 그것만으로 재취업시장에서 어필하기에는 어려움이 있었다. 분명하게 전문성을 입증할 자격증의 필요성을 새삼 느꼈다고 한다.

직무경험을 바탕으로 희소성 있는 자격증에 도전하라 | 일반적으로 직장인들은 경쟁력을 높이기 위해 외국어 공부를 많이 한다. 주로 영어회화를 선호하고 있고 각종 어학시험에 대비해 학원수강을 하고 있다. 최근 들어서는 중국어 수강도 늘고 있다. 외국어 능력이 경쟁력을 높이는 데 중요한 방법임에는 틀림없다. 하지만 절대적인 영향력을 행사할 기회와 분야는 생각보다 넓지 않다. 외국계 기업이나 외국어가 필수적인 곳으로 이직하려는 게 아니라면 되레 시간낭비가 될 수도 있다. 뚜렷한 목표 없이 남들이 하니까 따라하는 식으로 막연하게 외국어공부에 시간과 돈과 정력을 쏟는 것은 어리석은 일이다.

다른 자격증도 마찬가지다. 자격증의 종류는 수없이 많다. 그러나 자격증의 가치는 저마다 차이가 있다. 마음만 먹으면 단기간에 누구나 취득할 수 있는 자격증도 있다. 이런 자격증은 갖고 있다고 해도 당신의 시장가치에 도움이 되지 못한다.

시장은 수요와 공급의 원리에 따라 작동하기 마련이다. 즉 '희소성'의 정도가 가치를 좌우한다. 따라서 자격증에 도전한다면 가급적 희소성이 높은 분야와 등급을 목표로 삼아야 한다. 많은 사람들이 도전해도 성공하지 못한다는 것은, 그만큼 그 자격증은 취득하기가 어렵다는 의미이다. 남들이 갖지 못한 비장의 무기를 확보하게 된다면 그 힘은 엄청나게 증폭될 수 있다. 그렇다고 무모한 도전을 하라는 뜻은 아니다. 당신이 몇 십 년을 경험한 분야의 노하우를 입증시켜 줄 익숙한 분야에서 가치를 높일 수 있는 자격증을 찾아보고 도전하라는 권유다.

4) 책 쓰기를 통해 전문성 인정받기

한 권의 책이 인생의 전기를 마련해줄 수도 있다 | 책을 통해 인생의 변화 계기를 마련한 사람들이 있다. 구본형 변화경영연구소 소장과 《퇴근 후 3시간》의 저자 니시무라 아키라가 대표적인 인물이다. 이들은 대부분 직장생활을 하며 자신이 경험한 것을 바탕으로 자기계발서나 실용서를 펴냈는데, 그것이 베스트셀러가 되어 인생의 변화에 성공했다. 지금은 직장을 나와 1인 기업 대표로, 지속적인 저술활동과 강연을 하며 사회에서 인정받는 전문가로 탄탄히 자리 잡았다.

책 한 권 내고 일약 스타가 된 사람 중 가장 대표적인 이는 톰 피터스다. 그는 1982년에 낸 《우수성을 찾아서In Search of Excellence》라는 책 한 권으로 '혁명적 경영전도사'라는 세계적 명성을 얻었다. 수백만 부가 팔려나간 이 책의 성공을 바탕으로 그는 톰피터스그룹TPG을 만들어 혁명적이고 열정적인 경영 컨설턴트로 활동하게 되었다. 그는 경영컨설팅의 구루Guru, 세계적인 1인 기업가의 아이콘으로 통한다.

책은 세상과의 무한한 커뮤니케이션 통로이다. 세상 속에 묻혀 있던 자기 이름과 생각을 세상에 빠르고 확실하게 알릴 수 있는 좋은 방법 중 하나다. 수많은 독자들에게 오랜 시간 동안 자신을 홍보할 기회가 주어진다는 점 또한 매력적이다.

대부분 베스트셀러 작가가 되면 여러 가지 프리미엄을 더불어 누리게 된다. 작가의 생각을 직접 듣고 싶어 하는 사람들이 늘게 마련이어서 자연히 강연 요청이 들어오고, 미디어에서는 작가를 초청하고 홍보해준다. 최고의 프리미엄은 해당분야에서 창업할 경우 높은 인지도를 기반으로 보다 순탄하게 자리 잡을 수 있다는 점이다. 이미 책을 통해 전문성을 인정받고 있기 때문이다.

하지만 책을 쓴다는 것에 대해 대부분 엄두를 내지 못하거나 자기와는 거리가 먼 이야기로 치부하는 경우가 많다. 물론 쉬운 일은 아니다. 하지만 못할 일도 아니다. 지금 당장 순수문학을 공부해 소설이나 시를 쓰자는 것이 아니잖은가.

그동안 직장생활을 통해 경험한 직무 중 자신이 가장 잘해왔거나 많은 고민을 했던 주제는 얼마든지 있다. 그런 것을 찾아보면 테마를 발견하는 일이 그리 어려운 것은 아니다. 혼자만 알고 있기에는 아깝고 안타까운 것들을 많은 사람들과 나누고 싶다는 욕구가 생기면 그보다 더 좋은 책이 어디 있겠는가.

특정한 주제와 관련된 모든 내용을 완벽하게 다 알아야만 책을 쓸 수 있는 것은 아니다. 책을 쓰는 과정은 하나의 테마를 깊이 있게 연구하며 배워가는 과정이기도 하기 때문이다. 책을 쓰는 전 과정을 통해 가장 많이 배우는 사람은 저자 자신이다. 자신에게 부족한 부분이 있다면 관련 자료를 구해 도움을 받으면 된다. 이는 절대 잘못된 일이 아니다. 지식은 서로 나눌 때 가치가 더해진다. 다른 사람의 도움으로 얻어진 지식을 자기 것으로 만들어 또 다른 지식을 창출하고, 당신의 지식을 다시 다른 사람과 공유하고 전파하는 과정을 통해 지식과 가치는 재창출되며, 인류의 지적 자산은 이런 과정을 통해 끊임없이 발전하고 더욱 풍요로워진다.

삶 속에서 발견한 진주를 엮으면 글이 된다 | 누구나 성장하며 한번쯤은 시인이 된 듯, 소설가가 된 듯, 사색하며 글을 써본 경험이 있을 것이다. 그러다 어느 순간, 나는 글 쓰는 일과는 맞지 않는다는 생각을 하며 글쓰기와 멀어져간다. 나 역시 고등학교 때는 시인이었다. 물론 혼자서만 인정하는 시인이었다. 그러나 글을 쓰려고 펜을 들면 진도가 나가지 않는 경험을 몇 번 한 뒤로 차츰 글쓰기와 멀어져갔다.

그 이후에 직장생활을 하며 '내 책을 내고 싶다'는 욕망이 생기면서 7년 전부터는 글을 써보려 수많은 시도를 해왔다. 그러나 지난 7년여 동안 써온 글은 쓰레기에 불과하다. 왜 내가 쓴 글을 쓰레기라고 표현할까? 그것은 인위적으로 만들어진 글이기 때문이다. 억지로 만들어내는 글은 쓰레기에 불과하다.

나는 오랫동안 다른 사람에 비해 평균 이상의 책을 읽었다. 그것도 한 분야, 주로 경영과 리더십 분야의 책을 집중해 읽었다. 또 그 분야에서 오랫동안 직무경험을 쌓아왔고 앞으로도 그 경험은 지속될 것이기에 리더십 관련 서적을 출간하고 싶다는 꿈을 갖게 되었고, 그래서 언제부턴가 자연스레 글을 써왔다.

나는 경영서를 읽으며 한 가지 안타깝고 아쉽게 생각한 점이 있다. 그것은 어떤 책이든 저자가 전달하고자 하는 독특한 메시지는 20퍼센트도 채 되지 않는다는 사실이다. 많은 내용이 다른 책에 있는 내용을 인용하거나 남의 말을 다시 옮겨 놓은 듯하다는 생각이 들었다. 서로 품앗이라도 하듯 말이다. 그러나 내 글 역시 갈수록 내가 아쉽게 생각하던 것을 답습이라도 하듯, 삶의 진실이 담겨 있지 않은 가식적인 글, 남의 생각을 훔치는 것이 주가 된 글로 흘러가고 있었다. 그래서 나는 한동안 글쓰기를 중단했다.

최근 1년 전부터 책을 읽는 장르가 다양해졌고, 틈만 나면 무서울 정도로 책을 읽었다. 그러던 차에 아들의 생활습관을 바꾸기 위해 청소년 비전설계 프로그램을 만들게 되면서 다시 책을 써보려고 용기를 내게 되었다. 책 한 권 분량의 원고를 마치자, 그때부터는 글쓰기가 두렵지도 부담스럽지도 않았다. 글쓰기는 그저 내가 살아가는 이야기, 내 주변 이야기 속에서 진주를 찾는 것과 같다는 생각을 하게 되었다. 이제 글쓰기는 내게 빼놓을 수 없는 삶의 즐거움으로 자리 잡았다. 예전에는 글쓰기가 책 속에서 가공된 진주를 쫓아다니는 일이었다면, 지금은 삶 속에 숨겨진 천연진주를 발견하는 즐거움이 된 셈이다.

책을 많이 읽는 것은 분명 글을 쓰는데 큰 도움이 된다. 물론 중요한 것은 나의 생각이다. 책을 읽고 난 후 얻게 되는 깨달음은 내 생각을 검증하게도 하고 또 다른 생각을 다양하게 경험하게도 한다. 나보다 앞서 고민하고 경험한 이들의 생각을 듣는 것은 값진 배움의 수단이다. 독서는 간접 경험을 풍부하게 할 수 있는 효과적인 방법이다.

　글을 쓴다는 것과 책을 쓴다는 것에는 다른 점이 많다. 책을 쓸 때는 장르에 관계없이 주제가 결정되면 철저한 기획이 필요하다. 기획 의도와 전개 방향이 명확해야 하고, 시작과 끝을 그려보고 뼈대를 만들어놓고 글쓰기에 들어가야 한다. 그림을 그릴 때 구상을 하고 나서 스케치를 하듯 책을 쓰는 과정도 마찬가지다. 내가 과거에 책 쓰기를 시도했다 도중에 중단한 이유도 돌이켜보면 이런 과정을 거치지 않고 막연한 생각에만 의지해 글을 썼기 때문이다.

　장르에 따른 차이도 크다. 소설을 쓰기 위해서는 분명 타고난 자질이 어느 정도는 뒷받침되어야 한다. 다음으로 부단한 글쓰기 훈련과 습작이 필수적이라는 사실은 누구나 공감할 것이다. 물론 그 훈련이라는 것이 교육기관에서 이루어지기는 쉽지 않다. 수많은 소설을 읽고 생각하고, 수없이 써보고 또 써보는 수밖에 달리 길이 없는 것 같다.

　하지만 실용서나 자기계발서는 당신도 쓸 수 있다. 삶의 순간순간을 명료하게 포착하고, 책을 많이 읽고 훈련한다면 가능한 일이다. 가장 쉬운 테마는 자기 생활 속에 있다. 책을 써야 한다는 부담을 갖지 말고 우선 짧은 글을 매일 쓰는 것부터 시작해보라.

글쓰기를 생활화하라 | 나는 첫 책을 쓰고 나서 자신감이 생겼다. 요즘은 글 쓰는 것이 하루의 중요한 일상으로 자리 잡았다. 글 쓰는 행위가 말하는 것과 유사할 정도로 자연스러워졌다. 아니, 어찌 보면 내가 말로 표현하지 못하는 부분까지도 글로는 표현하게 되는 매력이 있다.

글 쓰는 것이 자연스럽게 생활의 한 부분으로 자리 잡으려면 어떤 노력을 기울여야 할까?

첫째, 그냥 일상의 이야기를 기교를 부리지 않고 그대로 써 내려간다. 글의 중심은 생각이지 기교가 아니다. 자기 생각을 바탕으로 가식 없이 자연스럽게 쓴 글이 값진 진주이다.

둘째, 모든 일상과 순간을 그냥 스치지 않는다. 삶 속에 글감이 보인다. 순간순간 경험하는 모든 것을 헛되이 흘려보내지 말라. 값진 진주가 유실될지 모른다.

셋째, 대화할 때 집중하고, 상대방이 생각하는 본질을 이해하며 동화되어 보자. 사소한 이야기 속에 한편의 소설이 숨어 있을지 모른다.

넷째, 글감이 떠오르는 순간을 절대 놓치지 않는다. 그래서 나는 항상 메모지를 가지고 다닌다. 운동하러 나갈 때조차도.

다섯째, 처음부터 책을 목표로 글을 쓰기 보다 쓴 글이 자연스레 책이 되도록 한다. 처음부터 책을 내겠다는 생각으로 글을 쓴다면 부담이 커서 중도에 포기하기 쉽다. 글쓰기를 생활화하여 습관을 갖게 되면 자기도 모르게 가치 있는 책이 탄생할 수 있다.

여섯째, 하루 동안 경험하고 느낀 생각은 꼭 글로 정리해 보존한다. 일기로 시작하는 것도 좋다. 그러면서 서서히 어느 한 순간을 포착해 깊이를 더해가라.

일곱째, 책을 친구처럼 생각하라. 책은 친구처럼 가까이 있을수록 좋다. 또한 가려서 읽는 것보다 폭넓게 읽는 것이 좋다. 독서를 통해 다양한 사람들의 목소리를 접해보라.

여덟째, 책을 읽은 뒤에는 중심생각과 느낀 점 등을 반드시 정리해 '정보창고'에 저장한다. 책 이외에도 관련 정보는 정보창고가 두둑하도록 채워야 한다. 책을 쓸 때 자료 수집할 시간을 줄여주기 때문이다.

아홉째, 글쓰기의 좋은 점을 직접 경험해본다. 하루에 있었던 좋지 않은 사건과 감정, 특히 인간관계에서 오는 갈등을 꼭 술로 풀어야 하는 것은 아니다. 글로도 얼마든지 풀 수 있다. 글을 쓰면서 나는 어느 순간 무형의 존재에게 모든 것을 내뱉고 쏟아낸다. 때로는 화풀이도 한다. 그러면 속이 후련해지는 경우가 많다.

열째, 부담을 느낄 필요가 전혀 없다. 당신은 전문작가가 아니다. 그러니 부담을 가질 필요가 없다. 그냥 자기 생각과 경험을 있는 그대로 글로 옮겨보라.

소설가 이승우는 "작가는 여러 권의 책을 통해 한 편의 자서전을 쓰는 사람"이라고 정의하면서 "우리는 우리의 삶을 통해 우리의 이야기를 만들어 간다. 그런 점에서 누구나 작가"라고 말했다. 그러니 부담 없이 시작해보라. 모든 사람에게 작가가 되라고 글쓰기를 권유하는 것은 아니다. 자기 삶을 기록해 보는 것은 그 자체로 값진 일이기 때문에 권하는 것이다. 추억은 사진으로도 남지만, 글로도 남길 수 있다. 가벼운 마음으로 시작한 글이 훗날 책이 되어 당신의 전문성을 세상에 알리는 변화의 계기가 될 수도 있다. 당신 같이 유능하고 잠재력이 무궁무진한 사람이 못할 이유가 무엇인가.

5) 소중한 자산, 인적 네트워크

우물 안에서 벗어나라 │ 내 지인 중 한 명은 회사를 떠나 개인사업체를 인수해 운영하고 있다. 그에게 사업하는 데 가장 중요한 것이 무엇이냐고 물었다.

"상품이 있어도 팔지 못하면 소용이 없지. 처음에는 인맥이 중요하다고 생각지 않고 열정적으로 해당 회사를 찾아가 직접 우리 상품의 우수성을 알리려 노력했어. 그때 생각으로는 그렇게 적극적으로 다가서면 우리 회사와 상품을 알릴 수 있고 선택도 받을 거라고 생각했지. 그런데 그 생각이 잘못되었다는 것을 뼈저리게 느끼게 됐어. 그 회사 실무자와 의사결정자들은 가까운 지인이나 동창, 또는 회사 윗선과 연결되어 찾아오는 다른 업체들을 거부할 수 없었고, 그 업체를 운영하는 사람들도 실무자부터 의사결정자에 이르기까지 사전에 꾸준히 공을 들여왔던 거야. 그러니 내가 얼마나 귀찮은 존재로 생각됐겠어?"

지금 그는 어떻게 하고 있을까?

"나 역시 최대한 인맥을 동원하려고 노력해. 대학 동창들도 기업에 속해 있으면 대부분 부장 정도의 직급이어서 그들의 영향력도 대단하지. 그런 친구들이 거래처를 소개해주기도 하고. 내 사업에 직접적인 고객이 아니어도 반복되는 소개를 통해 일이 들어오지. 그래서 요즘은 사업이 자리를 잡았어."

　내친김에 직장을 떠나 사업을 하는 입장에서 회사조직 속에 있는 사람들에게 조언을 해주고 싶은 게 있다면 무엇이냐고 물었다.

　"음, 나도 회사에 있을 때 그랬지만 회사에 있는 후배들을 보면 가장 안타까운 것은 인간관계가 너무 내부에 있는 사람에만 한정돼 있다는 거야. 바깥 인맥을 쌓아가는 데 좀 더 투자를 했으면 좋겠어. 그래야 나처럼 다른 일을 하면서 어려움을 덜 겪을 것 같아. 나는 예전에 골프를 사치스러운 운동으로 치부했지. 그런데 요즘 사업하는 사람이나 직장의 중견들을 만나면 대화에서 골프가 빠지지를 않아. 그래서 나도 그들과 공통관심사를 갖기 위해 골프를 시작했어. 연습장에서도 주기적으로 만나는 분들과 친분을 쌓았고 그분들의 도움을 받기도 했지."

　그는 내부에 있는 사람들하고만 관계를 지속하게 되면 대화의 수준과 내용이 항상 내부문제로 그치고 만다는 한계성을 지적한다. 다른 환경에 있는 사람과 자주 만나 대화를 해야 세상 돌아가는 다양한 소리를 들을 수 있고 그 속에서 답을 구할 수도, 또 나에게 계기를 마련해줄 사람도 만날 것 아니냐는 조언이었다.

인맥관리는 습관이다 | 인맥은 곧 재산이다. 특히 혈연·지연·학연 등 각종 인연이 거미줄처럼 얽혀 강력한 힘을 발휘하는 우

리 사회에서 인맥은 결코 무시할 수 없는 요소다. 그런데 많은 직장인들이 필요성을 절감하면서도 잘 실천하지 못하는 것 가운데 하나가 인맥관리다. 사람을 관리하는 것은 의외로 작은 습관을 바꾸는 것에서부터 시작된다.

가장 대표적인 것은 기록이다. 영업사원이 고객관리 프로파일을 작성하고 끊임없이 갱신하듯, 인맥관리를 위해 프로파일을 만들어둔 사람이 과연 몇이나 될까? 재산상태의 변동은 꾸준히 기록·관리하면서 정작 인맥이라는 귀중한 보화를 기록해두지 않는다는 것은 문제다.

인맥도 데이터베이스화해 두는 것이 꼭 필요하다. 전화번호나 명함을 보관하는 정도는 누구나 다 한다. 하지만 시간이 지나면 그 명함과 전화번호의 상대가 누구이고 대체 무슨 인연으로 내 명함철에 들어오게 되었는지조차 기억하지 못하는 경우가 허다하다. 다른 정보와 마찬가지로 사람에 대한 정보 역시 기억력의 한계를 넘지 못한다. 때문에 '기록은 기억보다 강하다'는 평범한 진리는 여기서도 통한다.

이제 전략적으로 인맥관리에 나서야한다. 아무리 사소한 인연이어도 주변 인물에 대해서는 알고 있는 내용을 전부 입력해두어라. 그리고 추가적으로 파악되거나 교류가 이루어진 뒤의 특이사항을 계속해서 보강해나가야 한다.

자신이 보유한 모든 인맥을 같은 비중으로 관리한다는 것은 불가능한 일이고 또 그럴 필요도 없다. 인맥관리는 많은 시간과 노력이 필요하기 때문이다. 실제로 직장인 가운데 54.7퍼센트는 시간과 돈을 들여 전략적으로 인맥을 관리하고 있으며 일주일에 7시간 20분, 9만 3000원을 투자한다는 조사결과도 있다(2007년 7월, 인크루트, 인맥관리 실태조사).

따라서 내가 향후 변화를 주는 데 도움이 되는 인맥인가 그렇지 않은가에 따라 우선순위를 정해 관계의 양과 질을 지속적으로 높여나가야 한다. 교류의 방법은 물론 직접 만나는 것이 가장 좋지만 전화나 이메일, 문자메시지를 적절하게 활용하는 것도 효과적이다.

핵심 인물을 찾아 정성을 다하라 | 이제 폭넓은 인맥을 구축하는 방법을 알아보자. 나에게 도움을 줄 사람은 멀리 있지 않다. 오히려 가까운 곳에 소중한 인맥이 많다. 우리 사회는 학연·지연·혈연이 강력하게 작용하는 사회이다. 이 점을 최대한 활용할 필요가 있다. 동창회나 친목회·동호회 등 각종 커뮤니티에 적극적으로 참여하라. 이때 단순한 참여를 넘어 무엇인가 역할을 하는 것이 더욱 확실한 방법이다. 그러면서 자연스럽게 폭넓은 인간관계를 맺고 자신을 알리는 기회로 삼으면 된다. 현실적으로 미래에 가장 큰 도움을 줄 인맥이 바로 그 커뮤니티에 있을지 모른다. 내가 아는 사람 중에는 동창회 총무역할을 하다 선배 회사에 임원으로 자리 잡은 사람도 있다. 이처럼 각종 커뮤니티 활동은 새로운 인맥구축에 효과적인 방법이다.

나이가 40대에 이르면 직장생활을 하며 인연을 맺은 전문경영인이나 임원이 분명 존재한다. 그들이 회사를 떠나도 그 인연이 계속 유지되도록 가끔 만나거나 안부를 묻는 노력을 꾸준히 기울여야 한다. 한 기업체의 전문경영인이나 임원으로 활동할 정도면 그의 주변에는 이미 대단한 인맥이 형성되어 있고 사회적 영향력도 적지 않다. 이직한 직장동료 역시 중요한 인맥 중의 하나이다. 노력 여하에 따라 이들이 지닌 인맥은 곧 당신의 인맥이 된다. 많은 시간과 비용을 투자하지 않고도 자연스레 폭넓은 인맥을 확장하게 되는 셈이다.

그런 점에서 가급적 자기보다 높은 지위를 경험한 사람들과 인맥을 형성하는 것이 효과적이다. 그들은 생각의 폭이 넓고 네트워크 범위가 넓다. 기업체 최고경영자들의 인맥은 평사원과는 다른 면이 있다. 그들은 고급정보를 쉽게 접할 수 있는 위치에 있으며, 고급정보를 접한다는 것은 그만큼 시장의 맥을 빨리 짚을 수 있다는 의미다.

평소에 직무와 관련된 협회나 모임에도 관심을 쏟을 필요가 있다. 이 단체들은 그 분야에 종사하는 사람들을 규합해 상호 발전을 도모하는 한편, 집단적 이익을 위해 노력한다. 작게는 동종업계 내에서 직무별 모임이 활발하게 전개되기도 한다. 직무관련 모임은 새로운 정보와 시장 트렌드를 접하고 그 분야 전문가들과 교류할 수 있는 장이므로, 주위에서 권하지 않더라도 주도적으로 참여하는 것이 좋다. 또 그 속에 나를 알릴 기회가 숨어 있다. 따라서 수동적으로 참여하는 데 그치지 말고 자신을 부각시킬 이슈를 만들어야 한다.

직장생활을 하면서 외부업체와 업무상 관계를 맺게 되는 경우도 많다. 이들 역시 소중한 자산이다. 의외로 상대가 힘이 약하고 아쉬운 입장이라 생각해서 그런지 협력업체 직원들을 쉽게 대하는 경우를 종종 보게 된다. 그것은 코앞만 내다보고 단세포적으로 행동하는 것이다. 사람의 미래는 누구도 장담할 수 없다. 모든 사람을 대할 때 항상 겸손해야 한다. 내 선배 중 한 명은 협력업체 직원으로 근무하며 여러 차례 거래처를 방문하다 그 회사 오너의 눈에 들어 현재 연 100억 매출의 IT업체의 총괄전무로 근무하고 있다. 한마디로 수직상승한 케이스다.

이밖에도 최고경영자과정이나 외부 교육과정 등을 통해 인맥을 넓혀갈 수도 있고, 각종 종교 활동을 통해 인맥을 쌓을 수도 있다. 골프 같은 운동을 통한 인맥형성도 효과적인 방법 중 하나다. 카페나 동호회 같은 온라인 커뮤니티도 영향력이 크다. 내 동료 중 한 명은 바다낚시동호회 총무를 하며 폭넓은 인맥을 확보했다. 취미활동을 위한 모임에는 다양한 분야에서 일하는 사람들이 부담 없이 모인다. 취미생활을 즐기며 인맥도 넓힐 수 있는 유익한 방법이다.

이처럼 관심만 가지면 우리 주변에서 수없이 많은 인맥을 발굴할 수 있다. 충분한 실력을 갖췄다 해도 당신을 세상에 알려 줄 끈이 없다면 그 실력은 빛을 보기 어렵다. 반대로 사람과의 인연에는 계기만 주어진다면 인생을 완전히 바꿀 수도 있는 무서운 마력이 존재한다. 인맥은 나를 세상에 알려 줄 귀중한 자산이다. 당신의 가치를 시장에 전파하고 다리를 놓아줄 핵심 인물Keyman을 찾아 정성을 다하라.

진실성 없는 인간관계는 사상누각이다 | 다양한 방법으로 인맥을 구축하기 위해 노력하는 것은 필요에 의한 것이지만, 우리가 반드시 지켜야 할 점이 몇 가지 있다. 기본 중의 기본은 '진실성'에 바탕을 둔 인간관계 형성이어야 한다는 점이다. 진실성의 보답은 신뢰다. 누구나 진심으로 다가서는 사람을 신뢰하게 되어 있다. 진실성 없는 인간관계는 사상누각에 지나지 않는다. 아무리 많은 사람과 인맥을 만들면 뭐할 것인가. 당신을 진심으로 대하는 상대가 없다면 헛수고에 불과하다.

계산적인 목적에서 인간관계를 도구화한다면 결코 두터운 신뢰관계를 형성할 수 없다. 머리 굴리는 소리는 상대에게도 들린다. 상대도 당신의 가치를 객관적으로 판단할 눈을 갖고 있음을 명심하라. 자기 이름에 흠집을 내면서까지 도움을 줄 사람은 거의 없다. 상대를 내 고객이라는 생각으로 대하라. 자신이 지닌 실력을 알리되 겸손하고, 된 사람이라는 것을 느끼게 하라. 기회가 될 때 자신 있게 추천할 수 있도록 믿음을 주는 것은 당신 몫이다. 그러나 과대포장해서까지 도움을 줄 것이라는 기대는 버려야 한다. 아무리 가깝다고 해도 그렇다.

인간관계는 넓고 길게 보아야 한다. 당장 무엇을 얻기 위해서가 아니라 미래를 생각하며 장기적인 관점에서 시작하라. 설령 당장 도움이 되지 못한다 해도 예상치 못한 시기와 상황에 그가 서 있을지 모른다.

그러니 투자와 꾸준한 노력이 선행되어야 한다는 점을 명심하라. 전혀 소식이 없다가 갑자기 연락해서 무언가를 청탁하는 사람을 어떻게 받아들이겠는가? 평소에 꾸준히 지속적으로 안부를 묻고 정성을 다하지 않으면 자칫 속 보이는 사람이 되고 만다.

인간관계에는 정성이 필요하다 | '주고받기give and take'는 인간관계의 깊이와 지속성을 유지하는 데 없어서는 안 될 요소다. 할 수 있는 것은 기쁜 마음으로 해줘라. 도울 수 있는 한 최선을 다해 도와라. 만약 해결해줄 수 없다면 사전에 충분히 이해를 시켜 오해가 생기지 않도록 하라. 미리 이해를 구하지 않은 상태에서 좋은 답이 나오지 않으면 오해가 생길 수 있다. 상대의 힘으로 해결할 수 없는 지나친 부탁을 하는 것은 금물이다. 그런 부탁을 받게 되면 그 사람은 당연히 부담스럽게 여긴다.

상대에게 사소한 관심을 받게 되면 항상 감사하고 또 감사하다는 표시를 해주어야 한다. 상대가 무안해 한다고 해서 그것이 당신에게 화가 되는 것은 결코 아니다. 작은 것에도 감사할 줄 아는 사람에게 무엇이라도 해주고 싶은 것이 사람 마음이다. 이메일도 좋고, 전화나 문자도 좋다. 때로는 작지만 정성이 담긴 선물도 필요하다. 상대방 배우자에게 선물하는 것도 괜찮다. 의외로 좋은 반응이 나올 수 있다.

주고받기에서 기본은 생색은 절대 금물이라는 점이다. 오히려 역효과가 날 수 있다. 가장 기억에 오래 남는 것은 난관에 처해 있을 때 관심과 도움을 주는 것이다. 어려운 상황에서 만남을 회피한다면 그것은 인간관계의 종결을 의미한다. '사소한 것에서 정 난다'는 말이 있다. 나는 기억하지도 못하는 일 때문에 상대는 상처를 받거나 오해를 안고 살 수 있다. 항상 세심한 마음으로 사람을 대하자.

　상대방 성향을 먼저 파악하고 그에 맞게 다가서라. 신경을 쓴다고 했지만 상대가 부담스러워 하는 행동이 지속되면, 어느 순간 그런 관계는 부담이 된다. 타인의 마음을 잘 읽고 대응하는 사람이 인간관계의 고수다. 다른 사람을 최대한 존중해주는 것이 배려고, 인간관계의 기본이다.

　인맥을 쌓아가는 것은 정성을 쌓아가는 것과 같다. 내가 정성을 다한 만큼 상대도 정성을 다할 것이다. 꾸준한 끈기로 사람들과 관계를 만들어가자. 폭넓은 인맥이야말로 확실한 보장자산이다. 특히 40대에 접어들면 인맥은 가장 중요한 자산이 된다.

TIP 나의 정보창고 만들기

농업사회에서 '만석지기'가 강자라면 지식정보화사회에서는 '만석 정보창고'를 가진 사람이 강자다. 일을 통해 얻은 결과물, 유용한 자료, 인맥, 경력, 재산 등 모든 영역을 담은 자기만의 정보창고를 구축해보자. 나는 7년 전부터 정보창고를 만들어 추수한 곡식을 한 톨 한 톨 저장해왔다. 아직 만 석까지는 아니어도 몇 천 석 지기는 될성싶다.

[정보창고의 유용성]
첫째, 현재 업무에 편리함을 주고 결과물을 체계적으로 정리해 차후에 활용하기가 쉽다. 업무결과를 저장해 둠으로써 필요할 때 꺼내 쓸 수 있는 편리함도 있고 차후에 힘들여 가꾸어 추수한 결실을 가치 있게 쓸 수도 있다.

둘째, 서류형태로 보관하는 것에 비해 여러모로 편리하다. 컴퓨터에 데이터베이스를 구축하고 별도로 다른 곳에 사본을 저장한다면 분실이나 훼손 위험은 거의 사라진다.

셋째, 자기계발에 필요한 지식과 정보를 꾸준히 축적하기 용이하다. 나는 주로 강의에 필요한 교안을 작성해 보관하는 용도로 많이 활용한다. 강의자료와 자기계발에 필요한 자료가 분야별로 모여 있어 유용하게 활용할 수 있다.

책을 쓰는 데 정보창고는 시간을 상당기간 절약해주었고 논리를 강화하는 데에도 큰 도움이 되었다. 만약 어떤 종류의 책을 쓰고 싶다는 욕구가 있다면 꾸준히 자료를 저장하라. 나중에 책을 쓰기 위해 자료를 모으는 시간을 절약할 수 있다.

넷째, 중요한 내용이 정보창고에 가지런히 정리되어 수시로 확인 가능하다. 주로 경력관리 자료와 인맥현황, 재무현황 등을 분야별로 분류·저장하고 변경된 내용은 그대그때 수정한다. 내 경우, 부친상 때 경조비가 들어온 내역까지 있어, 경조사가 있으면 이 자료를 확인해보고 경조비를 책정한다. 정보창고에는 세세한 부분까지 기록하는 자세가 필요하다.

[정보창고 만드는 법]
첫째, 분야별로 폴더를 만들어 대분류, 중분류, 소분류로 나눈다. 내 경우 대분류 항목이 경영경제, 마케팅, 리더십, 교육, 자기계발, 개인방 등으로 되어 있다. 경영경제는 다시 하위항목으로 분류해서 관리하고 있다. 소분류는 자료가 많아지면 그때 해도 된다. 그럴 경우 미세분류를 해서 자료를 찾기 편리하게 만들자.

둘째, 목록표를 만들어 보관한 자료파악에 활용한다. 목록표도 정보창고와 같은 대분류 항목으로 구분해 저장한다. 자료를 데이터베이스화하면 반드시 목록표에 등재하는 습관을 갖는 것이 좋다. 자료가 많아지면 무슨 자료를 가지고 있는지 잊을 수 있다.

셋째, 다른 사람의 자료는 반드시 명확한 출처를 기록해 보관한다. 다른 사람의 자료를 비롯해 각종 포털이나 신문 등에서 스크랩한 자료는 별도로 기록해두어야 향후 인용을 하더라도 출처를 명확하게 밝힐 수 있다.

넷째, 경력관련 자료는 구체적이고 세밀하게 작성한다. 지금 제의를 받았다고 해도 당장 꺼내서 제출할 수 있게 모든 경력자료를 보유하고 수시로 보완하라. 메모 습관이 성공 요인이 된 사람도 많다. 정보창고 구축도 습관이 되어야 한다. 자기 기억력을 믿지 말라. 좋은 정보를 듣거나 보고나서 머리로만 기억한다면 시간이 갈수록 그 정보는 사라지게 된다.

빛나는 인생 2막을 위하여

PART 03
건강하고 행복한 가정생활

1. 답은 내 안에 있다
2. 행복을 여는 풍요의 심리
3. 준비된 축복, 배우자
4. 자녀와 바람직한 관계 설정하기
5. 행복으로 이끄는 소통의 기술

"눈물로 걷는 인생의 길목에서 가장 오래, 가장 멀리까지 배웅해 주는 사람은 바로 우리의 가족이다."

— 권미경, 《아랫목》 중에서

유일한 안식처, 가정을 지켜라

많은 이들이 가정을 안식처에 비유하곤 한다. 그렇다. 어제의 동지가 오늘의 적이 되는 이 살벌한 무한경쟁 시대에 현대인의 유일한 안식처가 가정이고, 가족이다. 직장에서 유능한 직원으로 인정받으려면 시간과 노력을 투입해야 하듯, 가정에서도 훌륭한 부모, 좋은 배우자로 자리 잡으려면 공을 들여야 한다는 사실을 사람들은 망각한다. 일터와 마찬가지로 가정 역시 시간과 노력과 에너지를 투자해야 할 삶의 터전이자 경영의 대상임을 잊고, 다른 가족 구성원들에게 '완벽한 서비스'를 요구하거나 기대하는 사람들이 의외로 많다. 산출은 투입에 비례해 늘거나 준다는 기본적인 사실도 망각한 채 말이다.

모든 인간관계가 그렇듯, 부부관계와 부모자식 관계 또한 노력 여하에 따라 풍요로워지거나 빈곤해진다. 가족구성원 모두가 관심과 배려를 바탕으로 서로에 대한 유대를 강화해나갈 때 비로소 '아버지와 어머니와 자식, 이 세 가지는 세상에서 가장 아름다운 화음'이 된다. 행복해지고 싶다면, 더 늦기 전에 가정을 경영하라.

1. 답은 내 안에 있다

삶의 중심을 어디에 두고 사는가는 사람마다 가치관의 차이에 따라 다양하게 나타난다. 어떤 사람은 삶의 중심을 일에 두고 사는가하면 가정, 돈, 친구, 종교 등에 중심을 두고 살아가는 이들도 있다. 무언가에 삶의 중심을 둔다는 것은 다시 말해 수많은 삶의 요소들 가운데 무엇에 우선순위를 두는가의 문제이다. 여기에서는 다른 가치관에 대해서는 거론하지 않겠다. 직장인으로서 갈등이 크고 상호연관성이 높은 '일과 가정'이라는 삶의 두 축에 초점을 맞춰 이야기를 풀어나가고자 한다.

일과 삶의 균형이 무너지면 행복도 무너진다 | 대부분의 40대는 부모세대와 마찬가지로 일에 우선순위를 두고 살아온 것이 사실이다. 일을 중심에 두고 매사를 판단하고 계획하고 행동함으로써 하루라도 빨리 사회적으로 빛나는 성취를 이룬다면 그것이 곧 가정을 위한 길이라는 믿음으로 살아왔다. 하지만 '가족을 위한 희생'이라 여기며 일에 우선순위를 두면, 어느 순간 본말이 전도되는 현상이 일어난다.

우선 가족들이 서서히 당신의 진심에 의문을 제기하기 시작한다. 처자식을 위해 산다는 사람이 가족을 관심에도 두지 않은 채 살 수 있는가, 크고 작은 불만의 소리가 거듭된다. 서서히 가족 간에 마음이 멀어지고 한 지붕 아래 살기는 하지만 각자 남처럼 살아간다. 밤늦게 귀가해 스스로 문을 따는 횟수가 늘고 아이들은 커가며 용돈 달라는 소리 말고는 먼저 말을 걸어오는 법이 없다. 이런 과정을 거치며 가족들에게 정 붙이기가 쉽지 않음을 느낀 40대는 다시 일에서 돌파구를 찾으려 발버둥친다. 이 같은 악순환의 연속이 가져다줄 최악의 상황은 가정해체이다. 그러나 상당수 사람들이 그런 일은 나와는 거리가 먼 이야기라고 흘려듣는 경우가 태반이다.

한 때, 우리 사회에서 직장인들의 가치관에 대혼란이 일어났다. 유일하게 정을 두고 모든 것을 다 바친 직장에서 어느 순간 공신들을 버리기 시작하면서 혼란이 시작되었다. IMF 경제위기 이후 국내에서 벌어진 수많은 정리해고는 오로지 직장을 자신의 전부라 여기며 살아온 직장인들에게 엄청난 충격을 안겨주었다. 어느 한 곳에 모든 것을 다 바친 뒤 그 대상으로부터 버림받았다는 자각은 인간에게 최악의 상실감을 안겨준다. 하루아침에 열길 벼랑으로 떨어진 이들은 유일한 안식처는 가정밖에 없다는 깨달음과 더불어 지나온 과거를 뼛속 깊이 후회한다. 하지만 가정으로의 중심이동이 그렇게 순탄치만은 않다. 그동안 너무 멀어져 있었기에 대체 무엇을 어떻게 시작해야 할지 난감하다. 가정생활에 대한 고민과 훈련이 거의 없었던 만큼 모든 것이 어색하고 익숙하지 않다. 이러다 여전히 이방인으로 남는 건 아닌가, 갈등하고 번뇌한다.

최근 다행스럽게도 직장인의 가치관이 달라지고 있다. 삼성경제연구소가 최근 국내 대기업 직원을 상대로 '직장생활에서 무엇이 가장 중요한가'를 조사한 결과, 11개 기업 가운데 7개 기업에서 '일과 생활의 균형WLB·Work-Life Balance'이 급여수준, 고용 안정성, 승진 등을 제치고 1위를 차지했다. 이런 변화는 시작에 불과하다. 급격한 사회변화에 따라 가치관이 다원화되면서 사회적 성취 못잖게 행복한 가정생활과 여가를 중시하는 풍조가 급속히 자리잡고 있다. 주5일제 시행을 필두로 일과 삶의 균형을 제도적으로 보장하기 위한 사회문화적 장치들도 차츰 정비되어 가고 있다.

20·30대 젊은 직장인들은 이와 같은 변화에 발맞춰 자기 생활을 꾸려가는 데 큰 문제가 없다. 문제는 40대이다. '일과 삶의 조화'라는 개념은 40대에게 여전히 익숙지 않은 화두이기 때문이다.

이 장에서 우리는 이 낯선 화두를 붙잡고 하나하나 방법을 모색해나갈 것이다. 자, 이제 자신만의 가장 아름답고 소중한 가정을 만들기 위해 발걸음을 내딛자.

직장과 가정생활이 부딪치면 생산성이 떨어진다 | 대부분의 직장인들이 직장과 가정 사이에서 적잖이 갈등한다. 그들은 어느 수준에서 그 둘을 조화시켜 나갈 것인지, 명쾌한 답을 찾지 못하고 있다. 일은 여전히 생활 기반을 지탱해주는 중요한 요소이기에 이런 갈등과 고민이 지속되고 있는 것이다.

2007년 6월 온라인 리크루팅업체 잡코리아가 직장인 663명을 대상으로 '직장·가정 간 갈등을 경험해 본 적이 있는가'를 조사한 결과, 직장인 73.8퍼센트가 '그렇다'고 답변했다. 성별로는 남성(78.4%)이 여성(67.7%)보다, 자녀가 있는 응답자(87.0%)가 무자녀 응답자(69.5%)보다, 맞벌이를 하는 응답자(87.0%)가 배우자가 직장생활을 안 하는 응답자(68.9%)보다 갈등을 겪는 비율이 더 많았다.

'직장과 가정 둘 중 어느 쪽을 더 중시하느냐'는 질문에는 직장인의 무려 85.1퍼센트가 '가정이 더 중요하다'고 답했다.

직장·가정 간 갈등을 촉발하는 주된 요인은 초과근무(51.6%)라는 응답이 가장 많았으며, 기업 구조조정, 비정규직 증가 등으로 인한 고용불안(20.4%)이 그 뒤를 이었다. 잦은 회식(14.5%), 배우자의 소득(12.1%), 가정 내 남녀 역할 및 자녀양육 책임(11.3%) 등도 있었다.

이에 따른 영향으로는 이직욕구 증가(38.9%)가 1위로 뽑혔으며, 직장에 대한 만족과 조직몰입도 감소(34.8%), 사기저하(34.8%), 생산성 감소(17.2%), 가족으로부터 소외감 증가(15.8%) 등이 뒤를 이었다.

이처럼 일과 가정 사이에서 갈등은 직장인 자신은 물론 가족의 생활만족도와 회사의 생산성을 저하시키는 심각한 문제로, 사회 전체 문제로 확대된다는 사실을 간과해서는 안 된다. 단순히 몇몇 개인과 가정의 문제로 치부할 상황은 아니다.

일중독자인 당신, 늦기 전에 가치관을 바꿔라 | 아직까지도 직장인 중에 심각한 불균형에 빠져 사는 사람들이 많다는 사실은 우려할 일이다. 자신을 '일중독자'라고 평가하는 직장인이 의외로 많다는 조사결과를 보면 심각성이 크다. 내 삶보다는 직장이 우선이고, 친구들보다는 직장의 인간관계가 더 중요하며, 자기 욕구보다도 일이 우선이다. 행여 집안에 무슨 행사라도 있으면 일이 방해받는 것 같아 귀찮아한다. 자신과 가족의 삶이나 욕구는 뒤로 미룬 채 가정보다는 일을 우선시하는 사람들이 보이는 심리적·행동적 현상을 '과잉적응 증후군' 또는 '일중독증 Workaholic'이라고 한다.

이런 현상은 특히 30대에 주로 나타나고 40대로 접어들수록 조금씩 완화되는 경향을 보인다. 그러나 30대의 일중독은 40대로 접어들며 심각한 문제로 표면화한다. 마치 몇 정거장 뒤에 철로가 끊겨있다는 사실을 모른 채 앞만 보며 달리는 기관차와 같다.

최근 입사하는 20대는 일보다 개인의 삶을 더 중시하는 가치관을 지니고 있다. 30·40대는 그들의 '칼퇴근'을 이해하지 못한다.

일을 우선으로 생각하는 30·40대 직장인들, 자신과 가정의 행복테크를 어떻게 할 것인가? 우선 더 늦기 전에 가치관을 바꿔야 한다. 일은 나와 가정이 있기에 하는 것이다. 일이 있어 나와 가정이 있는 것은 아니다. 생각을 바꾸지 않는다면 행복테크는 불가능하다. 물론 사회적 분위기가 뒷받침되어야 하겠지만 사회의 변화만 기다리는 것은 너무 수동적이다. 사회적 변화가 온다 해도 자기 가치관과 행동을 바꾸지 않으면 무용지물이다. 자신과 가정의 행복을 만드는 일에 어떻게 당사자가 수동적으로 뒷짐을 지고 있을 수 있단 말인가.

불필요한 시간낭비를 없애는 것부터 시작하라 │ 최근 들어 일과 개인의 삶이 조화되면 노동생산성도 향상되고 기업 경쟁력도 높아진다는 인식이 제고되면서, 기업 차원의 변화가 감지되고 있다. 많은 기업에서 매주 하루를 '가정의 날'로 지정해 정시에 퇴근하도록 제도화하고 있고, 집중근무시간제를 도입해 근무시간에 집중해 업무를 처리하고 불필요한 초과근로를 하지 않도록 직원들을 독려하고 있다.

사회적으로도 주5일 근무가 보편화되는 추세여서 시간 확보는 보다 용이해지고 있다. 개인과 기업, 사회적 가치관의 변화는 이제 막 시작되었다. 분명 이러한 변화는 개인의 삶에 대한 만족도를 높이고 기업 생산성을 향상시키며 나아가 사회적으로 풍요의 심리가 싹트는 계기가 될 것이다.

물론 일하는 데 많은 시간을 투자해야 하는 것은 무시할 수 없는 현실이다. 보통 직장인들이 하루 중 일에 투자하는 시간은 9시간에서 길게는 10시간 가까이 된다. 우리 사회에서는 아직까지도 선진국에 비해 많은 시간 일하는 것이 현실이다. 통계청의 〈2007년 6월 경제활동인구조사〉에 따르면 전체 취업자 중 주당 근로시간이 54시간 이상인 취업자가 838만 3천 명으로 35퍼센트에 달했다. 또 경제협력개발기구OECD에 따르면 한국의 연간 근로시간은 2,354시간으로 여전히 세계 1위이다.

하지만 조금만 노력한다면 일한다고 직장에 머물러 있는 불필요한 시간을 줄일 수 있다. 그렇지 않더라도 일 이외의 시간을 가치 있게 활용한다면 자신과 가정생활에 투자할 시간을 확보할 수 있다. 바쁘다는 말을 입에 달고 사는 사람들이 많다. 정말 가족과 나를 위해 투자할 시간적 여유가 없는 것일까? 그렇지만은 않다. 어떤 때는 효과도 없고 중요하지도 않은 일에 시간을 허비하는 경우가 많다. 일을 통해 생긴 스트레스를 해소한다는 이유로 퇴근 후에도 술자리를 전전한다. 주말이나 휴일이면 시간이 넘치는데도 그 시간을 소모하는 데 급급하다. 피곤하다는 이유로 뒹굴뒹굴 시간을 낭비한다. 먼저 자신과 가정의 행복을 위해 불필요하게 시간을 허비하는 생활습관을 고쳐라. 시간활용의 효율성을 꾀할 수 있는 시테크를 시작할 때다.

가족을 하나로 묶어줄 공통관심사를 찾아라 | 시간을 확보하고 나면 그 시간을 어떻게 가정생활과 여가에 활용할 것인가? 문제는 방법이다. 익숙하지 않은 환경이 당신에게 찾아왔다. 휴식과 여가시간을 활용해 창의력을 키우고 자기계발을 함으로써 경쟁력을 키우는 휴테크休tech와 가족과 함께 할 공통관심사를 찾아 행복한 가정을 이루는 방법을 찾아야 한다.

그 방법을 혼자 찾으려 애쓸 필요가 없다. 가족들과 대화를 통해 아이디어를 최대로 끌어내 공유하고 합의점을 찾는 것이 훨씬 현명한 방법이다. 가족들은 뭔가 크고 획기적인 이벤트를 바라는 것이 아니다. 아주 소소한 것에서도 행복을 느낄 만큼 그들은 가족이 함께하는 시간에 굶주려 있다. 처음에는 함께 집 주변을 운동 삼아 가볍게 산책하는 것부터 시작해도 좋다. 그러면서 그동안 닫혔던 말문을 조금씩 열어가는 연습을 해보자.

평소 호젓하고 경치가 좋은 국도 하나쯤은 기억해두고, 맛있는 음식점 정보도 챙겨두자. 오랜만에 복잡한 도시를 떠나 근교로 나가 자연을 흠뻑 느끼고 그 지역의 대표음식을 즐기는 것이, 가족들에게 고가의 선물을 하는 것보다 오히려 배가된 행복감을 안겨준다. 당일 코스도 좋고 1박 2일 여행이라도 좋다. 분기에 한 번 정도는 가족여행을 떠나보자. 소원했던 가족관계를 회복하는 데 적잖은 도움이 될 것이다. 부부만의 여행 또는 가족여행, 서로 같이 할 운동이나 취미를 찾는 것도 좋은 방법이다. 찾으려고만 하면 주변에 함께 즐길만한 것은 얼마든지 있다. 가족을 위해 자기만의 요리를 하나 개발해두는 것도 좋다. '아빠표 떡볶이' '남편표 매운탕'을 만들어 가족을 밥상으로 불러 모아보라. 당신의 정성에 다들 감탄할 것이다.

소원해진 가족관계를 되돌리기 위해서는 무엇보다도 부부나 가족이 함께 할 수 있는 공통관심사를 만드는 것이 중요하다. 각자 선호하는 것이 다를 수 있지만 가급적 같이 할 일을 찾아 가족을 하나의 동호회로 만들라.

일은 당신과 가정의 행복을 위한 수단이고 과정이다. 당신이 눈을 감는 순간, 곁에서 당신을 지켜 줄 유일한 존재는 가족이다. 직장에서 승진과 출세도 중요하지만 불행한 가정을 가진 사람이라면 행복이라는 단어의 진정한 의미를 모르고 살다 가는 것이다. 또 가정이 평온하지 않은 사람은 일을 한다고 해도 지속적으로 높은 에너지를 발휘할 수 없다.

기쁨과 성취, 실패와 좌절을 함께 나눌 가족이 있다는 것은 얼마나 소중한 일인가. 아직 늦지 않았다. 지금부터라도 세상에서 가장 소중한 가족을 위해 당신만의 행복테크에 도전해보자.

2. 행복을 여는 풍요의 심리

자신과 가족에게 눈을 돌려야 하는 이유 | 결혼하고 가정을 꾸리면서 누구나 스위트홈을 꿈꾼다. 그러나 신혼이 지나고 서로에 대한 관심이 시들해지면서, 또 직장생활과 가사, 육아에 치이면서 부부관계가 소 닭 보듯 멀어지는 경우가 적지 않다. 아이들이

성장하면서 자녀와의 관계에서도 지속적인 친밀감을 유지하기가 쉽지 않다. 일단 절대적으로 함께하는 시간이 부족하고, 그러다 보니 서로의 관심사에 대해 무지하다. 자연히 말이 통하지 않고 어쩌다 대화를 나누면 의견충돌이 잦아진다.

십여 년 이상 직장생활을 하며 회사에서는 성실하고 유능한 직원으로 인정받아 만족스런 직장생활을 하면서도, 정작 가장 친밀하고 가까워야 할 가족관계에서는 행복감을 경험하는 일이 거의 없는 경우가 있다.

누구나 직장을 떠나야 할 때가 온다. 현 직장에서 정년을 맞더라도 떠나야 할 날은 언젠가 오고야 만다. 직장생활을 통해 일생동안 지속적으로 만족감을 느끼며 살기는 불가능하다는 이야기이다. 물론 정년 이후에도 새로운 사회활동 영역을 개척해 사회적 성취감을 연장할 기회는 있다. 하지만 어떠한 상황에서도 부침이 덜한 것이 내 가정이다. 이것이 우리가 가족을 향해 눈을 돌려야 하는 이유다.

이미 누리고 있는 소중한 것에 주목하라 | 살면서 때로 우리는 가질 수 없는 것이나 자기 능력으로는 도달할 수 없는 것 때문에 실망하기도 하고 자기연민에 빠지기도 한다. 스스로 통제할 수 없는 것에 대한 고민이 주는 무력감은 세상에서 자신이 가장 불행한 사람이라는 인식을 낳는다.

그런가하면 우리는 자신과 남을, 자신의 가정과 다른 집을 비교하는 데 익숙하다. 스스로 만족을 느끼고 즐거운 상태를 행복이라 믿지 못하고 남과 비교하는 습성이 몸에 밴 탓이다. 친구는 큰 평수에서 사는데 우리는 그보다 작은 집에 사니 불행하다고 생각하며 안절부절못하는 사람이 있다. 남들이 봐도 꽤 성공한 축에 속하는데도 끝없는 욕망 때문에 항상 더 많은 것을 소유하기 위해 스스로를 불행의 늪으로 밀어 넣는 이들도 있다. 그 욕망의 끝이 과연 어디인지는 자신도 모른다. 하지만 죽을 무렵, 그런 행동이 부질없었음을 깨닫는다면, 얼마나 불행한 일인가.

반면 어떤 이는 그리 풍족하지 않은 경제여건에도 불구하고 아주 사소한 것에서 행복과 기쁨을 맛보며 산다. 남들이 어떻게 살든 그들에게 그것은 남의 삶이다. 굳이 남과 비교하려 들지 않는다. 그들은 조금 부족한 듯한 상태에서 행복을 느낄 줄 아는 마음자세가 되어 있다. 그들은 행복하다고 믿고 살며 실제 행복하게 산다. 이렇게 현재의 환경과 여건이 어떻든 자신이 이미 누리고 있는 소중한 것에 주목한다면 큰 위안과 용기를 얻을 수 있다.

인간이 그토록 갈망하는 성공이란 무엇일까? 진정한 성공이란 자신이 원하는 삶을 살다가는 것 아닐까? '남과 비교해서 조금 더'는 어디까지나 상대적인 개념이다. 하지만 '자신이 원하는' 것은 절대적이다. 자신만의 기준과 느낌이 중요하다.

직장인 중 상당수가 '최소의 경제적 여건 하에서 여가와 여행, 취미생활 등 여유로운 생활을 누리는 것이 행복이라고 느낀다'는 조사결과가 있다. '최소의 경제여건'이라는 기준이 충족되었는가, 그렇지 않은가는 같은 상황을 놓고도 사람에 따라 다르게 판단할 수 있지만, 목적 없이 부를 탐내며 살기를 원하지는 않는다는 의미다. 그리고 '여유로운 생활'이란 바로 스스로 원하는 것이다.

당신은 행복한가, 아니면 불행한가? 이런 질문을 받으면 무엇이라 답하겠는가? 행복과 불행은 모두 마음에서 나온다. 아무리 윤택한 생활을 해도 마음이 '결핍의 심리'로 꽉 차있다면 불행하다. 마음에 '풍요의 심리'가 가득하다면 당신은 가진 정도와 관계없이 행복한 사람이다.

마음이 풍요로우면 행복은 저절로 찾아든다 | 말레이시아 코타키나발루에 가면 육지와 30여 분 거리에 전통 수상가옥들이 즐비하게 늘어서 있는 것을 볼 수 있다. 이방인들은 어떻게 저런 곳에서 사람이 살 수 있을까 생각하지만 그들은 아주 오래 전부터 그런 생활을 해왔다. 물 위의 집이라 이국적으로 보이지만 그들은 산짐승을 피할 수 있고 고기를 잡아 생활하기에 편하다는 이유 때문에 지금도 여전히 수상가옥 생활을 하고 있다.

하지만 말레이시아도 경제발전과 더불어 수상가옥이 점차 사라져가고 있으며, 수상가옥 반대편에는 하루가 다르게 고층건물들이 들어서고 있어, 매우 대조적이다. 수상가옥에 사는 젊은 층은 아침에 배를 타고 고층건물이 있는 육지로 출근한다. 이렇게 빈부차이가 극명하지만 현지인은 이렇게 말한다.

"빈부격차가 있지만 우리는 거기에 크게 연연해하지 않아요. 우리는 주어진 것에 만족하며 살고 있고 대부분 마음이 풍요로워요."

그들에 비하면 우리는 남과 비교해 재산이 얼마인지, 집 평수가 어느 정도 되는지, 얼마나 지위가 높은지 따위에 구속되어 스스로를 옥죄며 살고 있는 게 아닐까? 마음의 풍요를 누리며 수상가옥 생활을 하는 그들이 행복한가, 아니면 몇억짜리 아파트에 살면서도 불만에 가득 찬 서울 시민이 행복한가? 자신에게 주어진 모든 것에 감사하는 마음이 있다면 당연히 그 속에 행복도 함께 자란다. 이제 자신의 삶 속에서 소소한 행복을 찾아보자. 최대한 그 행복을 즐겨보자.

마음과 태도가 바뀌면 가족의 생활 전반이 달라진다. 이는 내 경험에서 나온 것이다. 내가 바뀌어 스스로 소소한 행복을 경험하면 가족들에게도 소소한 행복이 찾아온다. 가족들은 엄청난 것을 기대하지 않는다. 오히려 아주 사소한 것에서도 행복을 느낀다. 당신의 작은 관심과 노력이 행복한 가정의 씨앗이다.

나와 우리 가족이 누리는 소소한 행복 | 지금은 금요일 밤이다. 나는 주말이 되면 우리 가족에게 행복이 찾아온다는 사실에 마음이 설레기까지 한다. 서로 하고 싶은 일을 마음껏 할 수 있다는 것이 주말을 그토록 기다리게 하는 것 같다. 내 사고와 생활방식이 바뀌면서 주말은 '황금시간'으로 변모했다.

과거 주말은 나와 가족에게 있어 거의 버려진 시간이었다. 맞벌이를 하며 주중에 서로 바쁘게 생활하기 때문에 주말이 되면 늦잠을 자거나 TV를 끼고 살았다. 잠에 원수라도 진 사람처럼 말이다. 부모가 이렇게 사는데 아이의 생활태도는 어떨지 상상이 될 것이다. TV는 가족 간의 대화를 차단시키고 사람을 바보로 만드는 기술이 탁월하다. 가족 간의 대화는 갈수록 짧아지거나 아예 사라져간다.

　1년여 전부터 내가 생활태도를 확 바꾸고 나서 주말은 우리 가족에게 아주 값진 시간이 되었다. 우리 가족이 주말에 느끼는 소소한 행복을 보면서 변화의 계기를 찾기 바란다.

■ 첫 번째 행복 – 즐거운 일 하기

　주말 아침, 평소와 같은 시간에 식구들은 잠에서 깬다. 나와 아내는 간단히 아침을 먹고 골프연습장으로 향한다. 골프를 시작한 지 나는 7개월, 아내는 4개월째다. 내가 먼저 시작하고 아내에게 권했다. 처음 시작할 때는 반신반의半信半疑하고 시작했지만 할수록 매력적인 운동이다. 그래서 아내에게 권해 지금은 함께 다닌다.

　부부가 같이 운동을 즐길 수 있다는 것은 행복한 일이다. 남편이라는 사람이 주말만 되면 운동한답시고 혼자만 나간다면 부부간에 좋은 소리가 나오지 않을 수 있고, 불평불만도 생길 수 있지만 지금 우리 부부에게는 그런 것이 없다. 그리고 공통의 관심사가 생겼다는 것도 중요한 일이다. 자연스럽게 이야깃거리가 많아졌고 대화가 늘었다. 우리 부부는 운동을 함께 즐기며 주중에 쌓인 피로와 스트레스를 날아가는 볼과 함께 날릴 수 있다는 사실에 감사한다. 운동을 시작하면서부터 주말에 부지런해지고 시간을 최대한 길게 쓸 수 있다는 것에도 감사한다.

　중학교 2학년인 아이는 생활수칙을 잘 지킨 상으로 토요일에는 두 시간을 제외한 나머지 시간이 모두 자유시간이다. 자기가 하고 싶은 일을 할 수 있는 귀한 시간이다. 친구를 워낙 좋아하는 외향적 성격이라 대부분 친구들과 스케줄을 짜서 하루를 즐겁게 보내고 온다.

예전과 다른 것은 토요일만큼은 놀면서 부모 눈치를 보지 않아도 된다는 것이다. 예전에는 주중에 최선을 다하지 않았기 때문에 주말이 되어도 자유롭게 놀지 못하고 눈치를 봐야 하는 어정쩡한 상태였다. 당연히 그런 행동은 부모에게 잔소리를 듣기 십상이었다. 하지만 이제 토요일은 주중에 성실하게 생활한 자신에게 아이가 스스로 보상을 주고 있다.

■ 두 번째 행복 – 미래를 준비할 시간 갖기

우리 가족은 각자 자신의 꿈을 가지고 그것을 이루기 위해 노력하며 살아간다. 물론 꿈을 찾기 전, 우리 가족의 생활태도는 한마디로 낙제점이었다. 사람에게 목표가 있고 없고 그 차이는 실로 대단하다. 가족 역시 마찬가지다. 가족들이 꿈을 가지고 살아가는 것과 그렇지 않은 것은 생활에 엄청난 차이를 가져온다.

내 인생의 목표는 리더십컨설턴트가 되어 리더십센터를 설립해 모든 사람들이 인생의 목표와 비전을 찾도록 도우며 사는 것이다. 지금 나는 많은 책을 읽고 관련 자료를 찾으며 프로그램을 개발하고 있다. 직접 내 아이에게 적용해 보면서 나는 이 프로그램에 대한 확신을 갖게 되었다. 앞으로 추가적인 프로그램을 개발해 더 많은 아이들에게 적용시켜 보며 프로그램의 완성도를 높여갈 계획이다.

나는 매일 책을 읽고 글을 쓰는 생활을 한다. 거의 매일 나만의 공간인 블로그에 글을 쓰는 것도 일상 속에서 찾은 작은 행복이다. 이렇게 미래를 준비하고 내가 하고 싶은 일을 하는 것이 나에게는 가장 큰 행복이다. 이 시간은 또한 미래를 준비하는 소중한 시간이기도 하다.

아이는 어떨까? 예전 같으면 주말에는 밖에서 하루 종일 놀거나 아니면 집에서 TV와 씨름하며 무기력하게 시간을 죽였을 것이다. 밤늦게까지 TV를 보니 다음날 기상은 점심 무렵이 되어야 가능했다. 이런 이야기를 하니 한 TV 프로가 떠오른다. 고집불통, 안하무인의 나쁜 버릇이 있는 어린 아이를 몇 주간 동안 변화 프로그램을 통해 교정하는 〈우리 아이가 달라졌어요〉라는 프로그램을 한두 번 본 독자들도 있을 것이다. 나이만 더 먹었고 유형만 다를 뿐, 자기 생활에 무계획적이고 노력하지 않는 나쁜 습관은 우리 아이도 그 프로그램에 나오는 아이들과 거의 흡사했다. 그랬던 아이가 지금은 참으로 많이 달라졌다.

몇 개월 전부터 시도한 변화프로그램이 아이의 생활태도를 바꾸는 계기가 되었다. 오랫동안 누적되어 몸에 밴 나쁜 습관이 가끔씩 고개를 들고, 틈만 나면 다시 편안한 예전의 생활로 돌아가려는 모습이 조금은 남아 있다. 어찌 보면 당연한 과정이다. 성인도 습관을 바꾸기가 얼마나 어려운가. 하지만 그럴 때마다 모두가 나서서 관심과 격려를 아끼지 않고 있어 한고비 한고비를 넘기며 전진하고 있다.

우리 아이는 얼마 전에 자기 인생목표와 비전을 갖게 되었다.

그 목표와 비전을 실현하기 위해 직접 체험도 하고 꿈을 현실로 각인시키는 노력을 해왔다. 책상 앞에 걸려 있는 목표와 비전, 도전하려는 중간목표를 담은 사진은 아이가 나쁜 습관을 바꾸는 동력이 되고 있다.

아이는 경찰간부가 되어 "사람들을 위해 봉사하고 헌신하는 삶을 살겠다"는 목표와 비전을 세웠다. 아이의 성향에 비추어 상당히 적합한 비전인 것 같다. 경찰간부가 되기 위한 방법을 스스로 조사해 경찰대학 입학을 목표로 정한 뒤, 아이는 얼마 전 친구와 함께 용인에 있는 경찰대학에 직접 다녀오기도 했다. 미래에 선배가 될 학생들에게 궁금한 것을 질문하고 대학 정문 앞에서 사진도 찍고 대학을 눈으로 직접 느끼고 왔다.

지금은 아이 스스로가 경찰대학에 입학하려면 무엇을 어떻게 해야 하는지 잘 알고 있다. 과거에는 왜 공부를 열심히 해야 하는지 동기부여가 이루어지지 않은 상태에서 부모가 닦달하니 어쩔 수 없이 하는 체 했지만, 지금은 자신이 생활습관을 바꾸어야 하는 이유를 잘 알고 있다.

아이는 자신이 짠 생활계획에 따라 하루하루를 보낸다. 계획표에는 경찰대학에 진학해 훌륭한 경찰간부로 성장하기 위해 바꿔야 할 습관과 그것을 위해 지켜야 할 하루하루의 과제들이 담겨 있다. 토요일은 습관의 지속을 위해 두 시간은 짧게라도 계획표에 있는 것을 실천하고 나머지 시간은 아이가 자유롭게 쓰도록 했다. 그래서 언제부터인가 아이도 토요일을 기다린다.

요즘 들어 가장 많이 좋아진 것은 토요일 몇 시간 외에는 TV를 거의 보지 않는다는 것과 좋은 책을 틈틈이 많이 읽는다는 점이다. 만화책만 보던 아이에게 독서습관이 형성되기 시작했다는 것은 큰 변화였다. 전에는 목적 없이 막연하게 하루하루를 흘려보내던 아이가 이제는 자기 목표를 이루기 위해 생활을 효과적으로 꾸려가고 있다는 것이 참으로 대견하다.

이처럼 우리 가족에게는 각자 인생목표가 있다. 서로 그 목표를 달성하기 위해 노력하고 있고, 서로를 응원하고 격려한다. 경제적으로 풍요롭지는 않지만, 자기 꿈을 키우며 '수천 킬로미터를 함께 날아가기 위해 서로를 격려하고 응원하는 기러기처럼' 서로를 대하는 가족이 있기에 우리는 거친 세상 풍파도 너끈히 헤쳐 나갈 수 있다고 믿는다.

3. 준비된 축복, 배우자

성역할 고정관념으로 이중고에 시달리는 여성 | 우리 부모세대는 전통적인 가부장제에 따라 가장이 집안의 어른으로서 강력한 권한을 행사하며 가족구성원을 통솔한 마지막 세대였다. 부부간에는 엄격한 내외구분이 존재했고, 가정에서 가장의 결정은 곧 법으로 통했다. 그러나 급속한 산업화와 더불어 여성의 사회진출이 늘면서 전통적인 가족제도가 붕괴되고 부부 중심의 핵가족체제가 발달함에 따라 수직적이고 위계적인 부부관계에 대한 문제제기와 더불어 수평적이고 동등한 관계로 부부관계를 재정립해

야 할 필요성이 증가하고 있다.

　어려서 부모세대의 부부관계를 보며 '남자는 바깥일, 여자는 집안일' 식으로 고정된 성역할관념을 갖게 된 40대로서는 기존 관념을 일거에 무너트리고 새로운 부부관계를 정립한다는 것이 결코 쉬운 일은 아니다.

　그러나 현실적으로 여성의 사회진출은 갈수록 확대되는 추세이며, 결혼해도 사회생활을 지속하는 것이 이미 보편화되어 있다. 30~50대 여성 취업자는 2000년 547만 명에서 2006년에는 639만 명으로 증가했고, 한 조사에 의하면 기혼여성의 약 70퍼센트가 사회생활을 하고 있는 것으로 나타났다. 갈수록 증가하는 여성의 사회참여는 경제적 책임은 남자가 지고 살림은 여자가 한다는 논리를 순식간에 잠재워 버렸다. 과거 여성들은 경제적 주도권이 없어 남편에게 종속되는 불합리도 참아내야 했을지 모른다. 하지만 지금은 세상이 달라졌다. 과거와 같은 성역할 구분은 이제 구시대 유물로 여겨지고 있다.

　우리 사회에서 가사는 여전히 여성의 몫으로 남아 있어 30·40대 기혼여성은 가사는 물론 사회생활을 병행해야 하는 이중고에 시달리고 있다. 실제로 통계청이 맞벌이부부의 가사분담 실태를 조사한 결과, 남편이 하루 32분 정도 가사노동을 하는 데 비해 직장생활을 하고 있는 기혼여성은 남편에 비해 6.5배인 3시간 28분을 집안일에 투여하고 있는 것으로 조사되었다. 특히 맞벌이를 하지 않는 가구에서는 남편이 가사에 들이는 시간이 31분으로 나타나 남편들은 맞벌이를 하든지 하지 않든지 가사에는 비슷하게 인색한 것으로 드러났다.

언제까지 이런 현상이 지속될 수 있을까? 부부 한쪽은 퇴근해 느긋하게 TV를 보거나 술자리에서 스트레스를 풀고 있는데 다른 한쪽은 퇴근하자마자 밀린 집안일을 하느라 되레 스트레스가 가중되는 현상은 분명 문제다. 아무리 금슬 좋은 부부라도 가사분담이 효율적으로 이루어지지 않는다면 갈등이 쌓이게 마련이고 결국 부부관계가 악화될 수밖에 없다.

당신이라면 슈퍼맨이 될 수 있겠는가 | 아내이자 어머니로서, 직업인으로서 주어진 역할을 완벽하게 해내려는 나머지 모든 것을 떠맡게 된 결과 '슈퍼우먼증후군superwoman syndrome'에 시달리는 여성들이 늘고 있다. 여성에게만 요구되는 과중한 역할부담은 당연히 심적 스트레스와 생활에 대한 불만으로 이어지고, 자연히 화목한 가정생활을 해치게 된다. 남자들이여, 역지사지易地思之해보라. 당신에게 '슈퍼맨'이 되길 요구한다면 어떻겠는가?

나도 맞벌이를 하고 있다. 2년 전만해도 나 역시 회사생활이 바쁘다는 이유로 가사분담에 소극적이고 보수적이었던 것 같다. 그러니 아이도 마찬가지로 가족의 일원으로서 가사를 도와야 한다는 생각을 갖기 어려웠을 것이다. 때문에 아내는 바쁜 사회생활을 하며 가사와 아이 교육에 신경을 쓰는 일인삼역을 해야 했다. 바쁘다는 이유로 나는 아내에게 책임을 전가하곤 했고 갈등이 끊이지 않았다. 이렇게 내가 책임을 미루는 동안, 아이는 갈수록 궤도에서 이탈되어가고 있었다. 도저히 내가 봐도 이런 상황은 옳지 않았다.

상호 존중하는 부부상을 정립하기 위하여 | 내가 40대 중반으로 접어들어 부부관계에 변화가 필요하다는 자각을 하게 된 계기가 있었다. 돌아가신 아버지께서 2년여 간 병상에 누워계실 때 극진히 병간호를 해드리는 어머니의 모습을 보며, 나는 결국은 부부만 남는다는 사실을 절감했다. 언제까지나 내가 건강과 활력을 유지하며 사회생활을 할 수는 없다. 나이가 들면 점점 더 아내에게 의지하는 일이 많아질 것이다. 이런 깨달음은 부부관계에 대한 내 생각을 뿌리부터 흔드는 계기가 되었다. 나와 더불어 남은 생을 함께할 내 평생의 반려자에게 모든 짐을 지울 수 없다는 생각이 들자, 가사는 가족 모두 함께 하는 것이라는 생각으로 이어졌다. 지금은 가족 모두가 각자 스케줄에 따라 여력이 있는 사람이 집안일에 더 많이 관여하는 것을 원칙으로 정해두고 가사를 분담하고 있다.

가정을 꾸려가다 보면 크고 작은 의사결정의 순간들이 생긴다. 가정은 가족들의 공유된 생각과 판단에 따라 유지되어야 하는 공동체이다. 모든 공동체 생활의 기본 원칙은 합의된 의사결정과 약속이다. 이런 기본원칙에서 가정이라고 예외일 수는 없다. 지금은 과거처럼 가장이 일방적으로 주도해서 의사결정을 하면 다른 가족이 무조건 따라가는 시대가 아니다. 당신이 생활하고 있는 직장에서도 이런 문화는 사라져가고 있지 않은가.

이제 상호 동등한 관계 속에 존중하는 부부상을 정립할 시기다. 아직도 이런 거대한 흐름에 역행하려 하는 사람이 있다면 하루 빨리 생각을 바꾸는 것이 좋다.

권태기와 대화부족, 그래도 방법은 있다 | 결혼하고 시간이 흐르면 흔히 권태기라는 반갑지 않은 손님이 찾아온다. 지루하고 맛있는 음식도 자꾸 먹으면 물리듯, 사랑스런 배우자와의 결혼생활도 일상이 되면 신선도가 떨어지고 급기야 권태가 일어난다. 심리학에서는 이런 권태를 일컬어 '심리적 피로Psychological Fatigue'라고 한다.

당신의 결혼생활에 소리 없이 닥친 이 위기를 어떻게 극복할 것인가? 성행위 대상이 바뀔 경우 욕망이 증가하는 현상을 쿨리지 효과Coolidge Effect라고 하는데, 동물이 아닌 이상 부부관계 밖에서 성적 즐거움을 추구하는 것은 결코 용납될 수 없다. 그렇다면 방법이 없는 것일까? 그렇지 않다. 같은 음식이라도 다른 모양으로 만들거나 다른 재료를 섞어 입맛을 돋우듯, 부부간의 권태도 새롭게 변화를 주어 극복할 수 있다. 즉 새롭게 변화한 배우자의 면모는 새로운 파트너를 만난 듯한 '유사효과Quasi-effect'를 창출할 수 있다는 것이다. 이때 중요한 것은 부부가 서로에 대한 신뢰를 바탕으로 서로의 문제를 솔직히 드러내고 새로운 모습으로 변모하기 위해 노력을 기울여야 한다는 점이다.

부부간의 대화부족도 마찬가지다. 대화부족은 분명 하루 이틀 사이에 생겨난 문제가 아니다. 가장 가까운 사이가 오히려 가장 외면하는 사이로 전도된 현실은 우리가 생활 속에서 자초한 것이다. 대화는 서로를 이해하고 이해해주는 가장 훌륭한 방법이고, 부부를 하나로 엮어 주는 매개체 역할을 한다. 연애를 할 때 당신은 얼마나 상대와의 대화를 갈망했는가. 자신을 알리고 호감을 사기 위해 자청해서 수단, 방법 가리지 않고 대화하려 들지 않았는가. 아내는 혹은 남편은 그렇게 어려운 과정을 거쳐 내 곁에 둔 사람이다. 이제 그동안 쭉 함께 해왔고 앞으로도 당신 곁에 같이 있어 줄 소중한 사람을 지키기 위해, 수단방법을 모두 동원해 대화를 시작해야 한다. 처음부터 대화를 많이 하라면 부담을 가질지 모르지만, 커뮤니케이션의 출발은 경청이다. 말을 많이 해야 한다는 부담을 버려라. 배우자의 이야기를 진심으로 경청해주기만 해도 성공적이고 효과적인 대화가 된다.

배우자에게 두 번째 프러포즈를 하라 | 당신의 첫 프러포즈로 적게는 10년에서 많게는 20년 정도를 부부가 함께 했다. 이제 인생 후반을 함께 가자고 두 번째 프러포즈를 할 시기다. 세월이 흐르면서 첫 프러포즈의 효과는 떨어졌다. 앞으로 3, 40년을 더 같이 살아야 하는데 10년 전이나 20년 전에 한 프러포즈의 효과가 지속되기를 기대하는 것은 도둑 심보다.

　이번 주말에는 아내 몰래 여행계획을 짜보자. 가급적 첫 프러포즈를 했던 그곳이면 더 좋지 않을까. 그곳에 가서 당신이 미리 준비한 마음의 편지를 읽어라. 그동안의 부족함과 소홀함에 대한 사과와 앞으로 어떻게 살아갈 것인지, 어떻게 사랑할 것인지에 대해 약속하는 내용이면 충분하다. 상대는 기대하지 않았던 상황에 감동할 것이고, 서운한 마음은 봄눈 녹듯 스르르 녹아내려갈 것이다. 배우자 역시 진지한 사과와 당신을 어떻게 사랑하며 살 것인지 진심을 전할 것이다.

예전에 어떤 영화에서 남편에게 아내와 왜 부부관계를 하지 않느냐고 묻자 가족끼리 무슨 관계를 맺느냐는 웃지 못 할 대사를 접한 적이 있다. 남편은 아내를 가족으로 생각할지 몰라도 아내에게 당신은 여전히 남자다. 부부관계는 가장 솔직한 사랑의 표현이고 아름다운 소통행위이다. 남자와 다르게 여자는 심리적 영향을 크게 받는다. 한마디로 분위기에 좌우된다. 그런 분위기를 당신이 만들어보라. 사소한 변화만으로도 신혼 때의 느낌을 경험할 수 있다.

지금까지 제시한 모든 것은 아내에게도 똑같이 해당되는 이야기다. 남편이 먼저 다가오기를 기다리는 수동적인 자세는 상호존중의 의미와는 거리가 있다. 서로 성격과 자라온 환경이 다른 사람들이 한 이불 속에서 오랫동안 산다는 것은 쉬운 일이 아니다. 의견다툼이 있을 수 있고 감정에 상처를 주고받기도 한다. 그러나 다툼은 어떤 관계에나 수반되는 것이라고 편하게 생각하자. 대신 상대의 감정을 일부러 자극하는 언행은 무슨 일이 있어도 피해야 한다. 다투게 된 원인만 가지고 다투어야 한다. 그러면 냉전이 그리 오래 가지 않을 것이다. 조금만 시간이 지나면 서로를 이해하거나 아니면 별로 심각한 일이 아니라는 것을 서로 알아차리고 화해할 수 있다. 다시 말해 원상태로 돌아가기 쉽고 부담이 없다는 것이다. 하지만 다툼이 감정싸움으로 번지면 쉽게 돌아가기가 어렵다. 서로 차이를 인정하고 받아들인다면 싸움을 줄일 수 있다. 그것이 상호존중의 출발이다.

4. 자녀와 바람직한 관계 설정하기

자식에게 올인하는 것만큼 어리석은 일은 없다 | 부모세대는 자신을 돌보지 않고 자식을 위해 물심양면으로 헌신하는 삶을 살았지만, 그 보답은 노후에 찾아온 외로움과 고통뿐이었다. 이전 세대에서 이어져온 전통과 관례로 보면 자식에게 모든 것을 다 바친 뒤 노후에는 자식의 봉양을 받는 것이 순리로 여겨졌다. 그러나 이제 상황은 너무나 많이 달라졌다. 언제부터인가 그 순리는 깨지기 시작했다. 자식들은 자기 삶을 찾아 떠나고 노부부만 남는 상황이 부모세대를 당황스럽게 만들고 있다. 아무런 준비 없이 예상치 못한 시대의 흐름에 매몰되어 버린 우리의 부모세대. 그렇게 부모를 당황스럽게 만든 우리 세대는 '고령화 쇼크' 운운하며 노후대비를 서둘러야 한다고 이구동성으로 말한다. 어찌 보면 그런 행동은 스스로 한 행동을 통해 얻은 학습효과에 기인한 것인지 모른다.

　이 글에서 사회현상의 잘잘못을 가리려는 것은 아니다. 개인차는 있겠지만 노후에 자식의 봉양을 기대하기는 이미 어렵게 되었다. 그것은 이미 시대의 산물이고 대세다. 우리가 아무리 거슬러 가려 해도 바꾸기 어려운 상황으로까지 와버렸다. 그렇다면 우리 세대는 보다 현명해져야 한다. 무엇보다도 자신의 인생과 자녀의 인생을 명확히 구분 지을 필요가 있다.

　그러나 내리사랑이라고, 아직도 자기 모든 것을 자녀에게 올인하며 그들을 통해 대리만족을 추구하는 부모들이 많다. 물론 자신의 인생 후반을 준비하며 여력이 되는 만큼 유산을 남기는 것이 비난할 일은 아니다. 하지만 과거 우리 부모세대가 막연하게 자식에게 모든 것을 쏟아 부었다가 당황했던 모습을 반복해서는 안 된다.

그렇다고 자식과 자기를 완전히 구분지으라고 말하려는 것은 아니다. 하지만 나와 자식의 인생은 분명 별개라는 기본적 인식은 필요하다. 자식에게 해줄 범위를 명확하게 정해두는 것이 현명하다고 생각한다. 대신 그들의 독립성을 키워주려는 노력은 더욱 강조되어야 한다. 다시 말해 자녀에 대한 내리사랑을 하되 방법을 바꿔보자는 것이다.

아이에게 돈 대신 꿈을 줘라 | "이번에 장남이 결혼을 하는데, 큰일이야. 집 문제를 어떻게 해야 할지 참 난감해. 빌라라도 한 채 얻어줘야 하는 건지……."

"강북에 아파트는 얻어줘야 하지 않겠어. 그런데 그게 어디 한두 푼이어야 엄두를 내지."

"그래도 강남에 아파트 한 채는 사줘야 하는 것 아니야? 우리 딸도 곧 시집가는데, 사위가 의사야. 하는 수 있나, 내 재산의 반은 투자해야지."

자녀에게 어느 정도나 금전적인 후원을 해줘야 하는지 고민하는 경우가 많다. 몇몇 선배와 대화를 하며 자녀들이 장성해 혼인할 시기가 된 50대 후반과 60대 중반 부모들의 생각을 접하게 되었다. 어찌 보면 우리 부모세대와 약간은 유사한 사고를 하고 있다는 생각이 든다.

　나도 결혼하면서 첫 출발을 바닥에서 시작해 고생하고 더디게 살아온 경험이 있어 충분히 그 마음에 공감한다. 자식에게 그렇게 해주고도 인생 후반을 꾸려나가는 데 경제적 문제가 없다면 다 좋다. 단지 자식이 그 은공에 보답할 거라는 막연한 기대는 하지 않는 조건으로 찬성한다.

　그러나 나는 그럴 여력도 안 될뿐더러 그렇게 하고 싶은 마음이 없다. 대신 아이들이 독립된 주체로서 자아를 찾아 자기 인생을 스스로 끌어갈 수 있도록 정신적 후원을 해주는 것이 부모의 역할이라고 본다. 나는 아이들에게 어릴 적부터 귀에 따갑게 이런 생각을 전해왔다. 부모로서 해줄 수 있는 범위가 어느 정도인지, 그리고 그 이후 삶을 자기가 책임질 수 있도록 스스로 준비해야 한다는 생각을 끊임없이 주지시켰다.

　나에게는 아이가 둘 있다. 내가 경제적으로 책임져줄 범위는 대학교 학비까지로 한정하고 있다. 대학을 다니며 쓸 용돈이나 이후 제반 경제적인 문제는 스스로 해결해야 한다고 생각한다. 여력이 된다면 혼인할 때 부모로서 기본적인 도리는 해줄 생각이다. 하지만 분명한 것은 내 인생 후반의 경제적 독립에 영향을 주지 않는 범위 내에서만 물질적 후원이 가능하다는 점이다. 대신 우리 부부는 노후에 아이들에게 경제적 부담을 주지 않을 작정이다. 이런 생각이 현실상황에서 어떻게 바뀔지는 장담할 수 없지만 원칙은 분명하다.

　유태인 속담에 "고기를 잡아줄 것이 아니라 고기 잡는 방법을 가르쳐주라"는 말이 있다. 고기를 잡아주면 그것은 일시적 만족에 그친다. 그러나 고기 잡는 방법을 가르치면 그 만족은 평생을 간다. 나아가 아이에게 '소중한 꿈'을 갖게 해준다면 그것은 아무리 써도 바닥나지 않을 영원한 유산으로 남는다. 때문에 자녀교육에 있어서 가장 심혈을 기울여야 할 것은 무엇보다도 아이들이 인생의 목표와 비전을 찾도록 돕는 일이다. 아이들이 저마다 스스로의 강점을 바탕으로 목표와 비전을 갖도록 돕고 어떤 가치관을 중심에 두고 살아갈 것인지 생활 속에서 그 원칙을 찾고 다지도록 이끌어주는 부모가 되라.

아이를 피터팬으로 키울 것인가 | 영국의 시인 조지 허버트는 "아버지 한 사람이 백 명의 학교 스승보다 낫다"고 했다. 아버지는 아이의 물질적 후원자 역할만 하는 존재가 아니다. 아이의 모든 세계를 가장 근거리에서 지켜보며 인생의 스승이 되고 정신적 후원자가 되는 것은 그 무엇과도 비교할 수 없을 만큼 소중한 역할이다. 나는 돈 대신 정신적 후원자가 되는 길을 선택하라고 부모들에게 권하고 싶다. 그것이 올바른 내리사랑법이다.

아이들은 몇 년 후면 사회에 나가 독립적인 삶을 살아가야 한다. 그들이 정신적, 물질적으로 독립하는 데 도움이 될 것을 찾아 지금부터 훈련할 기회를 마련해줘야 한다.

어렸을 때부터 부모가 지나치게 모든 것을 다 해준 경우, 아이는 어린 시절에 만족해 다음 발달 단계로 넘어가지 못하는 경우가 종종 있다. 심리학에서는 한 발달단계에서 다음 발달단계로 넘어가지 못하는 현상을 '고착'이라고 한다. 몸은 커지는 데 반해 심리적 발달이 제자리걸음을 하는 상태다. 마치 동화 속 피터팬처럼 어린아이에 만족하면서 다음 발달단계로 넘어가지 않으려는 현상, 이른바 피터팬 증후군Peter Pan Syndrome이 나타나는 것이다. 이렇듯 사회에 나와서도 부모로부터 독립하지 못하는 이들이 의외로 많다. 부모에게 의존하는 태도는 곧 부모에 의해 길러진다. 정신적인 독립, 경제적인 독립, 사회구조에 대한 간접경험 등 아이에게 사전에 준비시킬 내용들은 무척 많다.

나는 아이들이 정신적으로 독립하도록 교육을 끊임없이 하고 있다. 인생의 주체가 자신이라는 인식을 수시로 환기시키고 스스로 판단해 행동하되 그 결과에 대해서는 분명한 책임을 져야 한다는 사실도 생활 속에서 교육시킨다. 자기 일은 가급적 부모의 도움 없이 해결하도록 재량권을 주고 아이에게 한번 맡긴 일에는 관여하지 않는다. 물론 판단과 결과에 대한 조언을 해주는 멘토링 정도는 하고 있다.

경제적인 훈련은 용돈을 통해 시키고 있다. 중학교 2학년인 둘째는 한 달 용돈을 매월 1일에 받는다. 한 주에 적정 용돈을 추산해 한 달이 4주면 4주에 해당하는 용돈과 교통비를 실비로 받는다. 이것이 아이의 수입인 셈이다. 휴대전화 요금은 청소년 기본 요금제를 선택해 한 달에 이만 원씩 후원해준다. 초과된 금액은 용돈에서 제하고 있다. 어느 달은 부도가 나기도 했다. 처음에는 지출을 통제하지 못해 일주일 만에 한 달 용돈을 다 쓴 적도 있었다. 그러면 나머지 기간은 용돈 없이 힘들게 생활해야 한다. 그 자체가 교육이다. 간혹 할머니나 친척에게 받는 추가수입이 있지만, 대부분 그 돈은 자기 통장에 저금한다. 아이 이름으로 수시입금이 가능한 3년 만기 적금통장을 만들어 이율이 무엇인지 가르쳤다. 특히 투자의 원천인 목돈이 왜 필요한지, 그 개념과 수입대비 지출을 통제하지 못하면 곧바로 파산이 된다는 현실적 상황을 스스로 깨닫도록 유도했다.

요즘 경제교육을 시켜준다는 교육과정들이 있기는 하지만, 모든 교육과 마찬가지로 경제교육 역시 궁극적으로 가정생활을 통해 체험적으로 이루어져야 한다. 생활 속에서 올바른 소비습관과 저축습관을 들일 수 있도록 끊임없이 씨름하는 과정이 뒷받침되지 않는다면 경제교육은 결코 성공할 수 없다.

자녀는 부모의 뒷모습을 보고 자란다 | 인성교육 또한 부모 역할이 지대하다. 과거 우리 세대의 인성교육은 학교에서 많이 이루어졌지만 지금 학교는 상황이 많이 달라졌다. 입시위주 교육이 횡행하고 학교 교육과 교사의 권위가 떨어지면서 이제 인성교육은 전적으로 부모의 몫이 되었다고 해도 과언이 아니다. 아이들에게 사람이 살아가는 도리를 가르치지 않아 사회에 나가 남에게 피해를 주는 언행을 한다면, 부모도 같이 책임을 져야 한다.

인성교육에서 가장 중요한 것은 부모가 자녀의 삶에 올바른 역할 모델로 자리 잡는 것이다. 부모의 삶은 그 자체로서 자녀에게 그대로 영향을 미치게 마련이다. 자녀는 부모의 뒷모습을 보고 자란다는 말도 있지 않은가. 결국 인성교육에서 가장 중요한 것은 자녀에게 무엇을 가르칠까가 아니라, 부모가 살아가는 모습을 통해 자녀에게 모범을 보이는 것이다.

아울러 아이와 더불어 올바른 삶의 원칙과 가치관이란 무엇인지 평소 많은 대화를 하는 것이 필요하다. 원칙이란 영원불변한 삶의 지표다. 살면서 무수히 직면하게 되는 선택의 순간마다 원칙에 입각해 올바른 판단과 행동을 할 수 있도록 지도해야 한다. 더불어 살아가는 사회의 일원으로서 부여되는 역할과 책임을 이해하고 타인에 대한 배려와 감사의 마음을 갖도록 교육하는 것도 자녀에게 줄 수 있는 소중한 선물이다.

아이의 독립을 후원하는 멘토가 되자 | 세상에서 가장 어려운 일은 자식 문제다. 아이를 가르치는 일은 배우자에게 운전 연습을 시키는 것보다 몇백 배 더 힘든 일이다. 어느 정도 거리를 유지해야 하는지 판단하기가 쉽지 않고, 어떤 부모로 남을 것인지를 정하는 것도 난해하다.

내가 아끼는 후배의 생각을 옮겨본다.

"아빠와 아이들의 관계는 이런 게 좋지 않을까요? 존경하고 좋아하고 따르면서도 무섭고 어려운 사람, 이것이 제 생각입니다."

아무리 생각해도 이만한 정답은 없는 것 같다. 지나치게 다가서면 멀어지려 하거나 버릇이 없어지고, 그냥 놔두면 아이의 행동을 두고 보기 힘들고 책임을 소홀히 하는 것 같다는 개운치 못한 감정이 나를 괴롭힌다. 문제는 '적절함'이다.

조지 허버트의 말처럼 부모는 아이에게 더없는 인생의 스승이다. 아이가 의존적인 단계를 벗어나 독립적인 자아를 형성하고 모든 면에서 제 힘으로 설 수 있도록 끊임없이 관심을 갖고 격려하는 멘토 같은 부모가 이 시대에 가장 적합한 부모상이 아닐까.

5. 행복으로 이끄는 소통의 기술

원활한 의사소통이 행복한 가정을 만든다 | 가정家庭이란 부부·자식·부모 등 가족이 공동 생활하는 조직체를 말한다. 가족家族·family은 부부를 중핵으로 그 근친인 혈연자가 주거를 같이 하는 생활공동체다. 백과사전에 있는 내용을 그대로 옮겨보았다. 가정의 정의 속에는 분명 공동 생활하는 조직체, 생활공동체라는 의미가 내포되어 있다. 직장처럼 가정 역시 여럿이 모여 사는 공동체다. 그렇다면 직장에서 중시되는 커뮤니케이션이 가정에서도 중요하고 각 구성원은 원활한 커뮤니케이션을 위해 서로 노력해야 한다는 결론에 이르게 된다. 혈연공동체인 가정은 내 의사대로 사표를 낼 수 있는 곳도 아니니, 개인의 삶에 미치는 영향은 직장과는 비교할 수 없을 만큼 막대하다.

대부분의 사람들은 직장에서는 커뮤니케이션의 중요성에 대해 목소리를 높이다가도 정작 가정으로 복귀하는 순간, 그 자명한 사실을 까맣게 잊어버리고 만다. 물론 그 심정은 충분히 이해한다. 직장에서 다양한 사람들과의 관계 속에서 크고 작은 스트레스에 시달리며 생활하다 보면 집에서만큼은 자연스럽고 편안하게 있고 싶다는 생각을 하는 것도 무리는 아니다. 그러다보니 직장인의 경우 하루 가족과 대화하는 시간이 채 30분도 안 되고, 대화의 방식도 일방적인 의사전달이 많다는 조사결과도 나온다.

하지만 가족들 입장에서 생각해보자. 가족들은 당신이 그들을 어떻게 대하는지에 모든 관심이 집중되어 있다. 대화하기를 애타게 기다리며 때로는 당신의 한 마디에 행복을 느끼기도 하고 좌절을 느끼기도 한다. 앞으로는 가족과 대화시간을 늘리고 대화 스킬도 길러야 한다. 나이가 들수록 가족과 대화를 가장 갈망하는 존재는 바로 당신이 될 것이다. 지금부터 그 훈련을 시작하라.

대화가 실종된 가정 | 요즘 가정의 풍경을 상상해보자. 어떤 모습인가? 가족이 한 지붕에서 같이 식사하고 서로의 이야기를 섞으며 다정다감하게 살고 있는가? 가족이라는 이름으로 한 지붕 아래 모이기는 하는데 각자 흩어져 살아가고 있는 것은 아닌가? 거실에서 TV 보는 사람, 방으로 들어가서 컴퓨터 하는 사람, 또 다른 방에서 문자를 쉴 새 없이 보내는 사람……. 이렇게 각자 자기 공간만 열심히 만들며 살고 있지는 않은가?

사랑하는 사람이나 아주 막역한 친구지간이라도 오랜만에 만나면 한동안 어색하게 느껴진다. 그동안 대화가 단절돼 무슨 말을 해야 할지 서먹해서일 것이다. 그런데 놀라운 사실은 같은 집에 살면서도 이럴 수 있다는 것이다. 같은 지붕 아래 살고는 있는데 마치 몇 년 만에 만난 사람들처럼 서로 무슨 말을 해야 할지 몰라 어색한 분위기. 다시 말해 평소에 대화가 없다보니 공통의 관심사가 무엇인지조차 몰라 할 말이 없는 현상이 한 지붕 식구들에게도 나타난다. 그래서 대부분의 대화는 단답형으로 오가다 길어야 두세 마디를 넘기지 못한 채 끝난다.

우리 가족도 예전에는 그랬다. 서로 바쁘고 피곤하다는 이유로 대화를 줄이다 보니 갈수록 심해져 상대가 무슨 생각을 하고 있고, 어떤 어려움에 직면해 있는지, 또 서로에게 원하는 것이 무엇인지, 무엇을 자랑하고 칭찬받고 싶어 하는지 서로 모른 채 지나갔다. 아이도 무슨 질문을 하면 귀찮다는 듯 '예, 아니오'로 대답을 마칠 때가 허다했다.

내 나이 정도의 동료들 입에서도 비슷한 상황이 많이 거론된다.

"요즘 아이들이 커가며 나하고는 말도 잘 안 하려고 해. 자기 친구들과 놀려고 하지."

"아내하고 대화를 해본 것이 언제인지 몰라. 서로 바빠서 말이야."

"대화를 하려 해도 별로 할 말이 없지 않아?"

이런 식의 푸념은 직장동료와 대화하면서 빠지지 않는 단골 메뉴다. 이런 현상은 가족과 자주 대화를 하지 않아 상대의 생각을 모르니 무슨 이야기를 해야 할지 감을 잡지 못해서이기도 하고, 한 번 대화를 안 하기 시작하면 그것이 익숙해져서 일상으로 굳어지기 때문이기도 하다.

대화를 가로막는 TV를 꺼라 | 가족과 대화가 왜 부족한가를 물으면 대부분 시간이 없어서 그렇다는 답이 돌아온다. 가족 간의

원활한 커뮤니케이션을 위해서는 우선 대화시간을 확보하는 것이 중요하다는 의미다. 그러면 어떻게 대화시간을 확보할 수 있을까?

2007년 9월 통계청 발표에 의하면 우리나라 10세 이상 국민은 평일 여가생활로 TV 시청에 2시간 6분을 사용한다. 내가 계산을 해보니 1년에 4만 5990분을 쓰는 셈이다. 시간으로는 767시간이고 365일 중 32일에 해당한다. 평일시간을 조사한 결과로 보통 일주일에 이틀은 휴일이고 이때는 시청시간이 늘어나는 것을 가정하여 다시 계산을 해보았다. 휴일에 두 시간이 늘어나는 것으로 가정하면 1년에 5만 8302분, 972시간을 시청한다. 결과적으로 약 41일을 TV 시청에 쓰고 있다는 계산이 나온다. 실로 놀랍지 않은가? 이처럼 TV는 자기계발에 쓰일 시간을 잠식하고 가정에서 대화할 시간도 잠식해 버렸다.

온 가족이 함께 대화를 나누며 TV를 보거나 TV 프로그램을 이후 대화의 소재로 잘 활용한다면 다행이다. 하지만 보통 가정에서 TV 시청하는 모습을 보면 옆에 누가 있는지 별 관심이 없는 상태로 시청을 한다.

요즘같이 서로가 바쁘게 움직이다 보면 주중에 저녁식사를 같이할 기회조차 없고 거의 밤늦게야 한 사람 한 사람 지쳐서 들어오는 모습이 현실이다. 우리 가정도 주중에 저녁식사를 같이 한다는 것은 하늘의 별 따기다. 맞벌이를 하기에 늦을 뿐 아니라 아내도 주중에는 거의 밤늦게 들어오는 날이 많다. 아이는 보통 학원에서 밤 10시나 11시 정도에 돌아온다. 요즘 아이들은 하루 종일 공부만 하고 사는 듯싶다. 대부분 밤 9~11시 정도까지는 혼자 시간을 보낸다. 조용한 시간을 이용해 책도 보고 글도 쓸 수 있어 좋기는 한데 왠지 허전할 때가 많았다. 예전에는 주중에 가족이 일찍 만나는 날이 있어도 TV에 홀려 살았다. 대화는 거의 없다시피 했다. 고민 끝에 가족과 협의해 TV를 멀리하기로 했다. 이제 우리 집에서 TV가 제 존재를 알릴 수 있는 시간은 토요일 저녁 몇 시간과 일요일 저녁 한 시간 뿐이다. 유일하게 가족이 전부 즐기는 프로그램만 시청하기로 약속했기 때문이다. 컴퓨터와 핸드폰 이용도 일정한 규칙을 정해 최소한으로 줄였다.

이렇게나마 주중에 대화할 시간을 조금이라도 확보할 수 있었다. 주중에는 아이가 학원에서 돌아오면 몇 분이라도 간단한 대화를 한다. 그날 있었던 이야기를 주로 들어주고 반응해주는 정도다. 아내가 늦게 들어오면 잠자기 전에 30여 분 이런저런 이야기를 나누다 잠이 든다. 솔직히 노력을 한다 해도 대화 시간은 태부족이다.

주말과 휴일에 정기적인 가족회합을 하라 | 가족 간에 대화를 하기 가장 좋은 날은 주말과 휴일이다. 아내와는 운동을 하러 오고가는 시간을 활용한다. 보통 저녁 무렵에 집 근처 대공원에서 한 시간 가량 빨리 걷기를 하며 대화를 나눈다. 아이와는 책을 읽은 느낌을 가지고 이야기를 하거나 사회생활이나 교우관계, 학교나 학원에서 있었던 일들이 대화의 주된 메뉴가 된다. 가족 전체가 같이 대화하는 시간은 식사 시간과 일요일 저녁에 일주일의

생활을 서로 공유하는 시간으로 활용한다.

  우리 집에서는 일요일 저녁 7시면 가족이 다 모여 일주일을 서로 평가하고 칭찬, 격려하는 시간을 1시간가량 갖는다. 이런 시간을 마련한 지 몇 개월이 지났다. 서로가 일주일 동안 계획했던 일들을 어떻게 실천했는지 이야기하고, 어느 때는 같이 읽은 책에 대해 토론하는 시간으로도 활용한다. 맞벌이를 하다 보니 각자의 역할이 필요한 상황이라, 상호 협조를 구하기도 하고 역할을 나누기도 한다.

  "○○야, 엄마가 이번 주에는 일이 바빠 저녁을 챙겨주지 못하니까 네가 잘 챙겨먹고 잘 치웠으면 좋겠다."

  "예. 제가 알아서 할게요. 걱정 마세요."

  "응, 고마워. ○○가 이렇게 엄마를 도와주니 너무 좋구나."

  "여보, 이번 주에는 내가 조금 일찍 들어올 수 있으니 저녁준비는 내가 할게. 걱정 마."

  이렇게 서로 상의해서 가사를 분담하지 않으면 맞벌이하기가 너무 어려울 것이다.

  우리 가족도 얼마 전 까지만 해도 이렇게 자연스러운 대화가 이루어지리라고는 생각하지 못했다. 하지만 대화는 한번 시작하기가 어려워서 그렇지 시작만 하면 꼬리를 물고 할 이야기가 샘솟는 것이 꼭 우물 같다. 주중에는 짧은 대화라도 꾸준히 하는 것이 좋다. 토요일이나 일요일 중에 하루는 가족이 다 모여 대화하는 시간을 정기적으로 갖기를 권한다.

  우리 가정이 이렇게 바뀌게 된 것은 1년이 조금 안 된다. 아이의 변화를 위해 목표와 계획을 짜고 그 환경을 만들기 위해 여러 가지를 개선해나가며 시작되었다. 대표적인 것이 TV 시청시간 줄이기였다. 그것만으로도 대화를 나눌 수 있는 많은 시간을 확보할 수 있었다.

가정을 공통관심사를 가진 동호회로 만들어라 | 같이 있는 시간이 많아도 공통관심사가 없다면 지속적인 대화는 어렵다. 공통관심사 갖기는 그만큼 대화를 이끌어 내는 데 중요한 매개체가 된다. 가정마다 환경이 다르기 때문에 확실한 답을 말할 수는 없지만 몇 가지 방법을 제안한다.

사회생활을 하면서도 공통관심사가 있는 사람과는 친하게 지내기 마련이다. 공통관심사는 서로 다른 사람을 하나로 묶는 매개체다. 직장생활에서 인간관계에 능숙한 사람은 공통관심사를 잘 찾는 사람이고 우리는 그를 유능한 사람으로 평가한다. 가정에서도 마찬가지로 공통관심사를 잘 찾는 가장이 유능한 구성원이다.

특히 휴일 동안 같이할 일을 찾는 것이 현실적으로 합리적이라고 본다. 내 경험으로는 배우자를 끌어들이는 것은 그래도 쉬운데 아이를 끌어들이기는 참으로 어려운 일이다. 요즘 아이들은 자신의 세계를 구축해 부모와 관심사를 공유하려는 마음이 부족하다. 그들만의 세계에서 시간을 보내는 데 빠져 버렸기 때문이다.

우선 가장 쉽게 할 수 있는 일 가운데 하나는 가족이 함께 별식을 만들어보는 것이다. 휴일 별식으로 무엇을 만들어 먹을지 의

논하고 같이 장을 보고 요리를 하는 소소한 일은 가족을 모이게 하는 쉽고도 효과적인 방법이다. 같이 준비한 밥상, 식사를 하며 나누는 대화도 자연히 풍성해진다.

　같이할 운동을 마련해 보는 것도 방법이다. 배드민턴, 자전거 타기, 가벼운 산책이나 빨리 걷기, 수영 등. 같이 할 수 있는 것이라면 무엇이든 좋다. 가족 공동의 취미를 갖는다는 것은 대화거리를 만들기에 아주 적합하다. 어느 가정에서는 사진을 찍으러 온 가족이 함께 여행을 다닌다. 떠나기 전이나 여행 중, 그리고 다녀와서까지 두고두고 대화가 이어진다. 이밖에 화분에 꽃을 키운다든지, 주말농장을 분양받아 함께 가꾸는 것도 좋은 방법이 될 수 있다.

　문화생활을 공유하는 것도 바람직한 방법이다. 영화, 연극, 공연, 전시회 등 최소한 월 1회는 가족이 함께 즐길 수 있는 문화이벤트를 만들면 예매해서 가기 전부터 대화 소재가 풍성해진다. 아이들이 게임을 좋아한다면 부모가 함께 동참하자. 가족과 같이 게임하러 가는 것은, 아이의 참여를 이끌어내기에 가장 손쉬운 방법일 뿐더러 아이에게 긍정적인 영향을 줄 수 있다.

　가끔은 기념일이나 생일 등 특별한 날에 다른 가족 모르게 이벤트를 만들어 보는 것도 의외의 반응을 이끌어내기에 좋다. TV도 가족이 같이 시청하고 대화할 거리가 되는 한두 개 정도의 주말 프로그램을 선정해 즐긴다면 얼마든지 순기능을 할 수 있다. 우리 집에서는 대하드라마를 같이 보고 이런 저런 평도 하고 이야깃거리를 만든다.

조금만 고민한다면 공통관심사는 의외로 많다. 이제 가족들이 공감하는 관심사를 찾아보자. 어떤 남편, 어떤 아버지로 기억되고 싶은가? 아내와 아이들은 가족의 공통관심사를 잘 만들어 준 남편, 아버지를 존경하고 사랑할 것이다. 이것은 물론 아내, 어머니의 경우도 마찬가지이다.

빛나는 인생 2막을 위하여

PART 04
경제적인 건강관리

1. 건강해야 하는 이유
2. 인생을 바꾸는 마음의 힘
3. 미래를 바꾸는 건강습관

"건강은 두려움에 대항해 싸울 힘을 주고, 어떤 확증이나 보수 없이도 모험을 걸 수 있게 한다."

— 레오 버스카글리아

건강은 가장 값진 자산이다

흔히들 "재물을 잃는 것은 인생의 일부를 잃는 것이요, 명예를 잃는 것은 인생의 절반을 잃는 것이지만, 건강을 잃는 것은 모두를 잃는 것"이라고 한다. 건강을 잃는 순간, 우리는 인생의 모든 것을 상실할 수 있기 때문이다. 건강을 잃어 생사의 기로에 있는 사람에게 돈이나 명예, 사회적 성공 따위가 무슨 의미가 있겠는가. 심지어는 사랑하는 가족에게조차 짐이 될 뿐이다. 긴 병에 효자 없다는 옛말도 있잖은가. 그러나 아무리 어려운 상황에 처해도 몸과 마음이 건강하다면, 우리는 그 난관을 뚫고 새롭게 일어설 수 있다.

건강은 우리가 가진 가장 값진 자산임에도 그 관리 상태는 허술하기 짝이 없다. 재산을 관리하는 데에는 온갖 신경을 쓰면서도, 몸과 마음의 건강을 돌보는 데에는 소홀한 사람이 의외로 많다. 건강은 건강할 때 지켜야 하는 법이다. 인생을 성공적으로 경작하기 위해서는 우선 몸과 마음이 건강해야 함을 명심하고, 요새를 지키듯 스스로 건강을 지키자.

1. 건강해야 하는 이유

건강을 잃으면 모든 것을 잃는다 | 40대는 사람의 인생에서 가장 바쁘고 활기차게 일할 때다. 사회생활을 하면서 축적한 노하우를 바탕으로 새로운 도약을 시도할 수 있는 가장 화려한 시기이기도 하다. 그러나 정작 자신의 몸을 돌보는 것에는 소홀해, 몸

상태가 점점 예전 같지 않음을 느끼게 되는 시기이기도 하다. 특히 40을 넘어서며 한 해, 한 해가 다르다는 것을 실감하게 된다.

스티븐 코비는 《성공하는 사람들의 7가지 습관》에서 시간 매트릭스Time Matrix의 4가지 상한에 대해 언급하며, 어떤 활동을 결정하는 두 가지 요소를 '긴급성'과 '중요성'으로 정의했다. 그리고 인간의 행동을 긴급성과 중요성에 따라 제1~제4상한에 속하는 일로 구분했는데, 제1상한은 긴급하고도 중요한 일로 급박한 문제 등이 해당된다. 제2상한은 긴급하지는 않지만 중요한 일이다. 제3상한은 긴급하지만 중요하지 않은 일이고, 제4상한은 긴급하지도 중요하지도 않은 일이다. 성공적인 삶을 사는 사람은 제3상한과 제4상한에 대한 시간투입을 삼간다. 그 이유는 중요하지 않기 때문이다. 대신 제2상한에 속하는 일에 많은 시간을 투입함으로써 제1상한에 속하는 활동을 줄인다.

제2상한은 예방, 생산 능력 활동, 인간관계 구축, 새로운 기회 발굴, 중장기 계획 등이 해당된다. 건강은 예방에 속하며 가치관 확립, 새 출발, 유능한 사람 되기와 같이 당장 긴급하지는 않지만 미래의 성공을 위해 반드시 우선적으로 시간을 투입해야 할 활동이다. 그런 점에서 코비는 예방활동 중심의 사고를 갖는 것이 무엇보다도 중요하다고 강조한다. 인생에서 진정 소중한 것은 무엇인가, 그리고 미래에 미칠 영향이 가장 큰 요소는 무엇인가를 스스로에게 질문해보기 바란다. 그것을 하지 않으면 과연 어떤 일이 일어날까를 자문해보라.

나 역시 동일한 질문을 자문한 결과, 가장 소중하고 미래에 큰 영향을 주며 하지 않았을 때 엄청난 어려움을 주는 요소는 '건강, 가족, 전문성'이라는 결론을 내리게 되었다. 특히 이 세 가지 요소 중에 건강은 아무리 강조해도 지나치지 않을 만큼 중요한 문제이다. "머리는 빌려 쓸 수 있어도 건강은 빌려 쓸 수 없다"며 열심히 운동을 했던 예전 대통령의 말이 기억난다. 참으로 현명한 생각이다.

그릇된 생활습관이 야기한 중년의 건강이상 │ 30·40대 대부분은 머리로는 건강의 중요성을 인식하고 있어도 아직 자발적으로, 또 자기 주도적으로 건강관리를 통해 질병과 노화를 예방하는 실천을 지속적으로 하지 않는다. 그 이유는 아직 건강하다는 과신, 그리고 눈앞의 급한 일에 매몰돼 건강관리를 할 여유가 없다는 것 등이다.

건강은 건강할 때 지켜야 효과가 있다. 병을 얻는 순간, 인생의 모든 것은 다 정지되고 만다. 지금 하는 일이 아무리 급하다 중요하다고 해도 건강을 잃는다면 그 지속성을 유지할 수 없다.

얼마 전 가깝게 지내는 한 지인의 절친한 친구가 갑작스럽게 암 말기 판정을 받았다. 방송국 PD인 그는 정말 바쁘게 30·40대를 보내고 이제 막 40대 후반에 진입했다. 바쁘다는 이유로 몸을 돌보지 못한 결과, 그와 가족이 맛보아야 할 상실감은 얼마나 클까.

타인을 통한 자극은 그리 오래 가지 않는다. 그런 불행한 일은 다른 사람에게나 일어나는 일 정도로 인식되기 일쑤여서 여전히 나와는 거리가 멀고, 아직도 나는 건재하다는 오만을 버리지 못한다. 말기 암 판정을 받은 그도 얼마 전까지는 비슷한 생각을 하며 건강관리를 소홀히 했을 것이다.

요즘은 주변에서 이런 황당한 상황을 겪은 직장동료나 친구들을 가끔씩 접하게 된다. 최근 1년 사이에 직장동료 두 명이 갑작스레 병을 얻어 세상을 달리하는 모습을 보았다. 세상을 떠나기 전, 그들의 얼굴은 말로 다 표현할 수 없을 만큼 큰 회한과 아쉬움으로 가득했던 것이 지금도 잊히지 않는다.

40대의 건강이상은 대개 20·30대 때의 그릇된 생활습관이 낳은 결과이다. 향후 50·60대의 건강은 지금 우리들의 생활습관에 따라 크게 달라질 것이다. 특히 40대 중반이 되면 스스로 체력과 신체부위의 이상이 느껴지기 시작할 것이다. 시간이 갈수록 그 현상은 빨라지고 심해질 것이다. 지금 이 순간에도 신체의 모든 장기들은 끊임없이 노후화되어가고 있다.

건강을 잃으면 무엇을 잃을까? 결론은 '인생의 모든 것'을 상실할 수 있다는 것이다. 나 자신의 삶, 사랑하는 가족과의 소중한 일상, 그동안 이룩한 사회적 지위와 역할, 내가 좋아하는 아주 사소한 것까지도 지금처럼 누릴 수 없게 된다.

현대의학 덕분에 다행히 생명에 지장이 없고, 후유장애를 입지 않더라도 한번 나빠진 건강을 회복하고 일상으로 복귀하기까지는 적잖은 시간과 비용, 노력이 투입되어야 한다. 그 와중에 경제적 손실과 가족들이 겪어야 할 정신적 고통을 생각하면 평소 꾸준한 건강관리가 얼마나 중요한가를 알 수 있을 것이다.

정신 건강과 육체 건강의 조화를 위하여 | 중국 서경書經 홍범편洪範編에 인간의 '오복五福'과 관련한 구절이 있다. 오복이란 수壽·부富·강녕康寧·유호덕攸好德·고종명考終命을 말한다. 이 가운데 강녕康寧에서 강康은 육체적 건강을 뜻하고, 녕寧은 정신적 건강을 뜻한다. 즉 몸과 마음이 모두 편안하고 건강해야 한다는, 정신과 육체의 균형과 조화를 강조한 가르침이다.

화장품 광고에도 "진정한 여성의 아름다움은 내면과의 조화에서 출발한다"는 카피가 있다. 매력적인 외모는 확실히 여성을 돋보이게 한다. 그러나 아무리 빼어난 미모와 환상의 S라인을 자랑하는 여성이라도 지성과 교양, 따뜻한 성품과 타인에 대한 배려 등 내면의 아름다움이 뒷받침되지 못한다면 그 매력은 오래 가지 못한다.

사랑도 마찬가지다. 육체적인 사랑은 절대적인 수명이 정해져 있다. 그것은 인간이 통제할 수 없는 한계다. 하지만 정신적인 사랑의 수명은 기한이 없다. 그것은 오직 당신만이 통제할 수 있다. 정신에 기반을 둔 육체적 사랑의 확인이야말로 가장 조화롭고 아름다운 사랑 아니겠는가.

이처럼 몸과 마음은 분리될 수 없는 하나이며, 건강하다는 것은 몸과 마음에 활력과 에너지가 넘친다는 의미이다. 육체건강을 잃어 질병이 몸속에 파고들면 정신건강도 위협받으며, 정신이 건강하지 못하면 육체 또한 차츰 활력을 잃어간다. 해마다 우울증으로 인한 자살자 수가 늘고 있다는 통계가 그것을 입증한다.

정신건강이란 마음이 맑고 밝은 것을 말한다. 마음이 실하게 찬

상태다. 세상을 보는 마음의 눈이 긍정적인가 아니면 부정적인가, 정신을 풍요롭게 만들 지식연료를 잘 공급하고 있는가 아니면 있는 것을 그럭저럭 써버리며 사는가는 대단히 중요한 문제다.

마음을 항상 즐겁고 풍요롭게 채우고 육체의 활력을 유지해 조화로운 정신과 육체를 만들어야 한다. 마음과 몸은 분리될 수 없는 하나다. 마음이 건강하지 못하면 육체도 그 마음에 편승해 건강을 잃기 마련이다. 마음은 신체가 지닌 신비로운 힘, 면역력을 좌지우지하는 영향력을 발휘한다.

2. 인생을 바꾸는 마음의 힘

1) 부정적 사고의 폐해

부정적인 생각이 생사를 가른다 | 미국 심리학자, 쉐드 헴스테더에 따르면 우리는 하루에 무려 5만~6만 가지 생각을 한다. 그런데 문제는 그 생각 중에서 85퍼센트는 부정적인 생각이며, 단 15퍼센트만이 긍정적인 생각이라고 한다. 우리는 하루의 대부분을 부정적인 생각과 싸우면서 살아가고 있는 셈이다. 부정적인 사고가 우리의 몸과 마음에 끼치는 영향은 얼마나 클까?

미국의 한 철도회사에서 실제로 일어났던 일 하나를 소개한다. 이 회사에서 일했던 한 정비공에 관한 이야기다. 그는 매우 성실한 사람으로, 평소 누구보다도 열심히 일했다. 그러나 그에게는 매사를 부정적이고 비관적으로 생각하는 단점이 있었다.

어느 날, 그는 고장 난 냉동열차를 수리하게 되었는데, 정신없이 일을 하다 보니 그만 퇴근시간이 지난 것도 모른 채 일을 하고 있었다. 일을 마친 뒤, 그는 여느 때와 마찬가지로 문을 열고 밖으로 나가려고 했다. 그런데 열차의 문이 열리지 않았다. 다시 몇 차례 문을 밀어보았지만 허사였다. 당황한 그는 있는 힘껏 문을 두드리고 소리를 질렀다. 그날은 마침 동료의 생일 파티 때문에 다른 직원들이 모두 1시간 일찍 퇴근한 날이었다. 아무리 문을 두드리고 소리를 질러도 바깥에서 반응이 있을 리 없었다. 냉동열차 안에 영락없이 그만 혼자 갇히게 된 것이다.

날이 저물자 냉동열차 안이 깜깜해졌다. 주위가 어둠 속에 잠기자, 순간 그는 이 열차가 냉동열차였다는 사실을 깨달았다. 그러고 보니 점점 추워지는 것 같았고, 이제 자신은 냉동열차 안에서 꼼짝없이 얼어 죽을 수밖에 없겠구나, 하는 생각과 함께 견딜 수 없이 큰 두려움이 밀려왔다. 절망감이 극에 달해 자포자기 상태에 이른 그는 수첩에 자신이 죽어가는 과정을 기록했다.

"점점 추워진다. 영하 10도일까, 20도일까?"

결국 다음날 그는 출근한 동료들에 의해 죽은 채 발견되었다. 그런데 어찌된 일인가. 정비공은 얼어 죽었는데, 정작 냉동열차의 냉동기능은 작동되지 않았다. 그 냉동열차는 냉동 기능이 고장 나 작동되지 않는 상태였던 것이다. 매사를 부정적으로만 생각하던 정비공은 현실을 직시하지 못하고, 자기 자신을 공포의 늪으로 점점 더 밀어 넣어 결국 죽음에 이르고 말았다. 부정적 사고는 이처럼 스스로를 쇠약하게 만들고 매사를 꼬이게 만든다. 이 사례와 같이 생과 사를 갈라놓을 만큼 심각한 결과를 초래하기까지 한다.

부정적인 사람은 주변까지 황폐하게 만든다 | 사회생활을 하며 부정적 행동과 표현이 습관처럼 몸에 밴 사람을 간혹 접한다. 물론 어떤 현상에 대한 건설적인 비판은 꼭 필요하다. 하지만 대안 없이 회사와 동료, 상사 가릴 것 없이 비판하는 사람과 몇 번 대화를 하면 어쩐지 내 기분도 축 처지고 우울해진다. 이후로 이런 사람과는 말 섞는 것을 나도 모르게 피하게 된다. 그 사람은 조직을 피폐하게 만든다. 조직원간의 신뢰를 깨고 생산성을 떨어트리는 주범이다. 리더로 생활하며 그런 사람은 자신이 변하든지 아니면 회사를 나가든지 해야지 다른 대안은 없다는 생각을 종종 하게 된다. 이런 사람을 내가 싫다고 다른 부서로 보내는 것은 죄악이다. 폭탄 돌리기도 아니고, 언제 터질지 모르는 폭탄을 내가 알았으면 내가 해결하는 것이 옳다고 생각한다.

어느 직장이든 자신의 입맛에 딱 맞는 곳은 없고, 자신과 똑같은 사람도 없다. 부정적 사고는 자신을 피폐하게 만들고 주변도 피폐하게 만드는 폭탄과 같다. 주변 건물은 그대로 있는데 사람을 다 죽이는 '원자폭탄' 같은 것이 부정적 사고에 대한 경각심을 알리는 적합한 표현 같다. 아마 이런 사람은 지금도 거울 속 자신을 보고 부정적인 평가를 하고 있을 것이다. 자신에 대해서만 긍정적으로 표현할 리가 없다.

2) 긍정적 사고와 언행이 주는 효과

긍정적인 감정은 수명을 연장시킨다 | 긍정심리학자 도널드 클리프턴과 톰 래스는 다음과 같은 연구결과를 통해 "긍정적인 감정은 건강에 해로운 요소들과 우울증으로부터 우리를 지켜주고 고통·상처·질병을 보다 빨리 회복할 수 있도록 돕는다. 게다가 수명을 연장시킬 수도 있다"고 역설한다.

30년간 839명의 메이요의료원(미국 미네소타 주 로체스터 소재의 세계 최대급 병원) 환자들을 연구한 결과, 인생에서 일어나는 사건을 낙관적으로 바라보는 것과 조기사망의 위험이 줄어드는 것 사이에는 확실한 연관이 있었다.

또 천주교의 노수녀 180명을 대상으로 한 연구를 통해서도 긍정적 감정을 많이 가지고 있는 수녀들이 그렇지 않은 수녀들보다 훨씬 오래 산다는 사실을 밝혀냈다. 연구자들은 수녀들이 20대 초반, 손으로 직접 쓴 자서전을 연구해보았다. 그 글에 나타난 긍정적인 감정의 수를 세어 75~95세의 나이가 된 수녀들의 사망률과 비교해본 것이다. 놀라운 결과가 나타났다. 긍정적인 감정을 더 많이 경험하는 수녀의 경우 10년 정도 더 오래 살았던 것이다. 더 놀라운 것은 긍정적인 감정이 적은 그룹의 수녀들은 연구가 진행되는 동안 25명 사망했던 것에 비해, 긍정적인 감정이 많은 그룹에서 세상을 떠난 수녀는 오직 10명뿐이었다는 사실이다.

이에 비해 흡연은 남성의 경우 5.5년, 여성의 경우 7년의 수명을 단축시킨다. 이 연구결과에 따르면 부정적인 감정이 흡연보다 수명을 더 많이 단축시킨다는 결론이 도출된다.

도널드 클리프턴&톰 래스 지음, 노규형 옮김.
《당신의 물통은 얼마나 채워져 있습니까?》 중에서

'그럼에도 불구하고'의 힘 | 국내 굴지의 중견기업에서 신사업 팀장을 맡고 있는 H씨. 40대 초반의 그가 팀원들과 신사업을 검토하고 사업모델을 구축하기 위해 일을 시작한 지 반 년가량 흘렀다. 처음 시작할 때는 빠듯한 런칭launching 시기를 맞추기 위해 팀원들과 같이 밤낮을 가리지 않고 분주하게 움직였다. 모든 사람들이 다 집에 가있을 늦은 시간과 주말에도, 날을 꼬박 세우고 아침을 맞이할 때에도 그들은 자신이 주도해 회사의 앞날을 좌우할 중대한 일을 하고 있다는 마음에 팀의 막내까지도 불만하지 않고 기쁜 마음으로 달려왔다. 서로가 서로에게 격려와 응원을 보내면서 '무에서 유를 창조한다'는 사명감으로 그들의 의식은 충만해 있었다.

하지만 모든 일이 순조로울 수는 없는 법. 경영진으로부터 중요한 의사결정을 받아내지 못하며 일은 지연되고 다른 사람들의 관심이 무관심으로, 기대가 우려로 흐르고 있다는 사실을 느끼게 되었다. 이런 어려운 시기가 석 달 이상 지속됐다.

하고 싶은 일을 주도적으로 할 때는 늦은 밤에 사무실에 있는 것도 뿌듯했고 웃음이 곁에서 떠나지 않았으며 값진 시간을 보냈

다. 그러나 최근 몇 달은 한마디로 고통의 시간이었다. H팀장은 리더로서 문제해결을 못해줘 팀원들에게 미안했고, 다른 동료들에게 새로운 희망을 안겨줄 기쁜 소식을 전하지 못해 마음이 무거웠으며, 열정을 살릴 곳을 잃어버린 스스로에 대한 자기연민으로 고통스러웠다.

왜 우리같이 열정 강한 사람들을 제대로 쓰지 못할까, 왜 자꾸 일에 대한 열정이 식게 만들까, 이런 생각이 거듭되자 자신도 모르게 자꾸만 부정적인 생각과 표현이 많아짐을 느끼게 되었다. 그런 변화를 느낄 때마다 H팀장은 스스로를 다잡기 위해 애썼다. '그러면 안 돼, 그럴수록 부정적인 생각을 버려야 해. 꼭 이 상황을 이겨내야 해'라고 본래의 그는 부정적인 그에게 질책하곤 했다. 그만큼 내면의 갈등이 컸던 것이다.

지금까지 H팀장을 지탱해온 근원은 '긍정적 사고와 열정'이다. 최근 몇 개월 동안 그 열정을 다른 곳에 쓰며 저돌적인 스스로를 잡아 보려 애썼다. 스스로 마인드 컨트롤mind control을 위해 의식적으로 노력을 했다. 하지만 회사에 나와 있으면 부정적인 생각과 말이 자기도 모르게 가끔씩 튀어나온다.

'부정적인 생각을 경계해야 해. 그렇지 않으면 너는 불행한 삶을 살 거야.'

그럴 때마다 그는 의식적으로 내면의 자기에게 주문한다. 아침 출근길이면 몇 차례씩 그런 다짐을 하며 회사로 향한다. 드디어 며칠 뒤, 어려운 문제가 풀렸다. 그날 업무보고에서 중요한 의사결정이 이루어진 것이다.

"그래, 지금 계획한 방향으로 시작해봐."

회장의 말을 듣는 순간, H팀장의 눈가에는 눈물이 핑 돌았다.

"예, 감사합니다."

목소리도 평소와 달리 흥분되어 흘러나왔다. 사무실에 도착해 팀원들에게 보고결과를 전하자 모두가 '브라보'를 외친다.

참으로 이상하지 않은가? 의사결정이 지연되면서 정당하게 누려온(?) 그동안의 여유는 이제 그들과는 거리가 먼 이야기가 된다. 내일이면 당장 정신없이 뛰어야 하고 야근이 잦아지고 휴일 근무도 늘어날 것이다. 그런데도 그들은 왜 이토록 하나같이 기뻐할까?

인간은 자신이 열정을 바쳐야 하는 순간에 희열을 느낀다. 그 점이 동물과는 다른 인간만의 모습이다.

H팀장은 팀원들과 앞으로 해야 할 일들을 정리하고 귀가하는 길에 자기반성을 한다.

'그래, 너는 세상일을 그동안 너무 쉽게 생각한 거야. 모든 것이 다 네가 생각한 방향으로 될 거라 생각했어?'

그는 내면의 자신에게 질문을 던진다.

'나는 아직도 세상을 쉽게 보는 것 같다. 어떤 어려움이 찾아오면 '그럼에도 불구하고' 해내겠다는 마음자세가 부족했던 것 같다. 한동안 나는 '…때문에 안 돼' '누구 때문에 안 되고 있어' 하는 식으로 핑계거리를 만들어 스스로를 위안하고 모든 걸 다 남의 탓으로 돌렸던 것 같다. 그렇게 해서 내 부족함을 덮어보려는 꼼수를 피운 것이다.'

귀가 후 저녁상을 마주한 자리에서 초등학교 5학년짜리 딸아이가 오늘 읽은 책이라며 탈무드 이야기를 꺼낸다.

"아빠, 옛날에 두 남자가 함께 여행을 하는데 오랫동안 여행을 한 뒤라 몹시 지치고 배가 고팠데요. 그래서 쉬어가려고 어떤 집에 들어갔는데 맛있는 과일이 바구니에 한가득 담겨 천장에 매달려 있었어요.

한 남자는 '과일을 먹고 싶은데 너무 높이 매달려 있어서 먹을 수가 없겠구나' 하고 포기했데요. 다른 사람은 '과일이 참 맛있겠는 걸. 높은 곳에 매달려 있어서 쉽지는 않겠지. 그렇지만 과일바구니가 저기 매달려 있다는 것은 전에 누군가가 매달아 놓았다는 이야기지. 그러니 나라고 저곳에 이르지 못하리라는 법은 없어' 이렇게 생각하고 사다리를 만들어 올라가 과일바구니를 내렸데요."

H팀장은 딸아이의 이야기를 들으며 망치로 한 대 얻어맞은 것 같은 충격을 느꼈다. 그렇다. 앞으로도 어려운 상황은 내 앞에 수없이 펼쳐질 것이다. 이번 일을 거울삼아 그 어려움을 반드시 극복해가며 사업을 성공적으로 런칭하겠다. 그러기 위해 가장 중요한 것은 내 마음이다. 어려움을 극복하고 반드시 해내려는 의지와 식지 않는 열정이 필요하다. 회사에서 모든 위험부담을 다 감수해주며 하는 사업조차 제대로 못해낸다면 어떻게 내 사업을 할 수 있겠는가.

그날 밤, 그는 신사업을 준비하기 위해 밤낮으로 애써온 팀원들에게 짤막한 편지를 썼다.

> 지금하고 있는 일이 아무리 힘들고 어렵더라도
> 그 일이 가치 있는 일이라면 도전할만하지 않겠나?
> 직장생활을 통해 무언가 가치 있는 일을 했고
> 그 결실이 사람들에게 희망이 되고 오래오래 회자膾炙된다면······.
> 오랜 시간이 지난 뒤
> 인생을 뒤돌아 볼 때 뿌듯한 감정이
> 가슴을 뭉클하게 하지 않겠나?
> 오늘 하루는 미래를 만드는 소중한 순간이지 않을까?

시각을 바꾸면 인생이 달라진다 │ 전북 부안에 내소사라는 사찰이 있다. 절 입구에 길게 늘어선 전나무 숲길은 연인과 걸으면 환상 그 자체다. 작지만 아담한 법당은 섬세하게 조각되어 있어 장인의 손길을 느끼기에 충분하다. 내가 몇 년 전 내소사를 찾았을 때의 일이다.

내소사를 나오며 나는 우연히 매미가 허물을 벗는 광경을 목격했다. 매미는 일주일을 살기 위해 칠 년이라는 긴긴 세월을 땅속과 물속에서 기다린다. 태어나 겨우 일주일을 살다가며 일찍 가야함이 서러워 우는 것이 아니라, 세상에 살아 있음이 너무 좋아 쉬지 않고 울어 대는 것이라고 한다.

인간은 10개월을 기다려 태어난다. 그리고 수십 년을 살다간다. 미물인 매미는 칠 년을 기다려 일주일을 살다가면서도 세상에 살아 있음을 감사하며 온힘을 다해 생명의 노래를 부르는데, 만물의 영장이라고 하는 인간은 과연 자신에게 주어진 삶에 감사하며 매순간 최선을 다하며 살아가는지 생각해볼 일이다.

　어떤 생각을 하느냐에 따라 이 세상은 천국이 될 수도 있고, 지옥이 될 수도 있다. 긍정적인 사고방식을 갖고 살면 삶은 밝고 즐거워진다. 그 빛은 주변을 밝게 만든다. 그 빛을 쫓아 사람들이 당신 곁으로 모여들 것이다. 당신을 긍정적으로 평가하는 사람들이 많다는 것은 직장생활에 있어서 든든한 우군이 버티고 있다는 것을 의미한다. 그로 인해 당신의 생활 모든 면에는 즐거움과 행복이 넘칠 것이다. 가정에서, 부부관계에서, 자녀들과의 사이에서, 친구들 사이에서 그 빛은 더 찬란하게 빛날 것이다.

　"보는 시각을 바꾸면 생각이 달라지고 생각이 바뀌면 행동이 달라진다. 행동이 바뀌면 습관이, 습관이 바뀌면 성품이 바뀌고, 성품이 바뀌면 운명이 바뀐다."

　누가 처음 이 말을 했는지는 모르지만, 나는 생에 대한 태도가 얼마나 중요한가를 말해주는 이 이상의 경구를 아직 찾지 못했다.

3) 일상의 마음가짐과 스트레스 관리법

건강을 위협하고 생산성을 저하시키는 스트레스 ｜ 적절한 긴장은 생산성을 향상시킬 수 있다. 그러나 그 한계, 즉 스트레스 포인트를 넘게 되면 인간은 본능적으로 저항·투쟁·회피를 택하게 마련이다. 일반적으로 스트레스의 원인을 육체적인 것에서 찾으려는 의견이 많지만 내 생각은 조금 다르다. 스트레스는 분명 정신에서 기인하고 이로 인한 가장 큰 폐해는 우리의 정신을 황폐화시킨다는 점이다. 다시 말해 정신의 병, 마음의 병을 만들어 내는 무서운 적이 스트레스이다. 옛말에 '마음의 병에는 약도 없다' 는 말이 있잖은가.

LG경제연구원은 2007년 발간한 〈위기의 직장인 이렇게 관리하라〉는 보고서에서 한국직무스트레스학회의 2001년 조사결과를 인용해 한국 직장인들의 스트레스 보유율이 95퍼센트로 미국(40%), 일본(61%)보다 월등히 높은 것은 물론 세계 최고라고 밝혔다.

평생고용이 보장되지 않는 시대가 되고 성과주의 조직문화가 확산되면서, 직장인들이 겪는 스트레스는 가히 위험수준을 넘어서고 있다. 사무직 종사자 중 자살자 수가 2000년 268명에서 2005년 597명으로, 5년 만에 2배 이상 증가했다는 통계청의 조사결과도 우리나라 직장인이 받는 스트레스가 얼마나 과중한가를 단적으로 입증해준다.

직장인의 경우 스트레스는 주로 직장생활 속에서 생긴다. 사무직 종사자의 경우 과중한 업무와 같은 육체적인 것보다는 정신적인 것이 원인이 된다. 심리적인 불안·갈등·초조·걱정이 일정 한계를 넘어서면 외부로 분출되는 것이다. 물론 환경과 개인적인 성격에 의해서도 많이 좌우된다.

직장인들은 상하관계에서 나타나는 인간관계 갈등, 극심한 경쟁과 성과에 대한 부담, 자기계발에 대한 강박증, 자율성이 결여된 강압적인 직장문화, 미래에 대한 불안감 등을 일상적으로 겪고 있다. 여기에 가정생활에서 발생하는 문제로 인한 스트레스까지 가중된다면 매우 위험한 상황에 처하게 된다.

과도한 스트레스로 인한 폐해를 조사한 연구결과들을 살펴보며 그 위험성을 실감했다. 개인 측면에서 스트레스는 뇌·심혈관질환 발생률을 높이고 위장질환, 당뇨병, 우울증, 만성피로, 소화불량, 불면증 같은 여러 증상으로 나타난다. 치주염 가능성 또한 높아지고 실제나이보다 신체나이가 더 들어 보이는 현상과 남성호르몬 저하의 원인이 된다. 그 가운데 제일 위험하면서도 흔한 질병은 돌연사로 이어질 수 있는 뇌졸중과 심근경색 등 심혈관질환이다. 항상 피곤을 업고 사는 TATT증후군(신체적인 이상이 없는 데도 항상 피곤하다고 느끼는 증상) 같은 각종 직장인증후군 또한 스트레스와 무관하지 않다.

스트레스는 개인의 행복감은 물론 기업 생산성을 떨어뜨리는 요인이기도 하다. 미국 예일대 연구팀이 발표한 논문에 따르면 우울증에 걸린 근로자는 건강한 직원에 비해 결근율이 2배 높고 생산성 손실은 7배에 이르는 것으로 조사됐다. 뿐만 아니라 산업재해 등으로 인한 손실도 무시할 수 없는 수준이며 사회 전반적으로도 분위기가 삭막해질 뿐 아니라 재정적인 부담이 증가된다.

스트레스, 해소법보다 사전관리가 중요하다 | 스트레스가 더 크게 문제시되는 이유는 잘 풀지 못한다는 것 때문이다. 스트레스 상황에서의 반응도는 개인의 성향에 따라 큰 차이를 보인다. 일반적으로 직장 내에서는 자기감정을 있는 그대로 드러내기가 쉽지 않기도 하고, 개인적으로 스트레스를 풀 방법도 마땅치 않다.

가장 큰 문제는 일반인들이 스트레스를 병으로 인식하지 않는다는 사실이다. 스트레스가 돌연사는 물론 자살의 원인이 되고 있지만, 스트레스 때문에 전문가와의 상담과 치료를 조기에 시도하는 사람은 극히 드물고, 큰 문제가 되어서야 병원을 찾는다. 아직까지 정신과 치료에 대한 잘못된 인식이 여전하기 때문이다. 그러나 선진국의 경우 정신과는 우리가 감기 걸리면 이비인후과나 내과를 찾듯 자연스럽게 찾아가는 곳이다.

스트레스 해소방법을 살펴보면 남성들은 보통 술이나 운동, 여성들은 보통 수다를 떨면서 해소한다. 최근 들어 여가를 중시하는 라이프스타일의 변화로 인해 자신이 좋아하는 취미생활을 한다든지 문화생활, 여행 등 해소 방법이 다양화되어 가는 추세다. 정적인 것을 좋아하는 사람들은 산책이나 요가, 스트레칭, 반신욕, 독서, 명상의 시간을 갖기도 한다. 나는 주로 산책을 하며 신선한 세상으로 떠나보는 명상여행을 통해 스트레스를 해소한다. 또 반신욕을 하며 책을 읽고 오늘 일어난 세상과의 싸움을 잊어버린다. 저녁 시간에 마지막으로 글을 쓰며 쌓인 감정을 그 글 속에 녹여 버린다.

그런데 스트레스가 쌓인 뒤 해소하는 방법은 사후약방문이다. 스트레스를 만들지 않는 것이 우선되어야 한다. 치열한 경쟁과 복잡한 사회구조로 인해 현대인들에게는 정신적 피로가 무서울 정도로 밀려든다. 직장인에게 있어 일로 인한 스트레스는 쉽게 피할 수 없는 일상이 되고 말았다. 사전에 관리할 수 있는 것에는 적극적으로 대처해 내 정신에 상처가 남지 않도록 방어하는 노력이 우선되어야 한다.

스트레스를 사전에 관리할 수 있는 가장 좋은 방법은 '일상의 마음가짐'이다. 마음의 변화와 관리가 필요하다. 보통 사람들은 자신이 해결할 수 없는 일이나 또는 발생되지 않은 미래의 상황을 가지고 불안해하고 걱정하며 스스로 스트레스를 만드는 일이 의외로 많다. 내가 통제할 수 없는 문제에 대해 고민하거나, 해결책이 나올 수도 없고 미리 벌어지지도 않은 상황을 걱정한다고 해서 더 좋은 해결책이 나오는 것은 아니다. 대부분 그 걱정은 현실화되지 않는다. 지나간 과거에 연연할 필요도 없고 다가올 미래의 일을 사서 걱정할 필요도 없다. 우리에게 가장 중요한 것은 현재다. 사건이 발생하는 것은 오직 현재뿐이다.

부정적인 사람은 스트레스 방어력도 떨어진다 | 부정적 사고를 가진 사람들은 스트레스에 대한 방어력이 떨어진다는 점에 주목해야 한다. 풍요와 빈곤, 행복과 불행의 판단은 누가 하는가? 바로 마음이 한다. 부족하고 불행한 사람이라고 생각하는 것도 자신이고, 그로 인해 스트레스를 만들어내는 것도 자신이다. 풍요하다고 느끼고 행복하다고 느끼는 것도 결국 자기 마음에서 비롯된다. 이런 심리는 자신의 육체적·정신적 건강에 막대한 영향을 준다. 긍정의 심리는 자신과 세상을 밝게 볼 수 있는 맑은 눈을 선물한다.

  작가 이외수는 "내 마음이 흐리면 온 세상이 흐리고 내 마음이 개이면 온 세상이 갠다"고 말한다. 일본 작가 소노 아야코가 말하는 '덧셈의 행복'과 '뺄셈의 행복'이라는 개념도 함께 음미해보자.

아무 것도 없는 것에서 시작하면 아무리 작은 도움이나 구원이라도 커다란 기쁨으로 다가온다. 내가 누리는 것은 덧셈의 행복이고, 항상 큰 것, 많은 것과 비교해서 자신의 불운을 개탄하는 사람은 뺄셈의 불행을 안고 있다고 생각한다. 어느 쪽이 좋고 나쁜가를 말하는 것이 아니다. 그러나 나와 같은 계산법을 사용하면 평생 동안 한 번도 좋은 일이 없었다고 푸념하는 사람은 있을 수 없을 것이다.

스트레스의 가장 큰 원인으로 거론되는 인간관계 갈등 역시 마음을 바꾸면 많은 부분 해소된다. 그가 누구이든 상대는 내가 바꿀 수 없는 존재라는 것을 인정하고 시작해보라. 상대가 어찌 해도 바꿀 수 없는 존재라면, 그것을 위해 시간과 감정과 에너지를 낭비하는 것은 바보 같은 일이다. 오히려 내 생각을 바꾸면 일이 쉬워진다. 상대가 나와 생각이 다르고 성향이 다른 것은 어찌 보면 당연한 현상이다. 이 점을 인정하고 대해보자. '그래, 당신은 그렇게 생각할 수 있고 그렇게 행동할 수 있어'라고 인정하라. 대신 자신의 생각과 행동에 대해서도 스스로 인정하고 존중하면 된다. 자신을 사랑하고 존중하는 마음만 갖는다면, 서로 다른 성향 차이에 기인하는 인간관계 갈등은 의외로 쉽게 풀릴 수 있다. 스스로를 귀중한 존재로 인식하면 상대의 다른 점이나 내 마음에 들지 않는 점도 감쌀 수 있는 포용력이 생긴다. 마음의 유연성이 확대되면 인간관계 역시 유연해진다.

마음의 상처를 치료할 최고의 명의는 자신이다 | 육체의 피로를 풀기 위해 매일 밤, 잠을 자듯 지친 마음에도 휴식이 필요하다. 마음의 휴식은 새로운 에너지를 만들어 스트레스를 이겨낼 강한 에너지를 만들어낼 것이다.

나는 성격적 특성으로 인해 스트레스의 침입에 취약했고 스스로 만들어내는 것도 많았다. 돌이켜보면 주로 내가 어떻게 할 수 없는 것에 연연해 안달하며 생겨나는 스트레스가 주를 이뤘다. 이로 인해 정신적인 피로감이 심해졌고 일에 대한 의욕이 사라지고 직장을 떠나고 싶다는 심각한 상황까지 가게 된 적이 있었다. 그로 인해 육체적으로도 만성피로와 무력감, 헛구역질 같은 현상이 동반되기도 했다.

하지만 지금은 스트레스를 충분히 관리할 수 있게 되었다. 비결은 특별하거나 남다른 것이 없다. 단지 마음을 바꿨을 뿐이다. 내가 아무리 노력해도 안 되는 일에 대해 마음을 비우자 한순간에 그로 인한 스트레스가 날아가 버렸다. 삶의 중심이 일에 과도하게 편중된 구조를 조금씩 탈피해, 나의 관심과 에너지를 적절하게 분산시키는 노력도 스트레스를 줄이고 관리하는 데 큰 도움이 되었다.

매일 책을 읽고, 글을 쓰고, 꾸준히 운동을 하는 등 내가 좋아하는 일을 한다는 것은 그 자체만으로도 생각을 유연하고 자유롭게 해준다. 무슨 일이 있어도 스트레스는 하루를 넘기지 않도록 하라. 마음의 상처를 치료할 최고의 명의名醫는 그 누구도 아닌 바로 자신이다.

4) 정신의 영양제, 독서

인간이 만든 가장 위대한 작품, 책 | 책은 인간이 만든 유산 중 가장 위대한 것이 아닐까. 책만큼 많은 사람에게 영향을 주는 창조물을 나는 아직 찾지 못했다. 책 속에서 우리는 지식과 정보를 얻을 뿐 아니라 자신의 길을 발견하기도 하고 깨달음을 얻어 인생의 커다란 전기를 마련하기도 한다. 책을 읽음으로써 우리에게는 수많은 사람의 정신세계를 싼값에 다녀올 수 있는 여행의 기회가 주어진다. 책을 통해 내가 지금 하고 있는 고민은 호사스러운 것이라는 답을 찾기도 하고 사람을 이해하는 방법을 배우기도 한다.

책에는 수천 년, 수만 년 동안 축적되어온 인간의 삶이 녹아 있다. 그리고 수천, 수억 명, 아니 셀 수도 없을 만큼 많은 사람의 경험과 이상과 철학이 담겨 있다. 자신이 가진 지식과 경험에 다양한 사람들이 살면서 쌓아올린 지식과 경험을 더한다면 자기만의 '삶의 지혜'를 얻을 수 있다. 그래서 책을 인간이 만든 가장 위대한 작품이라고 한 것이다. 마이크로소프트사의 창업자 빌 게이츠는 독서광으로 유명하다. 비단 빌 게이츠뿐 아니라 성공한 사람들의 공통점 가운데 하나가 독서를 통해 생각의 바다를 깊고 넓게 가꾸기를 게을리 하지 않았다는 점이다.

책 읽기를 방해하는 현대문명 | 현대문명은 인간에게 물질적 윤택함을 준만큼 정신적 휴식을 빼앗아갔다. 우리 주변에는 정신적

휴식을 방해하는 훼방꾼들이 득실거리고 그 훼방꾼은 계속해서 지능적으로 발전해왔다. 도시는 현대문명의 발전상을 한눈에 볼 수 있는 전시장이다. 거리를 질주하며 굉음을 내는 자동차, 오토바이, 광고판, 현란한 네온사인의 물결과 확성기소리……. 이 모든 것이 정신의 휴식을 방해한다.

그 중 가장 큰 역할을 하는 것이 바로 TV다. 2004년 《USA Today》가 보고한 미국인들의 연평균 TV 시청시간은 1669시간에 달해 무려 1년에 70일 정도를 TV 앞에서 보내는 것으로 나타났다. 앞장에서 거론했듯 우리나라 사람들도 1년 중 41일 가량을 TV 시청에 쓴다.

TV가 지닌 긍정적인 면도 적지 않다. 다양한 정보를 거의 실시간으로 획득할 수 있고 교양과 오락 등 경제적인 여가수단으로도 활용할 수 있다. 하지만 TV는 인간으로 하여금 생각을 정지하게 만드는 무서운 힘을 지녔다. 간편하고 경제적으로 큰 노력을 들이지 않고도 무료한 일상을 달랠 수 있다는 점은 TV 중독을 초래해 사람을 쉽게 바보로 만들어버린다. TV는 책 읽는 시간을 조금씩 빼앗아간다. 요즘 사람들은 TV에 빠져 시간이 없어 책을 못 읽는다고 한다.

직장인들은 한 달에 책을 얼마나 읽을까? 조사기관에 따라 차이는 있지만 보통 1~2권 정도를 읽고 있다고 한다. 국민 전체적으로는 1년에 평균 1~2권 수준이다. 이런 추세가 지속된다면 책이 설자리가 사라지지나 않을지 실로 걱정스럽다.

한참 폭넓은 지식을 쌓고 정서적 풍요로움을 느껴야 할 청소년도 예외는 아니어서 안타까움을 더한다. 최근 몇 년 사이 대학입시에서 논술이 차지하는 비중이 높아지면서 독서논술시장이나 도서대여시장이 급성장할 것으로 내다보고 이 분야에 뛰어들어 사업을 시작한 이들이 최근 들어 큰 어려움을 겪고 있다. 그 원인은 아이들이 근본적으로 책을 읽지 않기 때문이다. 책을 읽지 않는데 무슨 논술이 가능하겠는가.

책은 건강한 정신을 만드는 데 필수적인 영양제와도 같다. 그 영양분을 제대로 공급하지 않으면 고스란히 우리나 미래세대에 영향을 미칠 수밖에 없다. 책을 읽는 것도 습관이다. 삶에 지친 당신의 영혼을 맑고 깨끗하게 만드는 산소 같은 존재, 미래의 삶을 윤택하게 만드는 계기를 마련해줄 꿈과 같은 존재, 책과 함께하는 영혼의 휴식을 당신에게 권한다. 책에는 스트레스를 치유할 신비한 묘약이 숨겨져 있다.

어떻게 해야 책 읽는 습관이 몸에 뺄까 | 책을 고를 때는 미리 읽고 싶은 장르와 주제를 생각해보고 검색사이트에서 사전 검색을 하라. 저자 소개, 목차, 책의 주요 줄거리와 작가의 의도를 탐색해보라. 독자들의 서평을 참고해보는 것도 좋다.

어떤 경우에는 저자 중심으로 책을 선정할 수 있다. 나도 몇몇 저자의 책은 모두 읽는다. 물론 이렇게 다 알아보고 책을 선정하지 않아도 상관없다. 서점에 나가 한번 쭉 둘러보며 호기심이 생기는 책이 있으면 계획 없이 사는 것도 좋다.

책을 읽을 때 집중적으로 읽는 분야는 필요하다. 예를 들어 마케팅에 관심을 두고 미래를 준비한다면 이와 관련된 책이 중심이 된다. 평소에는 다양한 장르의 책을 접하는 것이 필요하다. 책을 어떤 목적을 달성하기 위한 수단으로만 읽는다면 사고의 폭이 넓어지기 어렵고, 정서적으로 풍요로워지는 데 도움이 되지 않을 수 있다. 실용서와 문학서를 읽는 적정한 비율이 필요하다.

　책을 읽는 시간은 매일 일정한 시간을 정해 놓고 읽는 것이 가장 좋다. 나는 저녁 10시경에서 12시 사이를 많이 이용한다. 그밖에 자투리 시간을 최대한 활용해 책 읽는 시간을 확보하고 있다. 시간낭비를 가장 많이 하는 것은 TV 시청시간이다. 이 시간을 최대한 줄이면 적어도 하루에 한 두 시간은 그냥 생긴다. 대중교통을 이용해 출퇴근하면 출퇴근에 걸리는 시간을 책 읽는 시간으로 확보할 수 있다. 나는 지하철을 이용하며 하루에 왕복 1시간 30분을 책 읽는 데 할애한다. 출장을 가야하는 경우에도 가급적 대중교통을 이용한다. 장거리 여행을 하며 책을 읽는 것은 시간 확보에 큰 도움이 된다. 결국 시간이 없어서 책을 못 읽는다는 것은 읽고 싶지 않은 사람들이 하는 변명에 지나지 않는다.

　누구나 주어진 시간을 헛되이 소모할 수도 있고 생산적인 시간으로 활용할 수도 있다. 시간은 공평하게 주어진다. 그것을 낭비하느냐 생산적으로 활용하느냐는 오직 자신만이 선택할 수 있다. 스스로에게 엄격한 사람이 되라. 그렇다면 독서습관을 생활 속에서 형성할 수 있을 것이다.

TIP 효과적인 독서방법

① 주변에 책을 가까이 두고 책과 친해지도록 한다.
② 장소와 환경에 적합한 세 종류의 책을 선정해 동시에 읽는다.
집중이 가능한 시간과 장소에서 읽을 책, 출퇴근 때 읽을 가벼운 책, 화장실에서 짧게 읽을 단편이나 시집 등.
③ 실용서와 문학서는 읽는 방법이 다르다.
문학서는 음미하며 느리게 읽고 실용서는 책의 20퍼센트, 즉 핵심적인 내용을 찾아 읽는 방법을 택한다. 빠르게 읽다가 중요한 내용은 천천히 집중해서 읽는다. 사소한 사례나 인용문은 건너뛰어도 상관없다.
④ 읽다보면 흥미를 느끼는 책이 생긴다. 그런 책을 읽는 시간을 늘려간다.
읽어도 흥미를 느끼지 못하는 책이 있다면 중단한다. 시간이 지나 다시 읽고 싶을 때까지.
⑤ 책을 선정하거나 처음 읽을 때 반드시 프롤로그와 목차를 재차 읽어본다.
이 과정을 거치지 않으면 몇 장을 읽다 흥미를 느끼지 못해 뒤에 나오는 중요한 부분을 접해보지도 못할 수 있다. 작가의 의도에 따라 핵심 내용의 배치는 다 다르다.
⑥ 중요한 부분은 밑줄을 그어가며 읽고 더 중요한 부분은 접어두거나 포스트잇을 붙여둔다.
책은 깨끗하게 읽고 장식용으로 비치해둘 생각이 아니라면, 메모를 하거나 형광펜으로 밑줄을 그으며 다시 읽을 것을 고

려해서 보는 것이 좋다.
⑦ 두 번째 읽을 때는 밑줄부분과 접지된 쪽을 중심으로 다시 요약해 읽으며 꼭 기억하고 싶은 부분은 다른 색깔의 형광펜으로 재차 확인한다.
⑧ 마지막으로 형광펜으로 체크된 부분을 정리한다.
메모와 정리는 가치를 지속적으로 유지하는 수단이다. 자신만의 독서노트를 만들어 보자.
⑨ 정리된 내용은 반드시 컴퓨터에 저장한다.
독서내용을 정보창고에 분류표에 따라 저장한다. 저장한 자료는 언제든지 꺼내 쓸 수 있는 자산이 된다.
⑩ 이미 읽은 책 중 접목하거나 활용할 내용이 있는지 찾아본다.
시간이 될 때 저장된 자료를 꺼내 자기 생각으로 바꾸는 연습을 한다. 그때부터는 그 지식이 살아 있는 지식이 된다.

3. 미래를 바꾸는 건강습관

운동과 담쌓은 직장인 | 하나밖에 없는 몸을 돌보는 일은 살아 있는 생명체로서 건강을 유지하기 위해 하루도 소홀히 해서는 안 되는 일이다. 미래에 생명과학이 발달해 신체를 교체해서 쓸 때가 올 수도 있다. 아직 그것은 불확실한 가능성이다. 지금으로서는 건강을 지키기 위해 손수 노력하는 수밖에 다른 도리는 없다. 사랑스런 내 몸에 좋은 영양분도 주고, 충분히 쉴 수 있도록 배려도 해줘야 한다. 무엇보다 이상이 있기 전에 운동을 하고 건강검진을 해서 질병을 예방하고 신체의 활력을 유지시켜야 한다.

2007년 6월 취업사이트 잡코리아와 지식포털 비즈몬이 국내외 기업에 재직 중인 샐러리맨 896명을 대상으로 〈직장인 운동실태〉를 조사한 결과, 응답자의 53.5퍼센트(479명)가 '현재 전혀 운동을 하고 있지 않다'고 답했다. 이에 비해 규칙적으로 운동을 하는 직장인은 16.2퍼센트(145명)에 지나지 않았고, 30.3퍼센트(272명)는 가끔 운동을 하는 정도로 집계되었다. 운동의 필요성은 직장인 93.3퍼센트가 절감하고 있지만 실제 규칙적으로 운동을 하고 있는 사람은 소수였다.

현재 운동을 하고 있는 사람을 대상으로 '1주일에 몇 번 정도 운동을 하는가'를 조사한 결과 '1주일에 3회 정도 운동을 한다(32.1%)'는 응답자가 가장 많았다. 이어 1주일에 1회(25.6%), 1주일에 2회(19.2%), 1주일에 4~6회(15.4%)의 순으로 나타났다.

화초를 좋아하는 사람들은 화초에 온갖 정성을 기울인다. 애완

동물을 좋아하는 사람들은 인간에게 할 수 있는 이상의 정성과 사랑으로 애완동물을 돌본다. 그런데 정작 자기 몸에는 그런 정성을 다하지 않는다는 것은 뭔가 잘못 되어도 한참 잘못된 일 아닌가.

운동을 왜 못하는지 물어보면 바빠서, 귀찮아서라는 대답이 주로 나온다. 자신을 위해 몸은 24시간 쉬지 않고 노력하는데 정작 당사자는 건강을 위해 하루 30분을 할애할 생각이 없다는 사실을 알면 우리 몸이 얼마나 서운할까. 아마도 속으로 그래, 나중에 두고 보자, 하고 이를 갈고 있을지 모른다.

가장의 건강이 가정의 행복을 좌우한다 | 보통 30대까지만 해도 자신의 체력과 건강을 자신하거나 적어도 걱정하지는 않는다. 하지만 40대에 접어들며 이상한 징조들을 느낀다. 몸에서 급격하게 에너지가 떨어지고 체력이 약해지는 현상을 서서히 체험한다. 외형적으로도 변화가 눈에 띈다. 배가 나오기 시작하며 체형이 점점 부담스럽고 불만족스럽게 바뀌어간다. 그것은 바로 건강에 이상이 있거나 있을 수 있다는 징후이다.

40대 들어 나타나는 이런 현상은 과거의 생활습관이 만들어낸 결과다. 30대에 나태한 생활을 하고 자만에 빠져 몸을 관리하지 않은 결과가 현재의 건강이상과 체력저하로 나타난 것이다. 운동은 젊어서 꾸준히 할수록 효과적이다. 꾸준히 운동을 해온 사람은 40대가 되어도 30대의 신체나이를 유지할 수 있다. 40대라고 해서 크게 놀라 당황할 필요도, 위축될 이유도 없다. 지금까지 해온

대로 생활습관을 꾸준히 유지해가면 건강에 청신호는 유지된다.

문제는 40대 초반에 건강에 이상 징후를 느끼면서도 바로 생활 태도를 바꾸지 않는 사람들이 의외로 많다는 사실이다. 그렇게 하루하루 미루다 몇 년이 지나 40대 중반이 되면 몸이 고장 나기 시작한다. 우리 몸은 사전에 이상 징후를 알려주는 시스템이 갖춰진 놀라운 기관이다. 이것을 무시한 결과가 몸에 하나 둘 직접적으로 나타나기 시작하는 것이다. 이처럼 40대는 건강에 이상이 생기고 나서야 뒤늦게 정신을 차려 보지만, 이미 손을 쓰기에는 늦었거나 회복하기 위해 시간과 노력을 몇 배는 더 기울여야 하는 경우가 생긴다.

행복한 삶을 위해서는 무엇보다도 몸과 마음이 건강해야 한다. 더욱이 가장의 건강은 한 가족의 행복과 불행을 좌우하는 긴급하고도 중요한 문제이다. 건강관리는 지금 바로 시작해야 한다. 지금 당장 몸에 이상신호가 느껴지지 않는다는 데 안도해 건강관리를 소홀히 하는 것은 당신과 가족의 행복을 담보로 위험한 도박을 하는 것과 다름없다.

1) 방어적 관리와 공격적 관리의 조화

건강을 해치는 나쁜 생활습관과 결별하라 | 축구에서 방어가 곧 공격이라는 말이 있다. 건강을 지키기 위한 방법은 여러 가지가 있다. 그 방법들을 분류해 보면 크게 방어가 필요한 것과 공격적으로 나서야 하는 것으로 구분된다.

방어가 필요한 것은 무엇일까? 그것은 현재의 건강상태를 스스로 해롭게 하는 행위를 말한다. 대표적인 것이 흡연, 과음, 과로, 스트레스, 수면 부족 등이다. 이 항목 중 자신에게 해당되는 게 한 가지라도 있다면, 그것은 축구경기에서 마치 수비수가 한 명씩 퇴장당한 상태에서 경기를 치르는 것과 다름없다. 수비수의 숫자를 줄여 놓고 무슨 공격을 한단 말인가? 건강을 해치는 나쁜 생활습관을 그대로 유지한다면 아무리 좋은 약을 먹거나 운동을 한들 무슨 소용이 있겠는가?

흡연으로 인해 남성은 5.5년, 여성은 7년이나 수명이 단축된다. 좋은 약과 운동을 통해 과연 이 정도나 수명을 연장시킬 수 있을지 곰곰이 생각해보라.

물론 수비에 소홀하더라도 무섭게 공격을 한다면 안하는 것보다는 낫겠지만, 경기에 이기려면 기본적으로 건강 수비수의 숫자를 지키는 일부터 시작해야 한다. 그러고 나서 상대를 향해 맹공을 퍼부어야 승산이 크다.

질병예방을 위한 건강관리 | 건강관리에 있어서 공격이라는 것은 무엇인가? 그것은 미리 철저히 대비해 사전에 예방할 수 있는 전략을 구사하자는 것이다. 무승부로 게임을 끝내는 것은 너무 아쉬운 일 아닌가.

건강관리에 있어 대표적인 공격수는 바로 꾸준한 운동과 활력을 유지할 수 있는 건강식사이다. 더 나아가 자기 몸을 미리 미리 점검해보는 정기 종합검진을 들 수 있다. 마지막으로 자진해서 정기적으로 병원을 찾아가는 일이다. 대표적인 곳이 치과다. 많은 이들이 아파서 더 이상 견디기 어려울 때 치과를 찾지만, 자진해서 미리미리 찾아가면 장점이 가장 많은 곳이 치과다.

2) 운동의 필요성과 효과

운동은 생활전반에 활력과 변화를 가져온다 | 운동이 좋다는 것은 삼척동자三尺童子도 다 알고 있다. 그런데 잘 실천하지 않는다. 그 이유 중에 하나는 무엇이 좋은지 구체적으로 알지 못하기 때문이기도 하다. 규칙적인 운동은 일반적으로 만족스럽지 않은 몸매를 개선하고 나잇살을 제거하며 노년기 체력저하를 예방하는 데 효과적이다. 의학적으로는 파킨슨병을 억제하고 혈당과 혈압을 낮춰줌으로써 성인병을 예방하며 대장암과 피부암, 심장병 발병 위험을 현저하게 감소시킨다.

의학적 효과 외에도 운동은 우리 생활 전반에 큰 변화를 가져온다. 스티븐 코비는 "운동을 함으로써 얻게 되는 가장 큰 혜택은 주도성이라는 습관의 강점에 대한 개발"이라며 "운동하는 것을 방해하는 저지세력에 대응하는 대신 신체적 건강이 갖는 가치에 입각하여 행동한다면 자부심, 자신감, 그리고 성실성 등에 큰 영향을 미칠 수 있다"고 말한다.

나는 운동을 통해 '생활 전반의 변화와 활력'이라는 귀중한 보상을 받았다. 약 1년 전부터 시작한 빨리 걷기와 골프로 인해 내 생활은 180도 바뀌었고 삶에 의욕과 활기가 넘쳐난다. 운동을 시작하기 전과 지금을 비교해보면 스스로 생각해도 놀랍기만 하다.

  내가 운동을 시작하게 된 계기는 불룩하게 나온 배, 주말이면 잠으로 시간을 죽이는 한심한 모습, 내 생활 태도를 똑같이 따라 하는 아이, 월요일이면 비몽사몽 헤매는 스스로의 모습을 지켜보다 '더 이상 이렇게 살면 안 되겠다'는 자각을 했기 때문이다. 특히 40대 중반으로 진입하며 체력이 한 해가 다르게 떨어져가는 현상을 그냥 두고 보면 안 되겠다는 경각심이 생겨 다시 한 번 도전을 시작했다.

  우선 운동으로 인한 효과를 살펴보자.

① 나이 44세, 키 173cm, 몸무게 81kg에서 72kg으로 9kg 감량

② 허리둘레 36인치에서 33인치로 3인치 감소

③ 한 달에 두 번은 감기몸살로 병원을 찾았으나 운동을 시작한 지 8개월간 단 한 번도 병원에 가지 않음

④ 월요일마다 어김없이 찾아오던 월요병이 흔적도 없이 사라짐

⑤ 과거에는 휴일에 늦잠, 낮잠을 자며 무의미한 시간을 보냈지만 운동을 시작하면서부터는 평소와 똑같이 6시간 이내에서 수면을 취했고 그로 인해 확보하게 된 시간을 독서·집필 등 자기계발에 활용

⑥ '불룩한 배는 나도 싫은데…….' 운동으로 다이어트 효과를 보면서 대인관계에서 자신감 회복

⑦ 삶의 활력을 잃어버린 생기 없던 모습에서 힘이 넘치는 의욕적인 삶으로 변화

⑧ 한심한 남편에서 칭찬받는 남편으로

⑨ 보고 배울 것이 없는 한심한 아빠에서 존경받는 아빠로
⑩ 변화된 생활태도로 인한 아이의 생활 태도 급변
⑪ 작년 종합검진 결과를 보며 한심하다는 표정으로 상담하던 의사에게 당당한 내 모습을 보여줄 11월을 기다리는 여유
⑫ 돈은 좀 들지만 옷이 너무 커서 새 옷을 사야한다는 사실
⑬ 운동으로 인한 건강회복

더 써보라면 얼마든지 더 쓸 수 있지만 이 정도로 줄이겠다. 자기 스스로 운동을 하며 그로 인한 효과를 따져보기 바란다. 효과 항목이 늘어날수록 자연스럽게 그 운동 마니아가 되어갈 것이다.

3) 즐겁게 할 수 있는 운동 갖기

내 몸에 맞는 운동, 어떻게 선택할까 | 직장인들이 가장 많이 하는 운동은 무엇일까? 2007년 6월 잡코리아와 비즈몬이 샐러리맨 896명을 대상으로 〈직장인 운동실태〉를 조사한 결과 운동을 하고 있는 직장인 5명 중 1명(19.4%)은 헬스를 하고 있었고 다음은 수영(14.1%), 축구·족구(12.2%), 걷기(11.8%), 요가(9.6%), 조깅(6.7%), 자전거 타기(6.2%) 순으로 집계되었다.

운동의 종류는 다양하다. 어떤 기준으로 선택해야 할까? 우선 자신의 건강상태와 연령에 적합한지를 따져봐야 한다. 이것을 무시하면 운동이 오히려 해가 될 수도 있다. 아무리 남들이 다 좋다고 해도 내가 좋아하지 않고 운동을 하면서 즐겁지 않으면 절대

오래 할 수 없다. 자신에게 맞고 즐겁게 할 수 있는 운동을 선택해야 한다. 다른 사람이 효과를 봤다고 해서 그 운동이 나에게도 효과적인 운동이라고는 단정할 수 없다. 전문가의 도움을 받아 자신에게 가장 적합한 운동을 찾아보는 노력도 필요하다.

기본적인 내용이지만 목적별로 적합한 운동을 소개하면, 다음과 같다.

지구력—주로 유산소운동이 여기에 속한다. 빨리 걷기, 달리기, 등산, 자전거 타기, 수영, 에어로빅, 스키 등이다. 이 운동은 심장을 튼튼하게 만드는 데 큰 역할을 한다.
유연성—스트레칭과 요가가 대표적이다.
에너지—간단한 체조, 팔굽혀펴기, 철봉, 윗몸일으키기, 역기 등이다. 헬스클럽에 다니며 근육을 강화하는 운동이 여기에 속한다.

나의 건강 비결 | 운동은 흥미가 없으면 오래 할 수가 없다. 나는 운동을 하기 위해 여러 가지 조금씩 시도를 해본 기억이 있다. 예를 들어 헬스를 하기 위해 각오를 단단히 하고 3개월 등록을 했지만 일주일도 못 넘겨 중단했다. 창피해서 아직까지 운동화도 찾아오지 못하고 있다. 등산 역시 나에게는 잘 맞지 않았는지 오래 지속하지 못했다. 이처럼 아무리 남들에게 좋은 운동이라도 자신이 흥미가 없으면 지속하기 어렵다.

이제 내가 건강을 되찾고 생활에 활력을 얻게 된 비결을 소개하고자 한다. 이것을 참고 삼아 자신에게 맞는 운동을 하나씩 찾아 즐겨보기를 권한다.

■ 체중감량 일등공신, 빨리 걷기

나는 일주일에 4회 이상은 밤 시간에 빨리 걷기를 한다. 1회에 7킬로미터 거리를 한 시간씩 걷고 있다. 집 앞 어린이대공원 산책 코스를 두 바퀴 돌면 된다. 출퇴근은 자가용을 이용하지 않는다. 보통 2킬로미터 이상은 걷게 되니 합하면 하루 9킬로미터는 걷는 셈이다.

업무 때문에 매일 하지는 못하고 수요일·금요일·토요일·일요일을 정해두고 하고 있다. 꾸준히 하지 않아 습관이 안 되거나 재미를 찾지 못하면 오래 하지 못할 것 같아 처음에는 퇴근 후에 나가서 10분에서 20분 정도 산책하듯 시작했다. 비가 오는 날에도 우산을 쓰고 나가 조금이라도 걷고 들어왔다. 무슨 이유이든 한 번씩 빼먹기 시작하면 운동과는 거리가 멀어지기 때문이다.

지금은 러닝머신으로 치면 속도 6정도로 30분 걷고, 잠시 휴식한 다음 30분을 다시 걷고 들어온다. 하다 보면 그 정도로 끝내는 것이 아쉬울 때가 많지만 내일을 위해 마무리한다.

운동을 지속하기 위해서는 각오도 중요하지만 무엇보다 재미가 있어야 한다. 내 경우 빨리 걷기 하는 장소가 흥미를 찾는데 큰 도움이 된 것이 사실이다. 내가 살고 있는 집 앞에는 59만 3036제곱미터의 큰 정원이 있다. 어린이대공원이 바로 그곳이다. 사실 운동을 시작하기 전에는 집 앞에 대공원이 있다는 사실조차 거의 의식하지 못했는데, 지금은 대공원을 지척에 두고 살고 있다는 사실이 얼마나 고마운지 모르겠다. 게다가 내가 운동을 시작한다고 하니 서울시에서 때마침 대공원을 무료로 개방해주기까지 했다.

대공원 외곽을 따라 산책해본 사람은 이해할 것이다. 우거진 숲 사이로 산책로가 잘 만들어져 있다. 그 길을 따라 걷게 되면 항상 새로움을 느낀다. 계절의 변화를 실감케 하는 풍경이 무궁무진하다. 어떤 때는 일부러 조금 천천히 걸어본다. 어린이 농촌체험을 위해 만든 텃밭에는 단수수, 박, 시들어 가는 옥수수가 사이좋게 서 있고, 조금 더 가니 모과가 주렁주렁 열려 있다. 감나무에는 며칠 사이 알이 더 굵어진 감이 눈에 들어온다. 갈 때마다 새로움이 느껴진다. 이렇게 하루하루 달라져가는 대공원의 풍경을 음미하는 것은 빼놓을 수 없는 일상의 재미가 되었다. 서울이라는 삭막한 도시에서 이 얼마나 큰 행운인가.

주목할 만한 사실은 운동하면서 몇 개월을 관찰한 결과 운동하러 대공원에 오는 사람 가운데 여성이 70퍼센트 이상을 차지한다는 점이다. 연령별로는 50·60대가 가장 많고 다음이 30·40대이다. 가끔 20대가 지나가기는 하는데 그들은 운동하러 온 것 같지는 않다. 걷는 속도가 러닝머신 속도 1정도이니 데이트하러 온 것이 분명하다.

관찰한 결과를 두고 생각해보면 대한민국의 남성들이 걱정이다. 그렇지 않아도 여성보다 평균수명도 짧은데, 여성들이 저렇게 열심히 운동하고 있을 때 도대체 남성들은 무슨 배짱으로 운동을 멀리하는지, 30·40대가 건강에 자만하고 있는 것은 아닌지

묻고 싶다.

　내가 대공원에서 빨리 걷기를 하며 얻는 마지막 재미는 사람들마다 운동하는 모습이 천태만상千態萬象이라는 점이다. 어느 때는 웃음을 참으려다 배가 아팠던 적도 있다. 한 아주머니는 어찌나 필사적인지 몸놀림에 그 누구도 흉내 못 낼 독특함이 살아 있다. 도저히 그 모습을 글로 표현하기 어렵다.

　아내와 같이 운동을 할 때는 대화를 하며 걸으니 그 또한 일석이조一石二鳥가 아니겠는가. 운동시간이 나에게는 하루를 정리해 보는 귀중한 시간이 된다. 때로 글을 쓰는데 도움이 되는 영감을 주기도 한다. 만약을 대비해 나는 언제나 운동복 뒷주머니에 작은 노트와 펜을 가지고 다닌다.

■ 생각 외로 돈이 많이 들지 않는 골프

　약 1년 전부터 지인의 권유로 시작한 골프에 갈수록 흥미를 느껴 주말과 휴일이면 아침 8시 반부터 두 시간 정도 연습장range에서 시간을 보낸다. 두 달 정도 레슨을 받고 지금은 중급 정도 수준으로 혼자 연습하고 있다. 연습장에서 두 시간 정도 볼을 치고 나면 온 몸에서 땀이 쭉 흐르는데, 일주일간 쌓인 피로가 다 풀리는 느낌이다. 멀리 날아가는 공을 보면 기분도 상쾌해진다.

　주변에서 프로로 나갈 거냐는 농담을 할 정도로 열심인데, 도착해서 대기하는 시간에는 30분가량 스트레칭과 러닝머신을 이용해 빨리 걷기를 한다. 이외에도 매일 밤 거실에서 연습스윙을 하고 스트레칭도 꾸준히 하고 있다.

경제적 부담 때문에 정규코스는 한 번 다녀왔고 한 달에 한 번 정도는 퍼블릭코스를 다녀온다. 골프는 일반적인 인식과는 달리 돈 많은 사람만 할 수 있는 운동은 아니다. 나도 처음엔 그런 편견 때문에 선뜻 시작하지 못했지만, 경비가 부담스러운 정규코스에 자주 나가지만 않는다면 직장인도 얼마든지 즐길 수 있는 운동이다.

나는 골프 연습하는 것이 정말 즐겁다. 골프는 나이 들어 부부가 함께 하기에 좋은 운동 중 하나이다. 그래서 나는 아내와 함께 골프연습장에 다니고 있다. 내가 적극적으로 권해 시작한 친구들도 있다.

■ 건강식사와 규칙생활

예전부터 나는 아침은 거의 먹지 않았고 점심은 정상적으로 먹었지만, 저녁에는 과식을 해왔다. 저녁식사 이후엔 주전부리를 많이 했다. 돼지고기를 좋아해 많이 먹는 편이었고, 주말이면 라면에 밥을 말아 국물까지 다 먹었다. 그리고 음식을 먹을 때 급하게 먹는 버릇도 있다. 청량음료를 즐겼고 커피는 하루에 적어도 일곱 잔 이상 마셨다.

그런데 운동을 시작하며 식습관을 완전히 바꿔 지금은 무슨 일이 있어도 종류에 관계없이 아침을 꼭 먹는다. 아침을 먹지 않으면 우리 몸은 불규칙적인 에너지 공급에 대비해 열량을 비축하게 되고 그것이 지방축적의 한 원인이 된다. 이런 비만을 막는 데에는 규칙적인 공급밖에 길이 없다. 점심과 저녁은 불가피하게 밖에서 먹어야 하기에 요즘에는 가급적 건강에 도움이 되는 음식을 주로 먹고 있다.

이제 인스턴트 음식은 거의 먹지 않고 음식을 먹을 때 국물은 적게 먹는다. 국에 말아 먹는 습관을 바꿔 약간의 국물과 반찬을 골고루 먹고 있다. 한국음식에서 국물 맛이 생명이기는 하지만 가급적 찌개 종류의 국물은 최소량만 섭취한다. 육류 역시 일주일에 한번 정도로 줄여서 먹고, 야채를 두 배 이상 많이 먹는다. 먹는 양은 평소와 큰 차이가 없지만 과식을 하지 않게 되었다. 가급적 천천히 먹으려고 의식하며 식사한다. 또 신선한 계절과일을 많이 먹는데, 토마토는 거의 매일 하나씩 갈아 마시고 있으며 홍삼 엑기스와 종합 비타민을 꾸준히 복용하고 있다.

저녁은 회사 근처 식당에서 6시경에 먹고 일하다 퇴근해서 집에 와 출출하면 토마토를 갈아 먹거나 과일을 조금씩 먹어 공복감이 들지 않게 한다.

물을 예전보다 더 많이 먹고 과일을 갈아 마시는 방법으로 지금은 청량음료를 거의 마시지 않는다. 커피는 하루 한 잔 정도 마시고 녹차를 한두 잔 가량 마신다.

■ 심신안정에 도움을 주는 반신욕

두 달 전부터 시작한 반신욕은 건강에 기대 이상으로 도움이 되고 있다. 주로 빨리 걷기를 한 뒤 반신욕을 하는데 시간은 약 20분 정도 소요된다. 시작한 뒤 5분 정도 지나면 땀이 흘러내리는데, 정신적 안정과 그날의 스트레스를 푸는 데 큰 도움이 된다.

처음에는 10분을 지속하기가 어렵지만, 책을 읽거나 음악을 들으며 하게 되면 20분이 금세 지나간다.

얼마 전 체중계를 장만해 자주 효과를 확인하고 있다. 체중이 81킬로그램에서 75킬로그램까지 내려가는데 3개월이 소요됐지만 두 달 가까이 75킬로그램에 머물렀다. 지금 와서 생각해 보면 아마도 뱃살에 몰려 있는 지방이 산화되는 데 시간이 많이 걸린 것 같다. 체중 목표는 70킬로그램, 허리둘레는 32인치로 정했고 수시로 체중계를 통해 확인하고 있다. 지속적으로 유지하기 위해 노력할 계획이다.

흥미 있는 운동을 지속하라 | 무슨 운동이라도 좋다. 단 자신이 흥미를 느끼고 자신에게 적합한 운동을 찾아야 한다. 수영과 등산, 자전거 타기도 권하고 싶은 운동이다. 노년까지 계속할 수 있는 운동이기 때문이다. 특히 빨리 걷기는 꼭 했으면 하는 마음으로 권한다. 이 운동처럼 손쉽고 경제적이고 대중적으로 적합한 운동은 그리 많지 않다고 본다. 한국인의 5대 질병인 고혈압·심장병·당뇨병·뇌졸중·암을 예방하고 치료하는 데 빨리 걷기는 적잖은 효과가 있다. 나는 이제 빨리 걷기에 '열성 팬'이 되었고 주위에 적극적으로 장점을 알리고 다닌다. 무슨 운동을 하든 그 운동에 당신도 '열성 팬'이 되길 바란다.

요즘 유행어 중에 하나인 '7330'이란 말을 들어본 적이 있는가. 운동의 강도와 횟수, 시간을 나타내는 말로 '일주일에 3일 30분' 이 운동의 효과를 볼 수 있는 최소 기준이라는 의미다.

스티븐 코비도 "운동Exercise은 균형 있게Balance, 재미있게Fun, 적절하게Moderation, 지속적으로Consistency, 다양하게Variety 하라"고 했다.

4) 몸에 활력을 주는 건강식사

아침을 거르면 비만해지기 쉽다 | 건강식으로 쾌유되는 병도 있고 예방이 되는 것도 많이 있다. 우리 식단이 서구화되고 인스턴트 음식이 보편화되면서 편리함도 있었지만 부작용 역시 많이 나타나고 있다. 좋은 음식과 해로운 음식은 무엇이고, 해로운 음식이 주는 부작용은 무엇일까?

　최근 '건강한 밥상'이라는 주제가 사람들의 관심을 끌고 있다. 건강에 대한 생각이 갈수록 깊어지며 식이요법이나 건강식사에 대한 욕구가 급증하고 있기 때문이다. '세 끼 밥이 보약'이라는 말처럼, 영양섭취Nutrition는 인간의 수명과 삶의 질에 직접적인 영향을 준다. 그만큼 먹는 것에 유의해야 한다. 이로운 것이 무엇이고 해로운 것이 무엇인지 알아보고 식사 역시 좋은 습관을 기르는 것이 필요함을 알고 바꿔야 한다.

　좋은 음식은 당연히 제철의 자연음식과 발효식품 등 우리 전통 음식들이 주로 해당된다. 좋은 음식에 관해서는 너무 많이 알려져 있기 때문에 거론하지 않겠다. 주로 우리가 피해야 할 음식이나 식습관에 대해 살펴보도록 하자.

　가장 기본은 하루 세끼를 정량으로 규칙적인 시간에 하는 것이다. 현대인은 아침을 많이 거르는 편이다. 그러나 '아침식사는 왕처럼, 점심식사는 왕자처럼, 그리고 저녁식사는 거지처럼' 먹으라는 말이 있다.

아침식사를 하면 우리 뇌가 작용하는데 필요한 필수 에너지를 공급해 일의 능률을 높일 수 있다. 아침을 거르는 경우 오히려 비만을 초래할 수 있다. 아침을 거르면 점심식사 전에 저혈당이 발생하므로 그만큼 점심과 저녁때 폭식할 가능성이 높아지기 때문이다.

건강에 해로운 염분 섭취를 줄여라 | 우리가 즐겨 먹는 음식 중 장아찌, 자반, 젓갈 같은 저장음식들은 염분이 지나치게 높은 음식들이다. 전통적으로 찌개와 국이 밥상에 빠지지 않는다. 국물에는 많은 나트륨이 들어있다. 국이나 찌개에 밥을 말아먹는 습관을 가지고 있는 사람은 지나치게 많은 염분을 섭취하게 된다.

일정한 나트륨은 신체에 반드시 필요하다. 그러나 세계보건기구 기준으로 5그램을 넘어서면 몸에 해롭다고 한다. 세계보건기구는 일일 기준 10그램 이하로 섭취할 것을 권고한다. 우리 국민은 평균 20그램 정도를 섭취한다는 조사결과가 보여주듯 염분을 과잉 섭취하고 있다. 짜게 먹는 식습관은 고혈압 위험을 높이는 등 건강에 부정적인 영향을 준다.

운동을 병행하며 나도 식습관을 최근에 많이 바꾸고 있다. 주로 식당에서 대부분의 끼니를 해결하는데, 찌개 종류나 국이 나오면 국물을 다 먹는 것은 피하고 있다. 건더기를 먹고 국물은 최대한 적게 먹고 있다.

건강의 적, 인스턴트식품과 청량음료 | 인스턴트식품과 청량음료는 되도록 줄어야 한다. 인스턴트 음식은 일단 먹기에는 편하다. 하지만 우리 몸에 해롭다는 것은 누구나 알고 있다. 청량음료 역시 마찬가지다. 최근 패스트푸드가 트랜스지방으로 인해 비만을 일으키는 주범이라는 논란이 가열되면서 그 수요가 현격히 줄고 있다.

당분이 첨가된 식품이나 청량음료를 많이 섭취하는 것은 남성의 혈중 요산수치를 높일 수 있는 것으로 나타났는데, 혈중에 요산의 농도가 높아지면 고혈압, 심장질환, 당뇨 등의 대사증후군이 일어날 수 있다. 최근 몇 년 사이 웰빙 열풍이 일면서 패스트푸드와 콜라의 판매량이 급감하고 있다는 사실은 그 회사에는 나쁜 소식일지 몰라도 긍정적인 추세라 생각된다. 청량음료보다는 가급적 물을 많이 마시는 습관이 필요하다.

빨리 먹거나 편식하는 습관을 바로잡아라 | 바쁘게 살다 보니 여유롭게 식사를 즐기기가 쉽지 않은 것은 사실이다. 인체의 뇌 속에 자리 잡은 식욕중추는 먹기 시작한 지 20분 전후에 먹는 것을 중지하라고 명령하게 되는데, 너무 빨리 먹게 되면 미처 혈당이 오르기 전에 많은 양을 먹어버리기 때문에 비만해지기 쉽다. 전문가들은 건강을 생각한다면 최소한 20~30분 정도 여유를 두고 천천히 식사하는 것이 좋다고 조언한다.

지나친 육식 또한 건강에 해가 된다. 특히 붉은 육류, 닭 등의 가금류, 계란, 우유 등에 함유된 콜린은 여성의 대장 용종 발병 위험을 높일 수 있는 것으로 학계에 보고된 바 있다.

건강한 식사란 우리 몸에 꼭 필요한 6대 영양소를 적절히 공급하는 것이다. 무엇이든 넘치면 해가 된다.

균형 잡힌 식습관을 통해 건강에 위협을 주는 요소를 과감히 줄여야 한다. 입으로 느끼는 즐거움이 미래에 몸을 해롭게 한다는 사실을 기억하라.

5) 큰 돈 아끼는 정기 건강검진

돈이 없을수록 건강검진은 꼭 받아라 | 건강검진으로 만사가 해결되는 것은 아니다. 어떤 사람에게 정기적으로 종합검진을 받으라고 권해보면, "검진 받으면 뭐해. 내 친구 ○○는 종합검진에서 이상이 없다고 나왔는데 바로 얼마 전에 암이라는 판정을 받고……." 이런 논리로 답하는 경우가 있다. 물론 그럴 가능성도 있다. 검진을 한다고 모든 것을 완벽하게 다 알아낼 수는 없다.

어떤 사람들은 아픈 곳도 없는데 돈 들여서 무슨 종합검진을 받느냐는 소리를 한다. 대부분 건강을 과신하는 경우에 이런 소리를 한다. 돈이 들어가서 안 한다고 하는데, 잘 생각해보면 돈이 많지 않은 사람이 미리 검진을 해야 큰돈을 아낄 수 있다. 1년에 40만 원에서 100만 원 정도 하는 검사비로 나중에 지출해야 몇 백만 원, 아니 몇 천만 원을 절약할 수도 있다.

보통 직무에 따라 다르지만 사무직이라면 2년에 한 번 직장에서 건강검진을 받는다. 그러나 대부분의 직장인들은 직장에서 받는 건강검진을 크게 신뢰하지 않는다. 무엇보다도 검진항목이 제한되어 있어서 그럴 것이다.

40세가 넘어가면 보편적으로 몸에 이상이 오기 시작한다. 이것은 그동안 살아오며 누적된 습관의 산물이다. 또 한 가지, 집안의 병력病歷을 사전에 파악하고 병력이 있다면 그 부분에 특별한 신경을 써서 건강검진을 받아야한다. 유전인자라는 것은 정말 무서운 것이다. 내 아버지는 고혈압으로 인해 50대 중반에 뇌출혈로 쓰러진 경험이 있다. 그 뒤에 병세가 많이 호전되었지만 이후의 삶은 부자연스러움을 감수하셔야 했다. 그 때문에 아버지는 기회가 될 때마다 "살찌면 안 된다. 절대 짜게 먹지 마라"를 반복적으로 말씀하셨다. 당신이 겪은 고통을 자식이 겪지 않기를 바라는 마음에서 그러셨을 터이다.

지금 자신의 습관 중 건강을 해치는 것이 있다면, 건강검진을 할 때 유의할 필요가 있다. 이를테면 담배를 많이 피우는 사람은 폐, 술을 많이 마시는 사람은 간, 이런 식으로 세심하게 관심을 갖고 건강검진 항목에서 빠지지 않도록 체크해야 한다.

건강검진의 효과는 질병예방과 조기치료 | 정기검진 효과는 두말할 것 없이 '예방'이다. 예방의 효과는 미리 문제를 발견해 쉽게 해결할 기회를 준다는 점이다. 몸에 나타날 수 있는 이상을 미리 알고 대처한다면 대부분의 질병은 조기에 치유할 수 있다. 정기검진의 또 다른 효과는 자기 상태를 정확히 알 수 있다는 점이다. 몸 가운데 어떤 부분이 취약한지 미리 파악하고 대비책을 세

워 더 악화되기 전에 변화를 줄 계기를 마련할 수 있다.

나는 지난해 정기검진에서 과체중 판정을 받고, 상태가 지속된다면 성인병의 위험에 그대로 노출된다는 조언을 들었다. 대장에 작은 용종이 있는데, 특별히 문제가 될 것은 없다고 했다. 1년 정도 지나 항문외과에서 다시 검사 후 제거하라는 조언을 들었다.

담배를 끊어야 한다는 충고는 반복해서 듣고 있지만, 금연은 가장 어려운 일이다.

보통 검진센터에서 검진을 받으면 가격은 종합병원에 비해 저렴한데 간단한 시술도 못하게 되어 있는 것이 불편하다. 종합병원은 검진비가 센터의 두 배 정도로 부담이 된다. 따라서 가계에 부담이 되지 않는 한도에서 적정한 정기검진 계획을 세우는 것이 필요하다.

40대 부부, 연1회 건강검진은 필수다 | 40대가 되면 적어도 1년에 한 번은 종합검진을 받도록 권하고 싶다. 검진비가 부담된다면 자신에게 필요한 검사만을 골라 검진을 받는 것도 방법이다. 두 가지 방법 모두 장단점은 있지만, 첫 해에는 종합검진을 받고 다음 해엔 작년 검사결과 이상이 있었던 부분이나 자신이 느끼기에 이상이 있다고 생각되는 부분을 선택해 검진을 받는 것도 괜찮다.

시간을 내야하고 불편을 감수해야 하며 금전적으로 부담도 되겠지만 건강을 지키기 위한 예방활동이라면 그 어떤 부담도 감수해야 하지 않을까. 나는 40대가 되면서부터 이 불편함을 스스로 받아들였다. 첫 해에는 혼자 검진센터를 찾아가 검진을 받았고 이듬해부터는 아내와 같이 다닌다. 매년 10월에서 11월 사이에 종합검진을 받는 것으로 정했다.

　올해부터 부부가 함께 정기적으로 건강검진을 꼭 받아 보기 바란다. 무엇보다도 배우자가 건강해야 화목한 가정이 유지될 수 있다. 건강을 잃고 고생하는 것에 비하면 1년에 몇 십만 원 투자하는 것은 전혀 아까운 지출이 아니다. 가정의 행복을 위협하는 각종 질환을 정기 종합검진으로 예방할 수 있다면 이보다 더 가치 있는 투자가 어디 있겠는가.

TIP 30·40대가 꼭 챙겨야 할 건강검진 항목

[30대]
- 35세 이후에는 매년 간 검사를 받도록 한다. 특히 B형 또는 C형 간염 보균자나 만성 알코올성 간질환인 경우는 35세 이후부터 간암의 발생이 증가하므로 35세 이후부터 6개월에 한 번씩 복부초음파검사를 받는다.
- 30세 이후에는 1~2년마다 유방에 대한 진찰을 받는다.
- 30세 이후에는 고지혈증, 흡연, 당뇨병, 심장병 가족력 중 2개 이상이 해당되는 사람은 심전도 또는 운동부하 검사를 받는다.

[40대]
- 여성은 유방에 대한 자가검진을 시행하고 유방 엑스선 검사를 1~2년마다 실시한다.
- 비만이나 당뇨병의 가족력이 있는 경우에는 혈당검사를 받는다.
- 연 1회 위 내시경 또는 위 투시검사를 받고, 3년 연속 정상이면 2~3년에 1회씩 검사한다. 단 선종성 위용종이나 만성위축성 위염 혹은 위 점막의 장생화가 있었던 사람이나 위암의 가족력이 있으면 매년 위 내시경이나 위 투시검사를 받는다.
- 이 시기는 관상동맥질환으로 인한 돌연사가 증가하는 시기이다. 45세 이상 남자의 경우 고지혈증, 흡연, 당뇨병, 심장병 가족력 중 2개 이상 해당되는 사람은 심전도 또는 운동부하검사를 받는다.

6) 정기적으로 자진해서 찾아야 할 병원

치과는 큰돈 들이기 전에 먼저 가라 | 예전부터 어른들은 "오복 중에 한 가지가 바로 치아"라는 말씀을 자주 하셨다. 오복이라는 개념이 생활 속에서 유용하게 변화된 것이지만 근원은 차제하고 그것은 분명한 사실이다. 인간에게 맛있는 음식을 먹는다는 것은 빼놓을 수 없는 즐거움이다. 물론 생존의 수단이도 하다.

40대는 신체의 노화과정이 시작되는 시기로, 치아를 감싸고 있는 치조골의 약화가 두드러지게 나타나기 시작한다. 따라서 정기적인 스케일링과 치주치료로 건강한 잇몸을 유지해야 한다. 전문의들은 자연치아를 살리기 위해서는 올바른 칫솔질과 치실, 치간 칫솔의 사용이 필수적이며 정기적인 치과검진과 스케일링 또한 빼먹지 말아야 한다고 조언한다.

대부분의 사람들은 아파서 참지 못할 때에나 치과를 찾는다. 치과 진료는 건강보험 적용이 안 되는 경우가 많아 비용부담이 만만치 않은데다 치과에 가는 것 자체를 두려워하기 때문이다.

나는 그럭저럭 치아관리를 잘 한다고 했는데 마흔이 넘으면서 하나씩 이상 징후가 보였다. 대수롭지 않게 여기다 통증이 오면 도살장에 끌려가는 소처럼 마지못해 찾던 곳이 치과였다. 치과에 가서 치료를 위해 의자에 누어있으면 손에서 식은땀이 났다.

2년 전부터는 이런 식으로 아플 때 찾아가 문제를 키워 고통과 비용부담을 배가시킬 것이 아니라 이상이 없어도 정기적으로 내가 먼저 찾자고 마음을 고쳐먹었다. 작년에 전체적으로 진단을 받고 대대적으로 예방적 보수를 감행했다. 백만 원 정도 비용이 들었지만 자연치아 하나를 잃어서 인공치아로 교체하는 비용에 비하면 엄청난 비용절감 효과를 본 것이라 생각한다.

절친한 친구가 이가 아파 치과에 다녀온 뒤 충격적인 의사의 이야기를 듣고 시무룩해하며 하소연한 적이 있다. 견적이 무려 1200만 원 나왔다고 한다. 이 친구에 비하면 나는 껌 값 아닌가!

그 뒤로 1년에 두 번 정도는 스케일링을 받을 겸 치과에 놀러간다. 치료받을 때도 예방 차원의 치료는 고통이 심하지 않다. 그리고 거의 국소마취를 하고 치료하기 때문에 통증도 거의 못 느낀다.

치과는 마을회관에 마실 나가듯 먼저 찾자. 그러면 고통도 적고 돈도 벌 수 있다. 당연히 노후까지 건강한 치아로 먹는 즐거움을 느끼며 살 수 있다.

여성에게 필수적인 산부인과 정기검진 | 여성들은 산부인과를 정기적으로 찾는 것이 좋다. 신체구조 특성상 여성들은 각종 부인과 질환에 걸리기 쉽다. 예를 들어 각종 질염과 자궁경부암·난소암에 이르기까지 많은 병에 노출될 가능성이 높다. 그러나 사전에 정기검진으로 예방이 가능한 것조차 대부분의 여성이 방치하고 있다. 책을 읽는 독자가 남자라면 아내가 주기적으로 산부인과 검진을 받을 수 있도록 챙겨줄 필요가 있다.

현대인들은 컴퓨터나 TV 등에 많은 시간 노출되어 피로를 느끼는 눈을 보호해야 한다. 특히 40대 들어 갑자기 시력이 떨어지는 현상이 나타난다. 이런 현상은 불가피한 현상이라 하지만 정기적인 안과 검진을 통해 적절한 치료나 처방을 받는다면 귀중한 눈을 보호하는 데 도움이 될 것이다.

이밖에 10~11월에는 독감 예방접종을 받는 등 계절에 따라 필요한 예방접종을 반드시 받을 것을 권한다. 나이 들수록 신체는 저항력을 잃어간다. 30대까지는 대부분의 바이러스를 스스로 이겨낼 힘이 존재한다. 바이러스와 싸워 이길 힘이 있다면 싸움에서 승자가 되어 건강을 유지하지만 싸움에서 진다면 그만한 대가를 치러야 한다. 건강할 때 자기 몸을 지키는 것이 무엇보다 인생을 지혜롭게 사는 길이다.

건강을 과신하는 것만큼 어리석은 일은 없다 | 40대에는 절대 건강을 과신하지 말라. 겸손해져라. 나 혼자 싸워 이기겠다는 생각을 버려라. 우군이 있는데 굳이 어려운 싸움을 혼자 할 필요가 뭐 있나. 우리에게는 지혜가 생명이라고 했다. 내 힘이 부족하면 뭐든 활용해 도움을 받아라.

정기종합검진으로 대부분 사전에 자신의 건강상태를 점검할 수 있다. 하지만 위에서 거론한 몇 가지는 종합검진과 별개로 예방차원에서 정기적으로 병원을 찾을 필요가 있다. 병원을 아파야 찾는 곳으로 여기지 말고 아프기 전에 먼저 찾는 것이 큰돈을 아끼는 비결이다.

TIP 건강나이 측정법

실제나이와 건강나이는 다르다. 중년에 접어들면 몸이 마음 같지 않을 수 있다. 평소의 라이프스타일life style을 분석해 건강나이를 체크해보자.

아래 체크리스트에서 나온 점수를 본인의 실제 나이에 더한 것이 바로 건강나이다. 만약 각 문항에 대한 점수를 합한 결과 '-5'가 나왔다면 건강나이는 실제나이보다 5년 젊은 것이다. 만약 '+5'가 나왔다면 건강나이는 5년이 더 든 것이고 그만큼 건강의 위험 요인이 많다는 뜻이다.

1. **식생활** 〔 〕점
   ① 싱겁게 먹는다.
   ② 신선한 과일이나 채소를 매끼니 먹는다.
   ③ 검게 태운 음식을 먹지 않는다.
   ④ 식사를 규칙적으로 한다.
   ⑤ 간식을 먹지 않는다.
   　넷 이상 -4, 셋 -2, 둘 0, 하나면 +2, 해당없음 +4

2. **운동** 〔 〕점
   ① 일주일에 3회 이상 30분 이상 한다. (-2점)
   ② 운동을 전혀 하지 않거나 월 3회 미만 한다. (+2점)
   ③ ①과②중간. (0점)

3. **흡연** 〔 〕점
   ① 전혀 피운 적이 없거나 10년 전에 끊었다. (0점)

② 5년 전에 끊었다. (0.5점)

③ 1개월~5년 사이 끊었다. (1점)

④ 하루 1갑 미만. (3점)

⑤ 하루 1갑 이상. (5점)

4. 음주 〔   〕점

① 전혀 마시지 않는다. (-1점)

② 횟수와 관계없이 주량은 소주 2홉 반병 이하. (0점)

③ 평균 일주일에 1~3회이고 한 번에 소주 2홉 1병 이상. (+2점)

④ 평균 일주일에 4회 이상이고 한 번에 소주 2홉 1병 이상. (+4점)

⑤ ②와③사이 (+1점)

5. 스트레스 〔지난 한 달 동안〕〔   〕점

① 감당하기 힘든 어려움이 여러 번 있었다.

② 내 방식대로 살려다 여러 번 좌절을 느꼈었다.

③ 기본적인 욕구도 충족되지 않는다고 느낀 적이 있다.

④ 미래에 대해 불확실하다고 느낀 적이 자주 있다.

⑤ 할 일이 너무 많아 중요한 것을 잊거나 놓치기도 한다.

1개 이하 -1, 2개 0, 3개 +1, 4개 이상 +2

6. 연간 여행거리 혹은 위험한 직업 〔   〕점

① 서울-부산 거리의 10배 이하 / 일이 위험하지 않다. (-1점)

② 서울-부산 거리의 10배~19배 정도 / 일이 약간 위험하다. (+1점)

③ 서울-부산 거리의 20배 이상 / 일이 위험하고 사고가능성이 항상 있다. (+2점)

7. 운전 및 안전습관 〔   〕점

　　① 안전벨트를 착용하고, 일을 할 때마다 안전에는 주의한다.
　　　 (-1점)

　　② ①중 한 가지만 해당. (0점)

　　③ ①중 두 가지 모두 미해당. (+1점)

8. 건강검진 〔   〕점

　　① 2년에 1회 이상 건강검진을 받는다. (-2점)

　　② 전혀 건강검진을 받지 않는다. (+2점)

　　③ ①과②의 중간 (0점)

9. 나는 B형 간염 혹은 바이러스 보균자 〔   〕점

　　① 그렇다. (+3점)　　② 아니다. (0점)　　③ 모른다. (+1점)

10. 비만도 〔   〕점

① 표준체중 : 이상체중의 90~110%. (-1점)

② 과체중 혹은 저체중 : (+1점) 이상체중의 110~119%/ 80~90%

③ 경도비만 혹은 저체중 : (+2점) 이상체중의 120~129% / 75~80% 미만.

④ 고도 비만 혹은 고도 저체중 : (+3점) 이상체중의 130% 이상 / 74% 이하.

※ 이상체중 = (키cm -100) × 0.9
　　〈55cm 이하 여성은 키에서 100만 뺀 것이 이상체중〉

총점(   ) + 나의 실제 나이(   ) = 나의 건강 나이〔   〕세

〈자료 : 인제대의대 서울백병원 가정의학과 김철환 교수〉

빛나는 인생 2막을 위하여

PART 05
편안하고 활력 넘치는 노후준비

1. 준비 안 된 장수는 재앙이다
2. 당당한 노후를 위한 자산관리
3. 일하면서 즐기는 인생의 황혼기
4. 내 인생의 주인공은 그대
5. 행복을 부르는 인관관계
6. 베푸는 즐거움

"당신은 열여섯 살 때의 아름다움을 당신이 만든 것이라고 주장할 수 없다. 그러나 당신이 육십 세 때에도 아름답다면, 그것은 당신의 영혼이 만들어낸 아름다움일 것이다."

— 마리 스톱스

> **제3의 연령을 대비하자**
>
> 2007년 한국인의 평균수명은 78.63세로, 1965년의 52.4세에 비해 무려 25년이나 늘었다. 2018년, 우리나라의 평균수명은 80세를 넘어설 전망이다. 학자들 사이에서는 향후 60년 안에 평균수명 120세 시대가 도래할 것이라는 예측마저 나오고 있다.
>
> 미국 하버드대학 성인발달연구소에서 '중년'에 관한 연구를 해온 윌리엄 새들러 교수는, 현대의 장수혁명으로 인해 생겨난 이 마흔 이후 30년을 '제3의 연령the third age'이라고 명명했다. 그는 제3의 연령기를 "2차 배움과 성장을 통해 자기실현을 추구해갈 수 있는 30년의 보너스"라고 말했다. 이 30년의 보너스를 어떻게 사용할 것인가? 새로운 꿈을 향해 이륙하는 데 투자할 것인가, 아니면 새들러 교수의 지적대로 "서서히 속력을 줄이고 고도를 낮춰 은퇴라는 육지에 안전하게 착륙하는" 데 소모할 것인가? 선택은 오직 당신 몫이다.

1. 준비 안 된 장수는 재앙이다

급속한 고령화와 평균수명 증가 | 노후와 관련한 사회 전반적인 현상과 미래 예측을 먼저 살펴보자.

통계청에서 발간한 〈2007 고령자통계〉를 보면 2016년에 이르면 노령화 지수가 100.7로 노인인구가 유년인구를 추월할 것으로 예측되고 있다. 또 오는 2026년에는 65세 이상 노인인구가 20.8퍼센트가 되어 '초超고령 사회'에 도달할 것으로 전망된다. 현재

40대가 노령인구로 편입될 무렵이면 경제활동을 하는 사람보다 비경제활동인구가 더 많아진다는 추정이 가능하다. 결국 사회가 노인을 책임질 여력이 그만큼 줄어든다는 뜻이다.

노인복지 관련 국가예산은 갈수록 증가되어야 하지만 재정확보의 어려움으로 인해 지금보다 크게 확대되기는 쉽지 않다. 예산을 늘린다면 경제활동인구의 부담이 지나치게 증폭될 소지가 크기 때문이다. 한마디로 현재의 40대는 스스로 노후준비를 하는 수밖에 없다는 결론을 내릴 수 있다.

2005년 현재 65세 고령자의 기대여명은 18.2세로 83.2세까지 살 것으로 예상된다. 성별로 살펴보면 65세 남자의 기대여명은 15.8세로 80.8세까지, 여자는 19.9세로 84.9세까지 생존할 것으로 추산되고 있다. 이 같은 예측에 따르면 여자는 남자보다 4.1세 더 오래 살게 된다. 현재 40대라면 미래의 기대여명은 이보다 훨씬 길어질 것이고 최소한 지금껏 살아온 이상을 더 살 수도 있다는 추정이 가능하다.

평균수명이 증가한다는 것은 바람직한 일이다. 그러나 오래 산다는 것이 반갑지만은 않은 것은 평생직장 개념이 사라지며 수명이 길어지는 것에 반해 퇴직은 빨라지는 부조화가 일어나고 있기 때문이다. 그것도 준비가 안 된 상태의 비자발적 퇴직이 증가하고 있고 이 같은 추세는 앞으로 더욱 심화될 전망이다.

열악한 사회보장제도와 노老테크의 시급성 | 선진국에서는 은퇴를 새로운 인생의 출발로 받아들이지만 우리는 사정이 다르다.

사회보장이 아직은 걸음마 수준인데다 개인적으로도 은퇴 이후 새 출발을 위한 제반 준비가 미흡한 탓이다.

특히 우리 부모세대는 노후에 대한 준비를 거의 하지 못한 세대다. 경제적 준비뿐만 아니라 어떻게 노후를 보낼지 고민할 여력도 없이 노년을 맞고 말았다. 자식에게 자신의 모든 것을 다 준 만큼 어느 정도 되돌림을 할 것이라 믿었지만, 그 기대는 허물어졌다. 자식들은 갈수록 자신의 생활에 치중하고 부모에 대한 부양을 부담스러워 한다. 그렇다고 사회보장제도가 잘 갖춰져 있는 것도 아니다. 기껏해야 경로연금 몇 만 원 정도가 대부분의 지원이다. 생활보호대상자의 경우는 좀 더 혜택을 받지만 그마저도 자식이 있으면 수급 대상이 되기 어렵다. 어쩌면 자식이 없는 편이 더 나을지 모르겠다. 젊어서 노후를 미리 준비했거나 비축한 재산이 많은 경우를 제외한 대다수의 경우, 경제적인 어려움에 시달리고 있다. 특히 보험이나 연금 등에 적극적으로 가입한 세대가 아니기 때문에 증가하는 의료비를 감당하기에 벅찬 실정이다. 취미나 운동 같은 이야기는 호사스러운 사람들의 이야기에 지나지 않는다. 대부분 자식에 대한 의존도가 높은 우리 부모세대는 변해버린 사회풍조와 그에 편승해 부모부양을 소홀히 하는 자식들 눈치를 보며 남은 생을 힘겹게 이어가고 있다. 정말 안타까운 현실이다.

보건복지부가 기초노령연금 지급대상 선정을 위해 건강보험공단을 통해 확보한 소득 및 재산관련 자료를 분석한 결과를 보면 현 상황이 입증되리라 본다. 독신노인과 노인부부를 합한 노인가구 가운데 32.1%는 소득이나 재산이 전무했으며, 소득은 없으나 재산이 있는 경우가 34.8%로 집계되어 전체의 66.9%가 소득이 전혀 없는 것으로 나타났다.

다행히 이런 현실을 간접 경험한 이후 세대들은 노후준비에 많은 관심을 갖고 있다. '노테크老tech'라는 신조어의 등장에서도 알 수 있듯, 노년에 안정적이고 건강한 생활을 하기 위해 재산과 건강관리를 미리 미리 해야 한다고 생각하고 있다.

또한 우리 부모세대들이 외롭게 황혼기를 보내는 현실을 보며 부부관계의 중요성을 인식하고 공동의 취미나 관심사를 만드려는 노력을 하고 있다. 현재 자신이 부모 대하는 것을 거울삼아 자식과 적정한 관계 정립을 하는 등 의식의 변화도 감지된다. 그러나 30·40대 대부분은 아직 노후를 막연하게 고민하고만 있을 뿐, 구체적인 그림을 그리거나 체계적인 준비를 해나가지는 못하고 있는 실정이다. 이제 편안하고 활력 넘치는 노후를 맞이하기 위해 어떤 준비가 필요한지 밑그림을 그려보자.

꿈꾸는 노후생활의 밑그림을 그려라 | 사람들이 소망하는 '인간의 오복五福'이란 무엇인가? 앞에서도 언급한 바 있지만 다시 한 번 자세히 알아보자. 중국 유교의 5대 경전 중 하나인 《서경書經》 홍범편洪範編에 실려 있는 오복은 수壽·부富·강녕康寧·유호덕攸好德·고종명考終命이다. 수壽는 천수天壽를 다 누리다 가는 장수를 말한다. 이것은 전 인류의 공통된 염원이다. 부富는 부유하게 살기를 원하는 것, 즉 살아가는 데 불편하지 않을 만큼의 재산

을 뜻한다. 강녕康寧은 몸과 마음이 모두 건강하고 깨끗한 상태에서 편안하게 사는 것을 말한다. 유호덕攸好德은 남에게 선행을 베풀어 덕을 쌓는 것을 말한다. 고종명考終命은 일생을 편안하게 살다가 고통 없이 평안하게 생을 마치는 것, 흔히 어르신들이 말씀하시는 '죽을 복을 잘 타고 나야 한다'는 의미다. 질병 없이 살다가 고통 없이 편안하게 일생을 마치는 것은 분명 큰 복이다.

누구나 다 오복을 누리며 노후를 보내게 되기를 바란다. 그런데 오복은 사람마다 가치관이나 생각하는 관점, 시대변화에 따라 다를 수 있다. 남이 중시하는 것도 내 기준에서는 중요하지 않을 수 있다. 복福의 기준은 분명 스스로 세우는 것이다. 또 자신이 그 기준을 세우기에 현실로 이루어질 가능성 또한 높다. 그렇다면 당신이 생각하는 오복은 무엇인가? 자신만의 기준을 만들어 오복을 누려보자.

나는 '재산, 일, 부부, 건강, 사회봉사, 친구'라는 육복六福을 꿈꾼다. 욕심이 과하다고 할지 모르겠지만 그래도 내가 얻고 싶은 것을 다 넣었다. 살아가기에 모자라지 않을 정도의 재산과 평생 할 수 있는 일, 평생을 같이 할 소중한 부부, 부부의 정신적·육체적 건강, 내가 세상으로부터 받은 것의 1퍼센트라도 사회로 되돌리는 나눔과 사회봉사, 노년을 같이 이해하고 나눌 순수한 친구들을 소망한다.

나는 이 육복을 중심으로 노후대비라는 테마를 풀어나가고자 한다. 순서에 관계없이 기술하지만 항목별 중요도는 각자의 판단에 맡긴다.

이 장은 노후를 어떻게 보낼지 미리 그림을 그려보는 과정이다. 미래에 대해 밑그림을 그리는 것은 쉬운 일이 아니지만 그렇다고 하지 못할 일도 아니다. 앞서 10년 후 내가 소망하는 10대 풍광을 그려본 독자라면 같은 방식으로 접근해보는 것도 유익하다. 보통 노후라고 말할 수 있는 나이를 60세 이후로 보고 현재 나이를 기준으로 하여 남아 있는 기간을 알 수 있다. 짧게는 10년, 길게는 20년 이후가 될 것이다. 자신의 미래로 여행을 다녀오는 것이다. 나는 15년 후로 여행을 떠나려 한다.

아직 경험해보지 않은 미래를 경험한 것처럼 논할 수는 없다. 이 장에서는 대부분 나의 희망과 추측을 일부 표현하고 인생 선배들에게 조언을 구해 검증된 이야기를 전개하려 한다. 또 각 분야 전문가들의 조언도 참고했다.

2. 당당한 노후를 위한 자산관리

인생을 살아가며 돈이 전부는 아니지만 그래도 수중에 적당한 재산이 있어야 사람답게 행동하고 살 수 있는 것이 우리 사회의 현실이다. 돈은 하루아침에 준비할 수 있는 사항이 아니므로 지금 당장 시작해야 한다. 노후자금 준비는 늦게 시작할수록 매달 저축해야 할 액수가 기하급수적으로 늘어나 부담이 가중되기 때문이다.

우선 가정의 경제상황을 정확히 파악하는 것이 우선되어야 한다. 그래야 계획을 세울 수 있고 이런 과정을 가족 구성원 모두가 공유함으로써 가족의 공감대를 형성하고 동참을 이끌어낼 수 있다. 또한 불의의 상황에 유연하게 대처할 준비도 할 수 있다.

그 다음에 해야 할 일은 나이와 상황 등을 종합적으로 고려해 노후에 필요한 자금을 예측해 대비책을 마련하는 일이다. 한 가지 방법으로 목적통장 만들기를 소개 하겠다.

1) 자산 및 자금운영 현황관리와 공유

자산현황은 가족과 공유해야 한다 | 우선 자산보유 및 자금운영 현황을 꼼꼼히 정리해보고 그것을 가족들과 공유하는 것부터 시작하자. 자녀들과 공유하기 다소 부담스럽다면 최소한 부부간에는 공유하고 대비책을 만들어야 한다. 이런 행동은 부부가 미래를 같이 공유하고 대응한다는 공감대를 형성하는 데 큰 도움이 된다. 또 불의의 상황에 가족이 어려움을 겪지 않고 유연하게 대응할 수 있도록 해준다는 점에서 가장의 책무이기도 하다.

돌연사나 사고사를 당하지 않더라도 죽음을 앞두고 미처 신변정리를 해두지 않아 자손들이 어려움을 겪는 사례가 적지 않다. 이 경우 도대체 재산이 어느 정도이고 부채는 얼마가 되는지 알 수가 없어 갑작스럽게 부모가 세상을 등지면 일대 혼란이 찾아온다. 빚진 사람은 대부분 조용하다. 그러나 이곳저곳에서 빚 받을 사람들은 상황에 관계없이 꼬이기 마련이다.

요즘 사회는 의학이 발달해 질병에 대한 대응력은 커졌지만 오히려 갑작스런 불의의 사고는 갈수록 늘고 있다. 멀쩡하던 사람이 교통사고가 나서 갑자기 세상을 떠난다든지 하는 일은 이제 일상의 한 부분이 되어 버렸다.

"내 나이가 지금 몇인데, 벌써부터……"라고? 갑작스러운 사고는 나이와 전혀 상관없이 찾아온다. 그래서 40대에 접어들면서 미리 유언장을 써 놓는 경우도 있다. 선뜻 이해할 수 없을지 모른다. 유언장을 미리 써놓고 계속 보완해간다는 것은 자신의 삶을 그만큼 더 소중하게 살아가겠다는 의미이기도 하고, 더불어 만에 하나 있을지 모르는 불의의 상황에서 남아 있는 가족들이 허둥대지 않도록 하기 위한 배려이기도 하다.

나는 그동안 노트에 정리해 오던 자산현황을 작년부터 텍스트 파일로 작성해 변동이 있을 때마다 보완하고 아내와 서로 이메일로 공유하고 있다. 언제 무슨 일이 있어도 그 자료만 있으면 현명하게 대처할 수 있다. 자산현황을 명확히 파악하는 것은 향후 자금운용 계획을 세우는 데도 유용하다. 가정경제에 대한 부부 양쪽의 책임감도 높아지고 유대도 더 강화된다.

이렇게 말하면 나를 무슨 대단한 자산가라고 오해할지 모르지만, 실상은 재산이 넉넉하지 않으니 이런 방법으로라도 관리를 해보려는 것이다. 이따금 재물이 풍족하다면 이렇게 안 해도 돈 걱정은 안하고 살 텐데, 하는 생각도 든다.

자산현황, 어떻게 정리하는 게 효과적일까 | 자산현황에는 가급적 구체적인 내용이 모두 포괄될 수 있도록 하는 것이 좋다. 도움

이 될만한 범주를 소개하지만 자신의 상황에 맞게 가감했으면 한다. 일반적으로 기업에서 대차대조표를 작성할 때 들어가는 계정과목을 참고하면 될 것이다.

대차대조표B/S·Balance Sheet는 특정 시점, 주로 회계연도 말의 재무상태를 나타내는 정태적 재무제표를 말한다. 이것은 기업이 소유하고 있는 경제적 자원(자산), 그 경제적 자원에 대한 의무(부채)와 소유주 지분(자본)에 관한 정보를 제공할 목적으로 작성된다. 구성요소는 기업 실체에 의해 지배되고 미래에 경제적 이익을 창출할 것으로 기대되는 자원인 자산과 대차대조표, 현재 기업실체가 부담하고 그 부담을 이행함에 따른 경제적 자원의 유출이 예상되는 의무를 지닌 부채, 기업 실체의 자산에서 부채를 차감한 잔여액 또는 순자산으로서 자산에 대한 잔여 청구권인 자본으로 구성된다. 이 정도 상식으로 접근하되, 대차대조표 항목에서 가정경제에 맞는 항목만 선별하면 된다.

먼저 자산은 유동자산과 비유동자산으로 구분한다. 유동자산은 1년 이내에 현금화가 가능한 자산이다. 현금, 예금, 유가증권(주식이나 채권), 단기 대여금 등을 기록하면 된다. 비유동자산은 보유 또는 사용기간이 1년이 넘는 자산으로 부동산(토지나 건물)이나 임차 보증금이 대표적이다. 그리고 투자 목적의 장기 예·적금, 장기 채권이나 펀드, 보험과 연금, 회원권, 장기 대여금 정도를 기록하면 된다.

부채는 상환에 소요되는 기간이 1년 이내 인지를 기준으로 유동부채와 비유동부채로 분류되는데 복잡한 분류보다는 상환기간만 명시하면 될 것 같다.

한 단계 넘어 자기 가정의 자본 규모를 알아보는 것이 필요하다. 총자산에서 부채를 차감한 것이 자본이니 간단한 계산으로 알아볼 수 있다. 그래야 노후에 필요한 추가자금을 파악하는 데 용이하다.

결론적으로 가정에서 보유하고 있는 자산을 간편장부 형태로 알기 쉽게 구분해 정리하고 회수나 만기일, 투자 목적을 기록하면 될 것 같다. 자산은 현금과 예금, 적금, 증권(채권이나 주식), 연금, 보험, 대여금, 펀드나 회원권 정도를 중분류해서 작성하고 부동산 현황을 별도로 구분해 정리하는 것이 좋다. 부채현황은 한 항목으로 정리하면 된다.

자산현황을 정리하면 가정 재무계획을 수립하는 데 상당히 용이하고 계획적인 지출과 투자가 가능하다. 참고로 내가 사용하고 있는 자금운영현황을 정리한 데이터 파일 일부를 제공한다. 형식만 참고하고 각 가정의 특성에 맞게 작성해보기 바란다.

■ 예/적금 현황   수정일 : 2007. 8. 10.

은행명	예/적금명	가입자	계좌번호 (증권번호)	가입일 (가입기간)	월불입액 (총불입액)	이율 및 조건	만기 예상총액	목적
00 은행	상호부금	000	000000-00-000000	2006.6.21 (06.6.21~07.6.22)	월 50만 원 (600만 원)	3.85%	6,125,125 (세전)	만기
00 은행	주택청약 만기지급식	000	000000-00-000000	2007.2.1~	600만 원 예치	3.55% 이자 년 1회 정산	600만 원	분양
00	장기주택 마련저축	000	000-00-000000	2003.8.8~ 2010.8.8 (7년 만기)	월 50~ 100만 원	3년 5.5% 4년 변동금리 비과세 소득공제	앞으로 매월 100만원 입금시 최종 약 000만 원 수령 예상	토지 매입

■ 펀드가입 현황

은행명	운용사 및 펀드명	가입자	계좌번호 (증권번호)	가입일 (가입기간)	월불입액 (총불입액)	이율 및 조건	만기 예상총액	목적
OO 은행	OOO 주식형투자	OOO	OOOOOO-OO-OOOOOO	2007.0.00 ~2010.0.00	월 30만 원	투자수익률	원금 1800만 원	딸 대학 학비
OO 은행	OOO 배당종류형 주식투자	OOO	OOOOOO-OO-OOOOOO	2007.0.00 ~2012.0.00	월 30만 원	투자수익률	원금 1800만 원	아들 대학 학비

■ 보험 및 연금가입 현황

보험사	보험명	가입자	증권번호	가입기간	월납부액 (총납부액)	보장내용	만기 예상총액	비고
OOO 생명	교통상해특약, 암보험	OOO	OOOOOOOOO	2001.9.15 ~2011.9.15 (10년 만기)	월 8,830원	가입기간 보장 (약관보관)	-	
OOO 생명	종신보험	OOO	OOOOOOOO	2003.8.8~65세	월 165,487원	약관보관	-	
국민연금 관리공단	국민연금	OOO		1991.4.8~60세	월 개인부담 162,000원 (월 324,000원 납부)	노령연금 장애연금 유족연금	노령연금 월 100만 원 정도	혜택은 정기 공지내용 참조
OO 생명	레이디 암보험	OOO	OOOOOOOO	1995.2.14 ~60세	월 21,800원 (완납)	2005.2.14 (10년 완납)	60세 1,000만 원	

■ 부동산 현황

소재지	소유주	매입일	대지면적	건평	매입가
서울시 OOOO OOOO	OOO	OOOO.O.O	OO.OO㎡ + 공유면적	OO.OO㎡	OOOOO만 원
OOO OOO OOO	OOO	OOOO.O.O			

■ 대여금 및 대출금 현황

채권자	대여(출)일	대출금액	이자	채권상환일
OOO	2006.12	OOO만 원	-	예치금

2) 노후자금 예측과 대비

노후자금, 얼마나 있어야 할까 | 주변 동료들을 보면 노후대책을 세워야 한다는 필요성에 공감하지만 아직까지 적극적으로 계획을 세워 대비하는 경우는 흔치 않다. 이유를 물어보면 당장 돈 들어 갈 일이 많아 엄두를 못 내고 있다는 답변이 많다. 다시 말해 '안 하는 것이 아니라 못 한다'는 것이다.

한 보험회사 매니저에 따르면 고객들에게 무료로 제공하는 노후설계지침서를 보고 실제 노후설계를 하는 사람은 의외로 적다고 한다. 보통 40대 정도면 노후에 대한 구체적인 계획이 서 있어야 하는데 아직 그런 인식이 부족하다는 말이다. 이에 비해 20대 신입사원들과 대화를 해보면, 이들은 의외로 재테크에 대한 개념이 명확히 서 있고 적절한 투자로 수익률을 높여 목돈을 만드는 일에 깨어 있다. 오히려 30·40대가 한 수 배워야겠다는 생각을 하게 될 정도다.

과연 노후자금은 어느 정도나 있어야 할까? 궁금증을 해결하기 위해 많은 자료를 찾아보았다. 각기 계산하는 방식에 차이가 있지만 그 가운데 한 잡지기사를 인용한다.

> 현재 45세인 부부가 20년 뒤인 65세에 은퇴해 한 달에 한 번 골프를 치고, 1년에 한 번 해외여행을 하고, 음악회도 다니는 '품위형 노후'를 보내려면 현재 가치로 월 431만 원이 든다. 85세까지 이 수준의 생활을 유지하려면 65세에 총 7억 7000만

원(현재 가치)을 쥐고 있어야 한다(65세 때 가치로는 월 944만 원, 총 17억 원 필요: 연평균 물가상승률 4% 가정, 남은 금액은 7% 수익률로 계속 운용).

반면 기본 생계를 유지하면서 골프 대신 등산을 하고, 국내 여행에 만족하는 '기본형 노후'를 보내려면 월 251만 원이면 되고, 85세까지 쓴다면 4억 5000만 원이 필요하다(65세 때 가치로는 각각 550만 원과 10억 원).

그렇다면 '집부자형'인 A중소기업 김 부장(45)은 어떻게 돈을 굴려야 할까. 그는 강남에 12억 원 대 아파트를 가졌지만 예금은 5000만 원뿐이고, 월 납입하는 적금·펀드 금액도 60만 원에 그친다. 미래에셋증권 김기영 도곡지점장은 "운용 가능한 자산이 빈약해 장기적 자산증식이 어려운 심각한 상태"라고 지적했다.

그래도 혹시나 금융자산 포트폴리오를 수술해봤다. 예금은 국내·해외 주식형 펀드(기대수익률 연 12%)에 절반씩, 매달 납입하던 돈도 주식형과 안정형 펀드(수익률 7%)로 갈아타도록 했다. 이렇게 20년을 투자하면 예금은 3억 6800만 원으로, 월 납입액은 4억 3600만 원으로 불어나 총 8억 400만 원이 된다. 65세인 2027년에 기본형 노후를 유지하려면 10억 원이 마련돼 있어야 하는데 2억 원이 모자란다. 김 지점장은 "적립액을 3배 이상으로 늘리든지, 부동산을 처분해 노후자금을 마련하는 수밖에 없다"고 했다. 당장은 비싼 집이 있더라도 금융자산이 적다면 함정에 빠진다는 소리다.

자영업자 최 사장(45)은 '금융부자형'이다. 아파트는 5억 원 짜리다. 하지만 예금·펀드로 2억 원을 모았고, 매달 펀드·적금에 200만 원을 붓는다. 지금처럼만 돈을 굴려도 20년 뒤엔 16억 원을 손에 쥘 수 있다. 주식형 펀드 수익률 12퍼센트만 유지하면 풍족한 노후가 보장되는 것이다.

좀 더 적극적으로 자산을 굴리면 어떨까. 예금·펀드는 국내외 주식형·안정형 펀드로 분산하고, 월 납입액도 국내외 주식형 펀드로 반씩 쪼개 넣었다. 이러면 65세엔 총 29억 2800만 원으로 자산이 불어난다.

다른 아파트가 많이 오를 때 최 사장은 박탈감이 컸을지 모르지만 20년 뒤엔 상황이 달라지는 것이다. 다만 경기를 많이 타는 자영업 특성상 일정한 소득을 꾸준히 유지하는 게 관건이다. 장사가 잘될 때 미련 없이 투자 적립액을 늘려야 하는 이유다.

B제조업체 박 차장(45)은 연봉 5000만 원에, 경기도 일산 인근에 3억 원짜리 집을 가졌다. 금융자산도 1억 원과 매달 펀드 등으로 40만 원 투자하는 게 전부다. 전형적인 급여생활자 자산구조다. 포트폴리오를 바꿔 펀드에 분산 투자하면 20년 뒤에는 10억 원 조금 넘는 돈이 모인다. 기본형 노후비용은 그럭저럭 만들 수 있는 것이다.

지금의 부동산 값은 앞으로 많이 오르지 않으면 이를 처분해 생활비를 충당할 수준이 안 된다. 허리띠를 더 졸라매서라도 월 투자액을 늘리는 수밖에 없다는 얘기다. 박 차장처럼 '중간형'에 속한다면 하루라도 젊었을 때 일찍 노후대비 투자에 나서야 한다. 박 차장이 35세부터 노후에 눈을 떴다면 월 40만 원 적립 투자만으로도 65세에 3억 원 이상을 더 손에 쥘 수 있기 때문이다.

《중앙SUNDAY》 2007년 9월호

솔직히 일부 매스컴이나 매체에서 노후 자금이 10억이니 얼마니 하는 소리를 들으면 시작도 하기 전에 기가 죽을 때가 많다. 물론 노후필요자금 규모는 기대여명과 삶의 질에 따라 큰 차이가 있을 것이고 노후에도 경제활동을 할 수 있는지 그렇지 않은지에 따라서도 많은 차이가 난다. 나는 이 분야 전문가도 아니고 관련 지식 또한 빈약해 전문가의 조언을 많이 참조하는 편이다.

최근 은행이나 증권사, 보험사에서는 노후대책이 시급하다는 이슈를 내걸고 각종 조사내용을 발표하고 있고 노후자금 설계 서비스를 공격적으로 제공하고 있다. 개인적으로 노후자금 설계를 받아볼 것을 권한다. 또한 재무부서에 근무하는 동료가 있으면 그들의 도움을 받는 것도 유용하다. 업무특성상 거래은행과 자주 접할 기회가 많아 유용한 정보를 얻을 수 있어 투자방법을 잘 알고 있는 편이다. 나도 재무부서 후배에게 도움을 많이 받고 있다.

시작이 늦을수록 부담은 가중된다 | 40대 중반인 경우 노후생활의 질에 따라 차이가 있겠지만 현재 가치로 최소 4억에서 7억은 준비해야 할 것으로 보인다. 이것은 65세까지 경제활동을 하는

것을 전제로 한 액수다. 그러고 보면 미래 화폐가치로 따지면 평균적인 생활을 한다 해도 10억은 있어야 한다는 말이 거짓은 아닌 듯싶다. 자료조사를 하며 결론에 접근해 갈수록 한숨이 더해 간다.

　10억이라……. 그렇다면 현재가치로 5억 원은 준비가 되어 있어야 평균적인 삶의 질을 누리며 노후를 보낼 수 있다는 이야기다. 현재 5억 원을 보유하고 있다는 것도 중요하지만 적절한 투자를 통해 미래 보유액을 늘려야 한다는 뜻이다. 그것도 '기본형 노후'를 보내기 위한 준비란다. 월 생활비를 현재기준으로 251만 원으로 설정했는데 그 기준은 기본생활비와 여가활동비 등을 직접 계산해 본 금액과 거의 비슷하다.

　물론 일부에서는 현실과는 거리가 먼 터무니없는 이야기라고 지적하기도 한다. 하지만 논란은 접어두고 실제 자기 노후에 필요한 비용은 어느 정도가 될지 계산해보고 지금부터 대책을 마련할 필요는 분명히 있다. 시작이 늦을수록 부담은 가중된다.

　나도 노후자금에 대한 포트폴리오를 짜보려 여러 날 고민을 해보았다. 우선 눈앞의 걱정은 현재 보유 재산이 어느 정도 있다고 해도 당분간 목돈 들어갈 일들이 기다리고 있다는 점이다. 아이 둘의 사교육비와 대학교 학비가 가장 큰 문제다. 대학을 졸업하려면 최소한 1억 원 정도가 예상된다. 혼인에 들어갈 비용은 스스로 벌어서 해야 한다고 교육은 해왔지만 그래도 얼마간은 목돈이 들어갈 것이다. 이런 목돈은 매월 수입으로 충당하기에는 부담이 너무 크다. 미리 조금씩 적립을 하든지 아니면 보유한 자금에서 지출해야 한다. 이런 이유로 목적통장을 만들 필요성을 더욱 느낀다.

나이 들수록 부담스러운 것은 의료비가 점점 증가할 수밖에 없다는 사실이다. 노후 필요자금 규모를 예측할 때는 이 점에 대해서도 간과하지 말아야 한다.

긍정적인 면도 없지는 않다. 가장 중요한 것은 부부가 노후에도 경제활동을 해서 생활비를 어느 정도 충당할 수 있을 것이라는 예상과 큰 기대는 하고 있지 않지만 노령연금이 어느 정도 기여할 것이라는 점이다. 우리는 현재 부부 모두 연금을 납부하고 있어 현재 미래가치로 약 170만 원 정도는 보장이 될 것으로 예상하고 있다. 하지만 연금급여 수준이 줄어들 것을 예상해 개인연금을 추가로 가입했다. 은퇴할 때 받게 될 퇴직금도 어느 정도는 도움이 될 것이다.

역모기지론 활용도 고려하라 | 역모기지reverse mortgage를 활용하는 것도 방법이다. 역모기지는 연금혜택이 충분치 않고, 자식에게 부양을 기대하지 않는 노인들이 집을 담보로 대출을 받는 제도다. 아직 상속과 부양이라는 전통적인 가치관이 남아있어 활성화되지는 못했지만, 종신형 역모기지 등 점차 다양한 상품이 개발되어 주목을 끌고 있다.

모기지mortgage는 미리 구입할 집값의 일부만큼 돈을 빌려 집을 사면서 담보로 맡긴 다음 원금과 이자를 장기간에 걸쳐 되갚는 방식이다. 한마디로 주택을 구입하려는 사람들이 쉽게 집을 살 수 있도록 만들어진 대출제도다. 원금과 이자를 다 갚아야 완전히 본인 소유가 되지만, 대출금을 갚아나가면서 해당 주택에서 계속 거주할 수 있다는 것이 장점이다. 내 집 마련을 준비하는 세대들이 주로 활용하는 금융상품이다.

역모기지는 모기지론의 원리를 거꾸로 한 것이다. 한마디로 노인들이 자기 집을 금융기관에 담보로 맡긴 다음, 매월 일정 금액을 연금형태로 지급받는 것이다. 금융기관에서는 소유주가 사망하기까지 꾸준히 월정액을 지급하고, 소유주가 사망하면 집을 처분해 원금과 이자를 상환 받는 방식이다. 집은 한 채 있지만 은퇴 후 일정한 수입원이 없는 세대를 위해 새롭게 마련된 사회복지 개념 주택금융 상품이다.

기존 역모기지론 상품은 대부분 상환기간이 5~15년으로 제한되어 있다. 따라서 만기 후에 집을 처분했을 때 가치보다 원금과 이자가 커지면 대출금을 회수해 노인들이 갈 곳이 막막해지는 사례가 발생할 수 있으므로 대출 상환기간을 고려해야 한다.

평균수명 증가와 함께 상환기간을 제한하지 않는 종신형 역모기지론도 도입되었다. 대상은 공시가격으로 6억 원 이하 주택을 한 채만 갖고 있는 만65세 이상 부부 또는 독신 고령자로 제한된다. 노인인구 비중이 갈수록 증가하는 시점에서 편안한 노후생활을 약속하는 부담 없는 제도로 평가받고 있다.

역모기지를 이용할 것인지, 집을 팔아 현금으로 보유할 것인지는 집값이 오르는 지역인지 아닌지에 따라 판단하는 것이 좋다. 집값이 계속 상승할 것으로 예상되는 지역에 집이 있다면 역모기지가 유리하고, 공급초과권역에 있는 기존 아파트라면 팔아서 생활자금으로 사용하거나 다른 지역으로 이사한 후 역모기지를 활용하는 것이 좋다. 종신형 역모기지를 이용해 월 100만 원 이상 노후자금을 받으려면 60세를 기준으로 3억 원 이상의 아파트를 소유하고 있어야 한다.

위험분산 원칙에 따라 포트폴리오를 조정하라 | 우리나라 사람들은 대부분 자산관리 포트폴리오가 부동산에 집중되어 있는데, 금융자산으로 분산시키는 것이 필요하다고 전문가들은 강조한다. 일본 사회도 이 문제로 한 차례 고전한 경험이 있다. 부동산 가격이 급락하면서 한때 부동산 편중현상이 심했던 일본에서 상당수 가계가 파산한 것이다. 물론 이런 일이 생기지 않아야 하겠지만 어찌 되었든 위험을 대비한 분산은 필요하다.

자산관리 포트폴리오를 설계할 때 고려해야 할 항목을 정리해 보자. 참고해서 각자 자신에 맞는 방법을 찾아보기 바란다.

첫째, 노후를 대비해 투자할 때 염두에 두어야 할 점은 인플레이션을 감안한 투자를 해야 한다는 점이다. 물가상승률을 매년 3퍼센트로 가정하면 25년 후에는 물가가 현재보다 2.1배 상승한다. 당연히 화폐가치는 하락하게 된다. 이 같은 가정에 따르면 25년 후 5억 원은 현재가치로 2억 3880만 원에 불과하다. 이 점을 감안해 최소한 물가상승률 이상의 수익이 가능한 투자를 해야 보유자산 가치를 유지 또는 상승시킬 수 있다.

둘째, 자산 포트폴리오 중 부동산 비중이 지나치게 높다면,

반드시 조절할 필요가 있다. 노후에 부동산은 많아도 보유현금이 없어 어려움을 겪는 '부동산 거지'가 되고 싶지 않다면 지나친 부동산 편중은 금물이다.

셋째, 금융자산을 불리는 것이다. 예·적금, 국민연금, 개인연금, 주식이나 펀드 등으로 적절히 위험을 분산시켜 투자해야 수익성과 안정성이라는 두 마리 토끼를 동시에 잡을 수 있다. 적금 중 장기주택마련저축은 자격요건이 된다면 반드시 가입할 필요가 있다. 이율도 높은 편이고 비과세 혜택에 연말정산 시 소득공제 혜택도 볼 수 있기 때문이다.

넷째, 전문가들은 현 소득의 10퍼센트는 개인연금에 투자하라고 권한다. 국민연금의 부족을 감안한다는 측면에서 적극적으로 고려할 필요가 있다고 본다.

아울러 주식이나 펀드에 대한 투자비중을 늘리는 것도 신중히 고려할 필요가 있다. 위험부담이 있지만 수익률을 높일 수 있기 때문이다. 리스크를 줄이기 위해 장기 펀드에 가입하는 것도 필요하다.

보험가입으로 각종 리스크에 대비하라 | 마지막으로 예측하지 못한 위험과 고액의 의료비 부담에 대비해 보험에 가입하는 것을 적극적으로 검토해야 한다. 나는 보험에 대한 인식이 상당히 좋지 않았던 사람 중에 한 명이었다. 보험가입은 손해 보는 짓이라는 생각이 강했고 풍족하지 않은 자금을 보험에 투자하는 것은 어리석은 일이라고 생각했다.

그런데 몇 년 전 큰 매형이 갑작스럽게 중태에 빠진 일이 있었다. 병원에서도 포기하는 절체절명絶體絶命의 상황에서 매형에 대한 걱정과 안타까움 이면에 갑자기 생계가 막막해져 버릴 큰누이와 남은 가족들의 앞날에 대한 걱정이 더 컸다. 큰 매형은 보험 가입을 전혀 하지 않은 상태였고 재산도 많지 않은 상황이었다. 얼마 뒤 고비를 넘기고 완쾌되어 다행이지만 이런 계기로 보험에 대한 인식을 바꾸게 되었다. 만약 내가 매형과 같은 상황이 되었을 때 남은 가족이 처한 막막한 상황을 그려보니 도저히 이렇게 막연히 있어서는 안 되겠다는 자각을 하게 되었다. 재산이 많은 사람보다 오히려 재산이 적은 나 같은 사람이 예측하지 못한 상황에서 도움을 받을 수 있는 길은 보험이라는 생각을 한 것이다.

그 뒤 필요한 보험은 다 들었다. 필수적으로 가입해야 할 보험은 종신보험으로, 부부가 별도로 가입하는 것이 좋다. 종신보험으로 대부분의 위험이 보장되기는 하지만 암보험은 별도로 추가 가입해 두는 것도 바람직하다고 본다. 아이들 또한 연령에 맞게 보험가입을 해둘 필요가 있다. 저렴한 가격에 화재보험까지 들어두었다. 한 달에 지출되는 보험비용이 다소 부담스럽기는 하지만 길게 보면 이것도 투자라고 생각한다. 어느 보험사 광고카피에 '보장자산' 이라는 것이 있다. 보장자산 범위를 보험에 한정 지어 보험의 중요성을 영업에 활용하는 전략이기는 하지만 보장자산은 남은 가족을 위한 배려라는 생각도 들고 예기치 못한 병을 얻었을 때 경제적으로 큰 걱정을 하지 않을 수 있는 준비라는 생각을 한다.

노후 주거지와 생활방식을 염두에 둬라 | 노후를 어느 곳에서 어떻게 보낼 것인가, 이를테면 실버타운에 입주할 것인지, 전원생활을 할 것인지는 아직 급한 문제는 아니지만 부부가 함께 미리 생각해두는 것이 바람직하다. 어느 순간 정해서 훌쩍 떠나기에는 부담스러운 문제가 될 수 있기 때문이다.

최근 들어 국내 물가나 생활여건에 만족하지 못하고 은퇴이민을 가는 사람도 늘고 있다. 장단점이 모두 있겠지만 매스컴에서 잇달아 소개하고 있는 은퇴이민자들의 이야기는 호기심을 유발하기에 충분하다. 국내와 동일한 생활비로 상당히 높은 수준의 생활을 유지하고 있는 것으로 나타났기 때문이다. 예를 들어 필리핀 마닐라에서는 대지150평에 건평100평, 옥외수영장이 딸린 2층집을 1억 5천만 원이면 구입할 수 있다. 게다가 월 250만 원이면 생활비는 물론 가사도우미와 운전기사를 두고 골프를 즐기며 살 수 있다니, 우리나라와 비교하면 기본형 노후비용으로 고품격 노후생활을 즐길 수 있는 셈이다. 자식들과 떨어져 지내고 가까운 사람들과 자주 만나지 못하는 외로움은 감수해야겠지만 나름대로 노후에 부부가 질 높은 생활을 하기에는 좋은 면도 있다는 생각이 든다.

한편 국내에서도 실버타운에 입주하는 노부부가 조금씩 늘고 있다. 초고령 사회에 먼저 진입한 일본은 실버산업이 급속도로 발전해 실버타운에 입주해 노후를 보내는 것이 일반적이다. 국내에서는 아직 보편화되지 않아 비용이 부담스러운 수준이다. 예를 들어 용인에 있는 한 실버타운은 보증금 3억 3천만 원에 월 200만

원을 지불하면 식생활과 청소 서비스 등을 받을 수 있고 각종 의료와 운동, 여가를 한 곳에서 해결할 수 있다. 노후에 가사부담을 최소화할 수 있고 의료나 각종 서비스 혜택을 받을 수 있어 노부부만 살아가는 현실에서 장점이 많은 것 같다.

필자는 노후에 수도권 외곽에 아담한 전원주택을 짓고 텃밭을 가꾸며 살고 싶다. 집을 사무공간으로 활용해 사회활동도 하면서 여유 있는 생활을 하고 싶다. 그래서 조금씩 그 대비를 해가고 있다. 아이들이 대학을 졸업하면 굳이 복잡한 도시에 파묻혀 살고 싶지 않다. 도시와 가까운 거리라 가끔 도시가 주는 매력도 느끼되 땅을 밟으며 살고 싶은 것이 소망이다. 물론 그때 보유한 부동산은 전월세를 주어 생활에 보탬이 되도록 활용할 계획이다.

3) 목적통장 만들기

무슨 돈이 그렇게 많아서 목적별로 통장을 만드느냐고 반문할지 모르겠다. 하지만 없을수록 이 방법은 더 유용하다. 직장생활을 하며 누가 그렇게 여윳돈이 많겠는가. 그렇지만 같은 상황에서도 돈을 모으고 못 모으는 사람은 분명 존재한다. 이들의 차이는 월급을 받아쓰고 남은 것을 모은다고 생각하는 사람과 매달 모을 돈을 뺀 나머지를 쓴다는 사고를 가진 사람의 의식 차이다.

40대 중반이면 앞으로 돈 들어갈 일이 부지기수다. 그것도 작은 돈이 아니다. 대부분 자녀교육비가 큰 몫을 차지하는 시기이다. 나도 고등학교 1학년과 중학교 2학년에 다니는 자녀 둘을 두고 있다. 고등학교까지도 많은 돈이 필요하지만 두 명이 대학에 들어가면 엄청난 학비 때문에 큰 걱정이다. 요즘 대학 등록금은 상상을 초월한다. 대충 계산을 해봐도 두 명을 대학 졸업시키려면 못 잡아도 등록금만 1억 원은 필요하다. 내 형편과 월급으로는 매번 학비를 그때그때 준비한다는 것은 정말 어려운 일이다. 그래서 아이들 대학등록금 목적으로 펀드를 각각 1구좌씩 들었다. 아이들이 대학에 들어갈 시점에 만기가 되고 적어도 2년은 그 통장이 해결해주도록 금액도 정해서 넣고 있다.

또 한 가지, 나는 아이들이 대학을 졸업하면 수도권 외곽으로 이사해 전원주택을 짓고 살고 싶은 소망이 있다. 그래서 2010년을 목표로 7년 간 장기주택마련 저축을 들었다. 그 돈이면 2010년에 땅은 살 수 있을 것이다.

이외 목적통장은 여러 가지가 있다. 자녀 결혼자금 목적 통장, 결혼 20주년 기념 해외여행을 위한 목적 통장, 아내에게 선물을 해주기 위해 만든 목적 통장 등이다. 특히 노후를 대비한 목적 통장도 꼭 필요하다. 개인연금이나 노후대비 장기 펀드 같은 목적 통장도 있다.

통장의 표지에 매직으로 크게 적어보라. 'ㅇㅇ 목적 통장' 또는 'ㅇㅇ 꿈이 있는 통장'이라고. 목적 통장에서 매일매일 나의 소중한 꿈이 커가고 있다고 생각해보라. 얼마나 든든한가.

각자 가정의 특성과 목표에 따라 목적별로 통장을 만들어보기 바란다. 한 가지 명심해야 할 것은 최악의 상황이 아닌 이상 목적 통장을 본래의 목적 이외에 다른 용도로 사용하는 것은 금물이라는 점이다. 목적 통장은 해당 목적 이외에는 쓸 수 없는 돈, 또는 아예 없는 것으로 못 박아 두어야 한다.

3. 일하면서 즐기는 인생의 황혼기

노년에도 일할 수 있는 것, 그것이 가장 큰 재테크다 | 지금 누가 나보다 얼마의 재산이 더 많다는 사실에 기죽을 필요는 없다. 부모로부터 큰 재산을 물려받았다든지 로또에 당첨이 되었다든지, 아니면 몇 년 동안 미쳐 날뛴 부동산시장에 뛰어들어 큰돈을 번 경우를 제외하고 대부분 직장생활을 하며 살아온 30·40대의 재산은 솔직히 거기서 거기다.

지금 살고 있는 집이 갑자기 재개발되어 부동산 가격이 상승했다든지, 아니면 부동산이나 다른 투자를 잘해서 돈을 만든 사람은 그렇지 않은 사람보다 몇 억은 더 가지고 있을 것이다. 물론 수도권 일부의 이야기겠지만. 그 외에 맞벌이를 하는 가정은 그렇지 않은 경우보다 조금은 형편이 나을 것이다.

재산 이야기를 하자니 마음이 아프다. 나는 남들이 부동산 투자하며 웃음 지을 때 돈도 부족했지만 그런 쪽에 신경을 잘 못 쓰는 둔한 인사라 그런 재미를 경험하지 못했다.

이제 화제를 돌려보자. 직장동료 A와 B가 지금 가진 재산이 예를 들어 4억 차이가 난다고 전제하자. 시간이 지나며 화폐가치는 분명 내려갈 것이다. 이것은 감안하지 않겠다.

A와 B 둘 다 운 좋게 정년퇴직을 했다고 가정하자. A는 4억의 재산은 더 모았는데 55세부터 직업을 갖지 못하고, B는 재산 규모가 4억이 적지만 55세 이후에도 10년 이상 경제활동을 할 준비가 되어 있다. B가 55세 이후 한 달 수입이 어느 정도인가에 따라 달라지겠지만 대략 한 달 생활비를 번다고 전제한다면 적어도 두 사람이 꾸려가는 가정경제의 질에는 본질적 차이가 거의 없을 것이다. A는 수입이 없어 있는 돈을 곶감꼬치 빼먹듯 써가며 살아야 하므로 절약을 해야 한다는 생각으로 심리적 압박감에 쫓겨 오히려 윤택한 생활을 하지 못할 가능성이 높다. 돈이 현저히 부족하지 않아도 심리적 영향으로 그럴 수 있다. 하지만 B는 마음에 여유가 있을 것이고 그만큼 인생을 즐기며 살 수 있다. 분명 A보다는 삶의 질이 높을 것이다.

　어디 그것뿐이겠는가? B는 여전히 사회생활을 하며 활력 있는 노후를 보내고, 인간관계 네트워크의 도움을 받으며 젊게 살아갈 가능성이 크다. 물론 다 그렇지는 않겠지만 A는 30년 이상 유지되어온 사회생활의 중단으로 인해 공허함이 엄청나게 클 것이다. 사회생활을 하며 구축해온 인적 네트워크가 서서히 소멸되고 활력 있게 생활할 동기가 사라짐으로써 오는 허무감이 정신과 육체의 노화를 촉진할 것이다.

은퇴 후 생을 즐기며 할 수 있는 일을 찾아라 | 나는 주변에서 앞서 예시한 경우와 유사한 사례를 많이 접한다.

　'저 양반 은퇴한 뒤로 갑자기 늙었어.'

'저 사람 일을 놓더니 요즘 들어 부쩍 활력을 잃었어.'

지금 시대는 영원한 것도 없고 새로움에 대한 거부감도 적은 시대다. 다양성이 존재하고 그것을 인정해 주는 사회 분위기가 성숙되어 가고 있다. 직업은 빛의 스펙트럼과 견줄 만큼 다양해지고 있다. 따라서 자신에게 가장 잘 맞고 좋아하는 새로운 일을 찾는 것이 필요하다. 노후는 물론 지금처럼 생활의 대부분을 일에 투여할 수 있는 시기는 아니다. 그러므로 생을 즐기며 할 수 있는 일을 찾는 것이 현명하다.

가장 이상적인 것은 자신이 해온 일에 계속 종사하는 것이다. 물론 일에 투자하는 시간을 다소 줄일 필요는 있다. 우리 부부도 노후의 경제활동에 대한 대비를 하고 있다. 시간이 많고 적음을 떠나 직장에 얽매이고 싶은 생각은 절대 없다. 나는 향후에 리더십센터를 운영하려는 인생후반 목표를 가지고 있다. 이 일은 노후에도 얼마든지 지속할 수 있다. 청소년이나 직장인을 대상으로 강의도 하고, 계속 저술활동을 하며 직업을 유지할 수 있다. 아내 역시 현재 하고 있는 일을 발판으로 노후에도 계속해서 일할 계획이다.

물론 소득 측면에서 지금과 같은 욕심을 내기엔 무리가 따를 수 있다. 생활을 꾸려갈 정도면 족하다. 물레방아는 물의 반을 버려서 방아를 돌린다. 욕심만 버리면 즐거운 삶을 누리며 경제활동을 유지할 수 있는 일들이 의외로 많고, 앞으로 그런 일들은 지속적으로 늘어날 전망이다.

최근에는 비영리단체NPO에서 주5일 근무를 하고 월 100만 원 정도 급여를 받는 경우도 있고, 바리스타 일을 배워 재취업한 사례도 있다. 또 종묘자격증을 따서 꽃 재배 전문가로 활동하는 노인과 예절지도사자격증을 취득해 청소년들을 대상으로 예절교육을 하며 노후를 보내는 노인도 있다. 이들의 특징은 자기 인생을 즐기며 소일거리삼아 경제활동을 하면서 일 자체를 하나의 즐거움으로 받아들인다는 점이다.

재취업과 창업을 염두에 둔 노후대비 | 2004년 보건복지부가 실시한 〈전국 노인 생활실태 및 복지 욕구 조사〉 결과를 보면 우리나라 노인의 취업률은 30.8퍼센트지만 여전히 농업, 어업, 축산업, 단순 노무직 종사자 비율이 81.7퍼센트로 취업자 대부분을 차지하고 있다. 취업 이유도 경제적 이유가 69.9퍼센트이다.

아직까지 이런 측면에서 사회적 준비는 미약하다. 정부 주도의 노인 일자리 창출 사업은 걸음마 수준이다. 정부도 지난해 7월, 연령차별 금지 법제화와 정년제도 개선 등을 뼈대로 저출산·고령사회 기본계획인 '새로맞이 2010 플랜'을 내놓았다.

사회는 갈수록 긍정적인 방향으로 변화될 것이다. 우리가 노령인구로 진입할 20년 후에는 인구구조 상 생산인구의 감소가 갈수록 심화되고 일할 사람을 확보하기 어려운 시대가 다가올 것이다. 따라서 현재의 비경제 활동인구 대부분을 차지하는 노인들에게도 일자리가 돌아올 것이라는 예측이 가능하다. 내 생각으로는 생산인력 감소를 대처할 방법으로 '임금 피크제' 적용을 적극적으로 검토할 필요가 있다. 기업 측면에서는 고인건비로 인한 부담을 줄이면서 경륜 있는 노령인구를 흡수해 생산성을 높일 수 있고 개인 측면에서도 자신이 평생 하던 일을 임금은 조금 줄지만 계속 할 수 있다는 장점이 있기 때문이다. 물론 고령인구가 늘면서 수반될 사회적 문제를 해결하는 데에도 큰 기여를 하리라 본다.

노후에 할 일이 있다는 것은 경제적인 측면을 떠나 개인의 삶에 활력을 주고 즐거움을 더한다는 측면에서 더욱 중요한 문제다. 일을 통해 느끼는 성취감은 정신을 젊게 만든다. 노년에 일을 가지고 활력 있게 사는 사람은 그렇지 않은 사람에 비해 수명이 훨씬 길다는 조사결과도 있다.

지금 일에 파묻혀 사는 우리 내면에는 은퇴하면 절대 일하지 않고 즐기며 살고 싶다는 욕구가 분명 존재한다. 하지만 2, 30년을 일 없이 사는 것이 과연 행복할까? 돌이켜보면 일이 있었기에 고통도 있었지만 내게 활력과 보람도 있었고 살아 숨 쉬는 에너지도 있지 않았나 생각한다. 나뿐만 아니라 아마 대부분의 30·40대도 이런 생각에 공감할 것이다. 노후에도 할 수 있는 일이 무엇인지 고민해서 지금부터 준비해가는 적극성이 필요한 시점이다.

4. 내 인생의 주인공은 그대

1) 인식의 전환

평생을 함께할 사람은 배우자뿐이다 | '남자는 태어나서 어머니라는 여자에 의해 길러지고, 나이 들어서는 아내라는 여자에 의해 길들여진다.' 몇 년 전 까지만 해도 나는 이런 사실을 깨우치지 못했다. 남자는 여자가 없으면 추해진다는 사실, 조금만 생각해 보면 당연한 진리 아닌가. 자신과 평생을 함께 할 반려자는 남편 혹은 아내뿐이다. 반려자의 빈자리가 크다는 것은 경험해본 어른들을 통해서도 자주 듣는다.

나는 40대가 되면서 남보다 조금 일찍 이 같은 세상 이치를 깨달았다. 지금부터 내 행동을 바꾸지 않으면 나의 노후는 불행할 것이라는 자각이 변화의 요인이었다. 나는 결코 만만한 성격이 아니다. 젊은 시절, 워낙 강한 성격과 자기중심적 사고가 자리 잡고 있어 아내와 다툼도 제법 있었다. 아내와 사소한 생각의 차이가 곧바로 말싸움으로, 감정싸움으로 번진 적도 많았다. 집안일은 나와는 거리가 먼 이야기처럼 생각하고 살았다고 해도 틀린 말은 아니었다.

그런데 지금은 완전히 생각과 태도를 바꿨다. 이제 아내와 싸움은 거의 없다. 비결은 '한 템포 쉬기'다. 실행하기에 어려운 일이 아닌데 효과는 기대 이상이다. 한 템포 쉬면 내가 봐도 별 문제 아닌 일로 서로 대립을 했다는 생각에 곧바로 화해를 하게 된다. 아내가 잘못한 일이면 본인이 스스로 잘못을 시인하고 사과한다. 기다림의 미덕은 바로 이럴 때 발휘된다. 예전 같으면 곧바로 대응을 해서 대부분 감정싸움으로 번지고 자존심싸움으로 확대된다. 그러고 나서 한참 지나 생각해보면 싸운 이유도 잘 모르는 경우가 허다했다.

잠시 뒤돌아보기 바란다. 과거에 아내와 혹은 남편과 싸운 일들을 기억해보며 과연 그 이유가 싸울 만한 것이었는지 말이다. 아마 대부분은 "아니다"라는 답을 얻을 것이다. 물론 이유가 전혀 생각나지 않을 수도 있다. 그렇다면 그 싸움도 결국 이유 없는 싸움이다.

나는 대부분 행동 변화를 시도하기 전, 내가 왜 이런 변화를 해야 하는지 이유를 명확히 하고 싶어 한다. 아내와의 관계에 있어서도 내가 왜 변해야 하는지 이유를 정리해본 경험이 있다.

내 주변엔 사람이 많다. 가족도 있고 친구, 직장 동료도 있고, 모임의 멤버들도 있고, 그리고 아내도 있다. 워낙 많아서 오히려 골라서 만나야 할 상황이다. 내가 원하면 언제든지 대화할 사람들이 주변에 널려 있다. 굳이 아내와 대화를 하기 위해 내가 먼저 안달할 필요를 잘 못 느끼겠다.

나는 건강에 자신은 못해도 내 한 몸 추스를 수 있다. 돈만 있으면 내 한 몸 보전하는 것은 큰 문제도 아니다. 주변에도 관심을 가져 줄 사람들은 여전히 있다. 지금까지 내가 가진 열정과 능력을 바탕으로 사회생활 역시 잘해왔다. 내 생활의 대부분을 차지하는 직장에는 고민을 상의하고 도움을 청하면 손 내밀어 줄 동료들 또한 많이 있다. 굳이 아내에게 내 사회생활을 다 이야기할 필요성을 못 느낀다.

여기까지는 철없던 시절, 한 남자가 가진 오만한 생각이었다. 이제 나이 들어갈수록 이 오만한 남자는 자기 입으로 자신한 것들이 하나 둘 사라지는 현실에 직면하게 된다. 직장생활이 정리되면 대부분 인간관계도 같이 정리된다. 왕성한 사회생활 속에 맺어진 인간관계 역시 서서히 시들해진다. 돈만 있으면 문제없다던 건강은 돈 말고도 보살핌이라는 명약이 필요하다는 사실을 경험하게 된다. 점점 자신의 고민과 어려움을 들어줄 사람들이 수변에 별로 남지 않게 된다. 잘못하면 혼자 삭히는 수밖에 없다. 아빠와 평생 같이 산다고 입에 침 한 번 바르지 않고 말하던 자식들도 제각각 자기 둥지를 찾아 떠난다. 아빠는 가끔 마음속으로나 생각하는 존재로 바뀌고 만다.

이렇게 남자가 갈수록 시들어 가는 데 비해 여자는 활력을 찾아 밖으로 나가기 시작한다. 나 홀로 집 지키는 시간이 나날이 길어진다. 나와 놀아줄 사람, 대화를 나눌 사람이 주변에 없다는 현실이 나를 더 늙게 만든다. 사회생활을 하며 혼자 식사하는 사람을 보면 도무지 이해가 되지 않았는데 그 사람이 바로 나일 수 있다는 사실을 알게 된다. 더 이야기하는 것 자체가 우울해지니, 이쯤에서 마무리하겠다.

어머니로부터 바통을 넘겨받아 가장 가까이에서 끊임없는 애정으로 희로애락을 함께해온 사람이 이 세상에 배우자 말고 또 있는가. 앞으로 어머니도 세상을 떠나실 것이고 내 곁에 끝까지 남아 있을 사람은 유일하게 아내뿐이다.

그런데 이렇게 소중한 존재를 늘 이런저런 이유를 앞세워 뒤로 미루고 살았다. 왜 이렇게 내가 철없이 살아왔는지, 원. 이것이 내가 내린 결론이다. 세상 마지막까지 함께 할 소중한 존재는 아내라는 사실. 지금 당신에게 누구라도 질문하면 당신의 0순위는 당연 '배우자'라는 대답이 나와야 한다. 그렇지 않다면 아직 철이 덜 들었다는 증거다.

더 늦기 전에 배우자에게 손을 내밀어라 | 지금도 늦지 않았다. 더 늦어 힘이 떨어지기 전에 지금 손을 내밀어라. 한참 지나서 이 사실을 느끼고 손 내밀면 그때는 상대의 손을 잡기 어렵다. 요즘 들어 가끔 접하는 말 중에 '황혼이혼'이라는 것이 있다. 갈수록 증가 추세라니 남의 일이 아니다. 이런 이야기를 흘려듣는다면 나중에 큰 후회를 할 지 모른다.

어머니는 세상에서 가장 현명하고 헌신적인 존재다. 나에겐 아내도 마찬가지다. 아내는 나보다 더 현명하고 헌신적인 존재이다. 젊을 때는 철이 없어서 그랬다고 이해하지만 나이 들어가면서도 아내가 세상에서 가장 지혜롭고 강인하며 인내와 끈기가 있는 위대한 존재라는 사실을 절실히 느끼고 있다. 지금 당신의 배우자를 존중하는 마음으로 다가서라. 그렇지 않으면 앞으로 험난한 세상을 홀로 살아가야 할지 모른다. 상대를 나에게 길들이겠다는 오만한 생각은 이제 그만 접어라. 서로 존중한다는 것은 서로가 서로에게 편안해지도록 양보하고, 다른 생각을 인정할 줄 안다는 것이다.

때늦은 후회를 하기 전에 지금부터 하나씩 하나씩 생각과 행동을 바꿔가자. 지금 곁에 있는 사람이야말로 당신의 영원한 친구이자 동반자이고 세상에서 가장 소중한 존재다. 어떤 소설의 제목처럼 부부는 서로가 서로에게 '지상에서의 마지막 동행'을 하는 존재다.

2) 부부가 함께 할 취미나 운동 갖기

공동 학습으로 노후에 새로운 인생을 꽃피운다 | '9988234', 요즘 유행하는 말 중 하나다. 99세까지 팔팔하게 살다가 이틀간 아프다 3일째 죽기를 바라는 고종명의 복은 건강에서 나온다. 노후에 가장 큰 고통은 부부 중에 어느 한 명이라도 건강을 잃게 되는 것이다. 행복한 노후를 보내기 위해 부부가 함께 할 취미나 운동을 갖는 것은 매우 소중한 일이다.

나는 양친을 보며 이런 점에서 적잖은 안타까움을 느꼈다. 젊어서 생활이 주는 압박에 함몰되어 두 분은 취미가 무엇인지 모르고 평생을 사셨다. 아버지는 그나마 낚시를 즐기셔서 조금은 행복을 느끼셨지만 어머니와 같이할 취미는 아니었다. 어머니는 자식 기르는 것이 전부라고 믿고 사셨다. 자식들이 다 장성해 떠나자 취미가 일시에 사라져 버렸다. 물론 두 분 모두 생활전선에서 삶을 위해 뛰는 것이 유일한 운동이었다.

　나는 부모님과 주변 어르신들의 노후를 지켜보았다. 단지 하루가 있음이 의미로 남는다. 그리고 반복적인 또 하루를 기다린다. 평생을 처절하게 살아온 분들이 인생의 마지막 절정을 즐겁게 살다 가지 못하셨으니, 얼마나 안타까운 일인가.

　요즘 은퇴하는 분들은 은퇴 후 정신적 공백을 이기지 못하고 집에서 노후를 소모하며 사는 분과, 부부가 멋진 신혼을 다시 만들어내는 분으로 나뉘고 있다. 부부가 같이 할 취미나 운동을 찾지 못한 은퇴자는 퇴직 후 정신적 공허감을 심하게 느낀다. 인생의 무상함에 빠져 헤어나지 못하고, 아침에 눈을 뜨면 할 일이 없다는 사실에 의미 없이 아침을 맞는다. 이런 심리는 위축을 가져오고 노화를 재촉한다. 부부관계에서도 갑자기 남아도는 시간은 주체할 수 없는 부담으로 작용한다. 자연 부부싸움도 잦아진다.

　그렇지만 함께할 노후를 준비하고 학습한 부부는 새로운 인생을 꽃피운다. 넘치는 시간은 그들이 오랜 세월 삶의 전선에서 최선을 다해 산 결과에 대한 보답이다. 그동안 못해본 많은 것을 해볼 수 있는 절호의 기회가 온 것이다. 이런 부부들은 기대와 설렘으로 아침에 눈을 뜬다. 오늘 어떤 즐거움과 유희가 우리 부부를 젊게 만들어줄까?

돈이 없다고 여가를 즐기지 못하는 것은 아니다 │ 노익장을 과시하며 젊은이에게 뒤지지 않을 만큼 운동을 즐기고 취미에 빠져 새로운 열정을 발산하는 노년층이 늘고 있다는 것은 무엇보다도 반가운 일이다. 70대 노인이 50대 같은 활력을 유지하며 우리를 놀라게 한다. 젊어서 하지 못했던 무한도전을 하시는 어르신들도 가끔 접한다. 마라톤 코스에 도전하거나, 자전거 전국일주에 도전하는 등 노익장을 과시하는 분들도 있다. 한마디로 제2의 인생 전성기를 만들어낸 분들이다.

누군가는 '그것도 다 돈이 있어야 가능한 일'이라고 말할지도 모른다. 그러나 꼭 돈이 없어서 여가를 즐기지 못하는 것은 아니다. 방법을 찾지 못하거나 익숙하지 않은 생활로 들어가는 것에 대한 두려움과 어색함도 한몫 차지한다. 그래서 지금부터 그런 대비가 필요하다는 것이다. 지금부터 부부가 같이 할 최적의 운동과 삶을 즐길 취미를 찾아서 익숙한 친구로 만드는 훈련을 시작해야 한다. 한번 익숙해지면 설령 도중에 중단하더라도 노후에 다시 찾기가 쉽다.

같이 하기 좋은 운동은 연령적 특성과 부부의 선호도를 고려해 선정하는 것이 바람직하다. 부부가 서로 즐기면서 할 수 있는 운동이라야 오랫동안 꾸준히 할 수 있기 때문이다. 무리한 운동은 오히려 해가 된다. 신체가 저항하지 않고 순순히 받아들일 수 있는 운동이 바람직하다.

예를 들어 수영 같은 운동은 노년까지 하기에 좋다. 그리고 무리하지 않는 범위에서 등산이나 산책, 빨리 걷기, 자전거 타기 등을 하는 것도 좋다. 물론 이런 운동은 지금부터 시작해 익숙한 상태가 되어야 노후까지 자연스러움을 유지할 수 있다.

노후 7만 시간, 어떻게 경영할 것인가 | 취미와 여가활동은 운동 이상으로 종류가 다양하다. 지금부터 부부의 공동 취미를 만들어보자. 만약 지금은 그럴 짬이 없다고 해도 실망할 필요는 없다. 바쁜 생활 속에서 꼭 하고 싶었던 것이나 배우고 싶었던 것이 있다면 그것을 정리해두고 부부에게 귀중한 노후시간이 주어지면 그때 시작해도 된다. 오랜 바람 속에 찾은 즐거움이 주는 맛은 더 깊고 오묘할 것이다.

얼마 전 매스컴에서 70대 노부부가 전통 춤을 배우는 모습과 살사salsa댄스를 열정적으로 추는 모습을 본 기억이 난다. 가끔 내 아내도 춤을 배워보자고 제의한다. 지금 도전하기에는 왠지 어색함이 발목을 잡지만 나이가 들면 즐겨보고 싶다는 생각도 들긴 한다.

함께 떠나는 여행은 부부를 더 튼튼히 묶어주는 좋은 방법이다. 테마 여행을 즐기거나 계획된 해외여행도 여가를 즐기기에 좋다. 사진이 취미라면 여행의 결실과 즐거움은 배가될 것이다. 나도 실력은 미천하지만 사진 찍는 것을 즐긴다. 노후에 아내와 전국을 다니며 사람들의 모습을 사진에 담고 싶다. 지금까지는 자연을 담는 데 치우쳐 있었지만, 노후에는 진정한 아름다움이 살아 있는 인간의 다양한 얼굴을 카메라에 담고 싶다.

또 여유가 된다면 크루즈 여행은 꼭 한번 다녀오고 싶다. 장기여행이고 비용 부담이 크지만 일생을 통해 한번쯤은 경험해보고 싶다. 그리고 청소년 시절, 나를 그렇게도 미치게 했던 자전거 여행을 아내와 떠나고 싶다. 자전거 한 대로 훌훌 도심을 떠나보고 싶다. 자동차를 갖게 되면서 눈여겨 볼 수 없었던 작고 아름다운 풍광을 마음껏 음미하고 싶다. 자녀에 대한 일상적 책임이 가벼워지면 가고 싶은 여행지를 몇 군데 미리 계획해보자. 여행이란 떠나기 전에 느끼는 설렘도 큰 기쁨이 된다.

이외에 읽고 싶었던 책을 읽는다든지, 듣고 싶었던 강의를 수강해보는 것도 좋다. 배움이란 기한이 정해져 있는 것이 아니다. 평생 배움의 즐거움에 빠져 보는 것도 부부가 함께 할 취미로 적합하다. 나는 읽고 싶은 책과 배우고 싶은 것이 너무 많다. 내가 너무 부족함을 누구보다 잘 알기에 삶이 다하는 순간까지 배우고 익히며 살고 싶다. 배움의 결실은 글로 남겨 미래세대가 그 글을 통해 다시 배우도록 하고 싶다.

문화예술 체험도 좋고 봉사활동을 하며 즐거움을 느끼는 것 역시 좋은 취미다. 미리 하고 싶은 것에 필요한 자격증을 준비해두는 것도 큰 도움이 된다. 자격증은 조금만 신경 쓰면 부부가 함께 준비할 수 있다. 같이 준비하는 기쁨 역시 여행 가기 전의 설렘과 비슷한 기쁨을 줄 것이다.

당신이 60세에 정년퇴직해 80세까지 산다고 가정했을 때 당신에게 주어지는 시간은 총 17만 5200시간이다. 이 중 밥 먹고 잠자는 생리적 시간으로 하루에 14시간을 쓴다고 가정하면 모두 10만 5000시간이 소요된다. 그렇다면 그 나머지 7만 시간은 당신 마음대로 쓸 수 있는 완전한 자유시간이다. 노후에 우리 모두에게 주어질 이 7만 시간이 정말 자유시간이 될지, 아니면 공포의 시간이 될지는 당신의 선택과 준비에 따라 달라질 것이다.

5. 행복을 부르는 인간관계

노후까지 함께할 마음의 벗을 만들라 | 노후에 가장 큰 적은 외로움이다. 외로움은 인간의 정신과 육체를 빨리 늙게 만든다. 끊임없이 움직이고 대화하는 사람은 노년에 치매의 위험에서 벗어나기 쉽다. 때문에 노후에 같이 희로애락을 나눌 수 있는 친구가 있다는 것은 복 받은 일이다.

나이가 더 들어 필요할 때 친구를 만들겠다는 생각을 한다면 나중에 큰 후회를 할지 모른다. 지금처럼 사회생활을 왕성하게 하던 시기와는 많이 다르다. 쉽게 사람과 연을 만들어가지 못할 수도 있다. 그만큼 자기 행동반경과 영향력이 지금과는 많이 다르다는 현실적 문제를 고려해야 한다. 또한 사람관계는 목적에 의해 엮이는 특성이 있다. 목적이 사라지면 인간관계도 같이 사라지는 경우가 태반이다. 결국 직장생활에서 만든 인간관계는 당신이 퇴직을 하고 나오는 순간, 느슨해지기 쉽다.

우리 부모세대는 인간관계가 협소했고 주로 친인척에 제한되어 있다. 그 외에는 종교생활을 통해 네트워크가 형성된다. 어떤 경우 나이 들어 사람이 그리워 종교를 갖게 되는 경우도 적지 않다. 역시 인간은 나이 들어도 사람과 연결되어 살 수밖에 없는 속성을 버리지 못한다. 주변에 사람이 없어 느끼는 공허함은 상실감으로 이어진다. 결국 자기 존재가치를 찾지 못하며 우울감에 시달릴 위험이 크다.

복잡한 도심과 수많은 사람이 얽혀 사는 이 도시가 싫지만 주변에 마음을 나눌 친구가 없이 외롭게 보낼 노후는 더더욱 싫다. 고독과 외로움 속에서 노년을 보내기를 원하는 사람은 없을 것이다. 반대로 노후에도 끝까지 자신과 인생의 희로애락을 함께 나눌 친구를 두고 있다는 것은 대단한 행복이다. 그런 관계는 우연히 만들어지지 않는다.

어떻게 하면 보통 사람들이 노후에도 끈끈한 벗을 가질 수 있을까? 학창 시절을 함께 했거나 사회생활을 하며 만난 소중한 사람 중에 노후까지 함께 할 벗을 만드는 것이 우선이다. 오랜 세월을 함께 한 벗이야말로 속정을 나누며 살기에 더없이 좋은 사람이다. 영원히 함께 할 벗에게는 마음에서 우러나는 배려와 베풂을 꾸준히 실천하자. 소중한 벗에게 정성을 다하면 그 정성은 나에게 변함없는 정情으로 돌아온다. 이런 인간관계만이 목적에 따라 춤추지 않는 영원한 우정을 선물한다.

다양한 인적 네트워크를 구축하라 | 벗을 사귀는 방법으로 종교활동도 권할 만하다. 종교는 노후에 새로운 인적 네트워크를 형성할 수 있는 장을 제공한다. 그렇다고 해서 종교를 이용하라는 의미는 아니다. 다만 영혼의 안식도 구하고 동시에 공동의 관심사를 가지고 한 지붕에 모인 사람들과 친분을 맺고 활발하게 교류할 수 있다면, 노후의 행복감은 배가될 것이라는 의미다.

봉사활동을 통해 만나는 사람들과의 모임도 마찬가지다. 연령과 성별, 세대를 뛰어넘어 뜻이 맞는 사람과 의기투합할 수 있는 장이 될 수 있다는 점에서 봉사활동모임은 활기찬 노년을 보내는 데 큰 도움이 된다.

　이웃사촌이란 말도 있듯, 가까운 이웃은 먼 친척보다 소중하다. 도시화는 우리에게서 이웃을 앗아갔지만, 지금도 이웃과 정을 나누며 사는 고마운 사람들이 내 주변에도 한 둘 있다. 그 친구들은 그 속에서 구원을 찾는다.

　앞서 거론 했던 노후 여가생활을 통한 네트워크 구축도 무시할 수 없는 방법이다. 예를 들어 사진을 취미로 한다면 홀로 즐기는 것도 좋지만 동호회에 가입해 공통의 취미를 즐기며 인맥을 유지하는 방법이 더 현명하다. 내 조카는 사진을 취미로 두고 있고 사진동호회에 가입해 활동한다. 그 동호회의 구성원은 아주 다양하다. 연령도 고령자에서부터 청장년까지 다양하게 분포되어 있다. 이렇게 젊은 사람들과 동호회에서 같이 활동하는 것은 정신적으로 젊음을 유지하는 데 큰 도움이 될 것이다.

6. 베푸는 즐거움

나누고 베푸는 삶의 아름다움 | 강철왕 앤드류 카네기는 '부자인 채로 죽는 것은 수치스러운 일'이라며 많은 재산을 미국사회에 환원했다. 카네기홀, 카네기멜론대학 등이 그의 기부금으로 설립되었다.

　마이크로소프트사의 빌게이츠 회장은 12년 연속 재산규모에서 세계 1위를 차지했다. 그는 한해 평균 2억 5천만 달러 이상의 현금과 물건을 사회에 환원했는데, 최근에는 총재산 55조 원 중에서 120억만 자녀들에게 물려주고 나머지 재산은 자선사업에 쓰겠다고 밝혔다. 빌 게이츠 회장 부부가 만든 빌 앤드 멜린다 게이츠 재단은 주로 에이즈·말라리아·결핵 퇴치 등 저개발국의 질병퇴치에 많은 노력을 쏟아 왔다. 그리고 자신은 2년 뒤에는 일상 업무에서 손을 떼고 자선사업에 주력하겠다고 밝혔다.

투자의 귀재로 잘 알려진 세계 2위의 부자인 워런 버핏 버크셔 헤더웨이 회장 또한 전 재산의 85퍼센트인 370여억 달러 어치의 주식을 5개 자선단체에 기부하기로 했다. 이는 규모에서 존 록펠러, 앤드류 카네기, 헨리 포드 등을 능가하는 사상 최대다. 더구나 이 기부금의 83퍼센트가 넘는 310억 달러를 자신의 자녀들이 운영하는 재단이 아닌 빌 게이츠 회장 부부가 설립한 재단에 내놓기로 해 감동을 더해주었다. "재산을 자식에게 물려주면 자식을 망칠 수 있다"는 그의 지론에 따라 행해진 일이다. 워런 버핏의 이 아름다운 결단은 아낌없는 찬사와 박수를 받아도 지나치지 않을 것 같다.

미국의 자본주의가 건강하고 활력이 넘치는 데는 이 같은 기부문화가 굳건히 자리 잡고 있기 때문이다. 참된 기부가 무엇인가를 보여준 버핏 회장의 결단은 미국의 기부문화를 한층 공고히 하는 자극제가 될 것이다. 세계에서 자웅을 겨루는 갑부인 빌 게이츠와 워런 버핏이 벌이는 자선경쟁(?)이 부럽기만 하다. 유산을 자식들에게 넘겨주기 위해 편법도 마다않고, 유산상속을 둘러싸고 볼썽사나운 모습을 보여 온 우리나라 재벌 총수들과는 너무 다르다.

　한국의 부호들은 그 부를 축적한 것이 오로지 자기 노력과 역량 때문이라고 착각하는 것은 아닐까? 때로 자신이 어려운 입장에 몰릴 때 협상의 수단으로 재산의 일부를 사회에 환원하겠다는 불손한 카드를 내놓는다. 그나마 우리사회가 정이 있고 아름답다고 느끼게 되는 것은, 어렵게 생활하며 한 푼 두 푼 모은 돈을 선뜻 쾌척하고 봉사하는 '보이지 않는 아름다운 작은 손길'들이 많기 때문이 아닐까.

'무재칠시無財七施'에서 배워라 | 인간은 사회적 동물이다. 우리는 살아오며 보이든 보이지 않든 다른 사회 구성원의 도움을 받으며 살아왔다. 그렇다면 내가 받은 것을 조금이라도 다시 사회에 돌려주려는 노력은 당연한 게 아닐까. 사회에 기여하고 싶지만, 돈이 없다고? 부를 축적한 사람이 아니어도 사회에 봉사하고 사회로부터 받은 것을 되돌릴 방법은 얼마든지 있다.

　한 사람이 석가모니를 찾아가 호소했다.
　"저는 하는 일마다 제대로 되는 일이 없으니 무슨 까닭입니까?"
　"그것은 네가 남에게 베풀지 않았기 때문이니라."
　"저는 아무 것도 가진 것 없는 빈털터리입니다. 남에게 줄 것이 있어야 주지, 대체 뭘 준단 말입니까?"
　"그렇지 않느니라. 아무 재산이 없더라도 누구에게나 줄 수 있는 일곱 가지는 있다.

그 첫째는 화안시和顔施, 얼굴에 화색을 띠고 부드럽고 정다운 얼굴로 남을 대하는 것이요, 둘째는 언시言施, 말로서 얼마든지 베풀 수 있으니 사랑의 말, 칭찬의 말, 위로의 말. 격려의 말, 부드러운 말 등이 그것이다. 셋째는 심시心施, 마음의 문을 열고 따뜻한 마음을 주는 것이다. 넷째는 안시眼施, 호의를 담은 눈으로 사람을 보는 것이요, 다섯째는 신시身施, 남의 짐을 들어 준다거나 일을 돕는 등 몸으로 때우는 것이다. 여섯째는 좌시座施, 자리를 내주어 양보하는 것이요, 일곱째는 찰시察施, 굳이 묻지 않고 상대의 속을 헤아려 도와주는 것이다. 네가 이 일곱 가지를 행하기를 힘써 그것이 습관이 되면 너에게 행운이 따르리라."

석가의 무재칠시無財七施에 대한 가르침이다. 남을 위해 선행하는 사람들은 일반인에 비해 행복지수가 높다는 연구결과도 있다. 선행을 한다는 것은 어려운 이웃에게도 도움이 되는 행동이지만 역으로 따져 보면 가장 큰 수혜자는 자신이다. 작은 것도 나눌 때 인간은 행복을 느끼게 된다. 가진 재산이 많다고 해서 꼭 부자는 아니다. 나눔을 통해 마음이 풍요로운 사람이 진정한 부자다. 내가 살며 얻은 능력을 인생 황혼기에 이웃과 나누고 세상에 되돌려주고 떠날 수 있다면, 이 얼마나 가치 있는 인생인가.

작은 일부터 지금 시작하라 | 돈이 아니어도 나눔의 방식은 얼마든지 있다. 내가 사회생활에서 얻은 정보와 지식을 필요한 사

람과 나누는 것도 훌륭한 방법이고, 천재지변으로 어려움을 겪는 사람들을 위해 일손을 보태는 것도 좋다. 우리 주변을 살피면 큰돈을 들이지 않고서도 봉사할 곳은 수없이 많다.

내가 직장생활을 하면서 보좌했던 한 경영진은 은퇴 후 당신이 평생에 걸쳐 경영활동을 하면서 얻은 노하우를 중소기업을 위해 환원하고 있다. 경영자단체에서 중소기업 경영 자문역으로 일주일에 두 번 무료 봉사를 하고 계신다. 이 또한 의미 있는 봉사가 아닐까. 평생을 교직에 몸담고 사셨던 어떤 분은 은퇴 후 불우한 청소년을 대상으로 하는 야학 교사로 무료 봉사를 하시며 영원한 스승으로서 아름다운 노후를 가꾸며 보람을 찾고 있다.

봉사활동은 남을 위해 시작하지만 자신을 위해 지속하는 일이다. 남에게 주는 것보다 자신이 얻는 것이 그만큼 많은 일이다. 테레사 수녀는 생전에 "단 한 번도 인류를 구하겠다는 생각을 해본 적이 없다"며 "내 앞에 내 도움을 원하는 한 사람이 서 있다. 그 사람이 4만 2000명이나 된 것이다"라고 말했다.

봉사활동이라고 해서 지나치게 거창하게 생각하고 부담을 가질 필요는 없다. 당신이 할 수 있는 작은 일부터 시작해보자.

이제 종착점이 보인다. 여행에 끝까지 함께 한 독자들에게 의미 있는 글귀 하나를 선물하며 긴 여행을 마치려 한다.

우리들 대부분은 우리 자신이 예술가라는 사실을 깨닫지 못하고 지내곤 합니다. 그러나 우리들 모두는 예술가입니다.

순간순간의 선택, 매일매일의 일상으로 당신의 독특한 작품을 창조하고 있는 것입니다. 당신만이 할 수 있는 일을 말입니다.

당신이 태어난 이유는 당신만의 흔적을 이 세상에 남기기 위해서입니다. 당신이 만들어낸 작품들이 바로 당신의 진정한 모습입니다. 당신의 창의적 충동을 존중하십시오. 신념으로 삶의 걸음을 내딛으십시오. 당신의 선택이 진실했었다는 사실을 발견하게 될 것입니다. 그 다음엔, 지금 느끼는 이상으로 당신의 삶이 모든 풍요로움을 누릴 수 있다는 사실을 느낄 것입니다. 마치 기쁨으로 가득한 한 편의 감사의 시처럼.

스티븐 C. 런딘, 《펄떡이는 물고기처럼》 중에서

에필로그

나이 40이 주는
의미의 재발견

"우리는 같은 강물에 두 번 발을 담글 수 없다. 새로운 물이 계속해서 흘러들기 때문이다."

– 헤라클레이토스

인간은 60억 개의 꿈을 꾸고 산다. 독자들은 책을 통해 60억 개의 꿈 가운데 하나를 접했다. 단지 한 사람의 꿈이 독자들에게 얼마나 많은 영향을 줄지 모르겠다. 이 책을 통해 자신만의 인생 후반을 꿈꾸고 계획해야겠다는 자극을 받았다면 나는 더 바랄 것이 없겠다.

나는 책을 읽거나 강연을 들으면 항상 그 사람의 세계를 충분히 경험해보려 노력한다. 그리고 거기에서 사소한 한 가지라도 깨달음을 얻고 여행을 마친다. 그때 비로소 그의 지식이 내 지식이 되고, 그의 경험은 내 경험이 된다. 수많은 사람들의 인생과 꿈 이야기는 물론 그 사람의 것이다. 하지만 그 속에서 한 가지라도 의미와 가치를 찾아낼 수 있다면 그것은 온전히 당신의 것이다.

이 책을 쓰면서 가장 많은 것을 배운 사람은 나 자신이기도 하고 스스로의 인생후반을 심도 있게 고민하고 준비해볼 수 있는 귀중한 기회도 갖게 되었다. 그것이 책을 쓰면서 얻은 가장 큰 보람이었다.

우리 주변에는 매사를 불만스럽게 살아가는 사람이 의외로 많다. 일할 생각은 안하면서 월급이 적다고 불평하는 사람, 자신이 일하는 직장을 낮춰서 멸시하는 사람은 다 자기 얼굴에 침 뱉는 꼴이다. 밝은 면보다 어두운 면에 눈길을 고정하고 사는 사람도 많다. 인생의 어두운 면만 보면서 삶을 계속해서 이어나갈 의욕과 이유를 찾을 수 있는 사람은 거의 없다. 자신의 능력을 한계 짓고 행동하지 말자. 마음을 고쳐먹으면 보잘 것 없는 환경에서도 휘파람을 불 수 있다. 인생의 행복은 결코 멀리 있는 것이 아니다. 자신, 그리고 주변 환경과 남을 아름답게 볼 수 있는 눈과 마음만 가지고 있으면 누구나 행복해질 수 있다.

아인슈타인 이래 최고의 물리학자로 존경받는 스티븐 호킹 박사가 1990년 방한한 적이 있다. 그는 루게릭병에 걸려 온 몸이 마비되어 말은 물론 걷지도 글을 쓰지도 못한다. 시한부인생을 선고받은 그가 할 수 있는 유일한 의사표시 방법은 손가락 움직임을 감지한 전자장치를 컴퓨터에 연결해 생각을 나타내는 것이다. 하지만 그는 어떤 사람보다 자신의 삶을 사랑하고, 우주에 대한 대통일이론을 세우기 위해 끊임없이 연구하고 또 연구했다. 그는 사람은 장래에 대한 희망이 완전히 사라졌을 때 "자신이 가지고 있는 모든 것을 진정으로 감사하게 된다"고 담담하게 말한다. 이런 점에서 멀쩡한 육신과 정신을 흠집 내 자기를 불구화시키고 주변을 괴롭히고 있지는 않는지 곰곰이 생각해 볼 필요가 있다.

마음먹기에 따라 화는 복이 된다. 생각이 바뀌면 세상이 달라진다. 새소리를 듣고도 누구는 '운다'고 하고, 누구는 '노래한다'고 말한다. 밝게 보면 온통 세상은 밝아지고, 어둡게 보기 시작하면 온통 어두운 것투성이다.

"어제는 역사이고 내일은 미스터리이며 오늘은 선물"이라는 말처럼 과거에 연연하지 말고 오늘 최선을 다하자. 그러면 미래가 아름답게 다가올 것이다. 나이 40이 주는 의미를 부담으로만 여기지 말자. 오히려 자기 인생에 있어 가장 아름다운 시기가 될 수 있도록 노력하며 가꾸어보자. 자신의 가치를 높이는 데 전력을 다한다면 당신은 어느 곳에서나 필요로 하는 사람이 될 수 있다.

멋진 인생후반은 준비한 자에게만 내려지는 선물이다. 아름다운 삶은 균형과 조화에서 비롯된다. 일과 삶, 직장생활과 가정생활이 건강하게 조화를 이룰 때 자신도 행복하고 곁에 있는 사람들도 행복해질 수 있다. 미래의 아름다운 삶을 꿈꾸고 철저히 대비한다면 멋진 내일이 열릴 것이다. 살아오면서 얻은 수많은 경험을 바탕으로 삶의 지혜를 한껏 발휘해보라. 어제 같은 오늘, 오늘 같은 내일을 원하는가? 그러나 어제 같은 오늘은 어디에도 없다. 어제만도 못한 오늘, 어제보다 나은 오늘이 있을 뿐이다.

찾아보기

가

강수진 ·············· 79
건강나이 ·············· 259
건강한 밥상 ·············· 248
결핍의 심리 ·············· 176
고령화 쇼크 ·············· 189
골드칼라 ·············· 138
관계성 ·············· 77
구루Guru ·············· 145
구본형 ·············· 65
기대여명 ·············· 266
긴급성 ·············· 208

나

나이브 아트naive art ·············· 23
노老테크 ·············· 266
노령화 지수 ·············· 265
니시무라 아키라 ·············· 93

다

대차대조표 ·············· 273
덧셈의 행복 ·············· 225

도널드 클리프턴 ·············· 117, 215
도영태 ·············· 36

라

록펠러 ·············· 306

마

마스터플랜Master Plan ·············· 97
마쓰시타 고노스케 ·············· 56
마이어브릭스 유형지표 ·············· 117
마인드 컨트롤 ·············· 217
마이크로소프트 ·············· 228
마커스 버킹엄 ·············· 117
메슬로 ·············· 64
모기지mortgage ·············· 281
모의 장례식 연설문 ·············· 103
무재칠시無財七施 ·············· 307

바

박지성 ·············· 79
변화경영연구소 ·············· 65
보장자산 ·············· 285

비유동자산 ·················· 273
빌 게이츠 ·················· 228
빌 앤드 멜린다 게이츠 재단
　　　　·················· 306
빌 클린턴Bill Clinton ············ 78
뺄셈의 행복 ·················· 225

사

사마천 ·················· 24
사명 선언문 ·················· 107
상승정지 증후군
　　rising stop syndrome ········· 25
새로맞이 2010 플랜 ·········· 292
샐러던트Saladent ·············· 113
선택과 집중 ·················· 128
소노 아야코 ·················· 225
소프트뱅크 ·················· 96
손정의 ·················· 96
수강지원금제도 ·············· 142
쉐드 헴스테더 ·············· 212
슈퍼우먼증후군
　　superwoman syndrome ····· 184
스몰스텝small-step 보고 ········ 62
스트렝스 파인더
　　Strengths Finder ············ 117

스티븐 코비 ·················· 208
스티븐 호킹 ·················· 312
스페셜리스트specialist ········· 71
슬로건 ·················· 107
시간 매트릭스 ·················· 208
실버산업 ·················· 286
심리적 피로 ·················· 186

아

아인슈타인 ·················· 312
아침형 인간 ·················· 128
암묵지 ·················· 140
앤드류 카네기 ·········· 305, 306
에니어그램Enneagram ········ 117
역모기지reverse mortgage ···· 281
열등콤플렉스Inferiority Complex
　　·················· 115
열정증후군 ·················· 61
오복五福 ·················· 268
욕구 5단계설 ·················· 64
워런 버핏 ·················· 306
웰빙 ·················· 250
윌리엄 새들러 ·················· 264
유동자산 ·················· 273
유사효과Quasi-effect ········· 186

유연한 열정 ·················· 58
융C. G. Jung ················ 118
이승우 ························ 150
인정의 힘 ····················· 25
인크루트 ······················ 154
일과 생활의 균형 ············ 166
일중독증Workaholic ········· 169
임금 피크제 ··················· 292

자

자기진단 체크리스트 ········ 44
자아실현 욕구 ················· 64
잡코리아 ······················ 168
잭 웰치Jack Welch ············ 114
저녁형 인간 ··················· 128
저돌적인 열정 ················· 58
정동학 ························· 92
정보창고 ······················ 160
제너럴 스페셜리스트
　　　General Specialist ········ 73
제너럴리스트generalist ······ 71
제3의 연령the third age ······ 265
조지 허버트 ··················· 192
주고받기give and take ········ 65
주기cycle ······················ 65

지식근로자 ···················· 68
지식소작인 ···················· 68

차

창의성 ························· 75
초超고령 사회 ················ 265

카

코타키나발루 ················· 176
쿨리 ··························· 114
쿨리지 효과Coolidge Effect ··· 186

타

탈무드 ························ 127
터닝 포인트 ···················· 7
테레사 ························ 309
톰 래스 ······················· 215
톰 피터스 ····················· 144
통계청 ························ 199

파

포지션별 후계자 ············· 132

포트폴리오 ……………… 278	현장성 ………………… 74
풍요의 심리 …………… 176	형식지 ………………… 140
프로 근성 ……………… 78	환경적응력 …………… 61
프로테우스 인간 Proteus Man ·· 50	황혼이혼 ……………… 297
피터팬 증후군	휴테크 ………………… 172
Peter Pan Syndrome ……… 193	희소성 ………………… 144

하

하워드 슐츠 ……………… 102
한국직무스트레스학회 …… 222
핵심인력 풀 ……………… 132
헨리 포드 ………………… 306
현대경제연구원 …………… 81

기타

10대 풍광 ……………… 105
7330 …………………… 247
9988234 ………………… 298
LG경제연구원 …………… 222
TATT증후군 …………… 223